天津社会科学院重点课题

"社会主要矛盾转化下的网络舆情研究"（18YZD-11）成果

天津社会科学院 2022 年度学术著作出版资助项目

舆情思想史与研究范式

董向慧 ◎ 著

天津社会科学院出版社

图书在版编目（ＣＩＰ）数据

舆情思想史与研究范式 / 董向慧著. -- 天津 ： 天
津社会科学院出版社，2024.1
ISBN 978-7-5563-0880-4

Ⅰ．①舆… Ⅱ．①董… Ⅲ．①舆论－研究－中国
Ⅳ．①C912.63

中国国家版本馆 CIP 数据核字(2023)第 071418 号

舆情思想史与研究范式
YUQING SIXIANGSHI YU YANJIU FANSHI
责任编辑：杜敬红
责任校对：王　丽
装帧设计：高馨月
出版发行：天津社会科学院出版社
地　　址：天津市南开区迎水道 7 号
邮　　编：300191
电　　话：（022）23360165
印　　刷：高教社（天津）印务有限公司
开　　本：787×1092　　1/16
印　　张：14.25
字　　数：212 千字
版　　次：2024 年 1 月第 1 版　　2024 年 1 月第 1 次印刷
定　　价：78.00 元

目　录

第一编　中国古代舆情思想与制度

第二编　舆情概念的现代转型及民意制度

第三编　党的群众路线、群众观点与中国特色舆情制度

第四编　中国舆情理论与新范式探析

序　一

董向慧的《舆情思想史与研究范式》即将正式出版，我非常高兴。这本书是对舆情思想、舆情制度的古今论析，内容广、大、深、新，并直接涉及舆情研究范式问题，是天津社会科学院舆情研究所长期以来倡导舆情学科建设中的一部新且十分重要的学术成果。

天津社会科学院舆情研究所于1999年10月正式建所，是国内第一家以舆情来命名的科研机构。建所以来，舆情研究所的同事们在舆情研究尤其是舆情基础理论研究方面做了大量的开拓性和探索性工作，出版了《舆情研究概论——理论方法和现实热点》《网络舆情研究概论》《舆情支持与舆情危机》等一系列重要的舆情研究专著。同时，围绕着舆情信息汇集分析机制、舆情与政治表达、基层舆情治理、舆情与协商民主和网络技术发展背景下网络舆情现象等，成功申报并圆满完成了多项国家社科基金项目（包括特别委托项目），并发表了一系列在学术界具有广泛影响和高转引率的学术成果。

向慧的《舆情思想史与研究范式》一书在进一步廓清舆情概念、发掘舆情思想、厚植舆情文化、创新舆情理论等方面，又做了诸多极富启发性的新探索。

舆情是一个在中国传统语境中生成、富有中国政治文化内涵的重要词汇。把舆情作为一个学术概念，对其追根溯源和返本开新，是一项支撑着整个舆情研究的基础性工作。已有的研究多认为，唐末五代是"舆情"概念出现的时期，舆情概念中"舆"的词源来自春秋战国时期的"舆人"。对此，向慧进行了新的详尽考证和辨析。其一,作者认为,结合历史文本的具体语境,唐末五代时期的"舆情"概念的指向性未必是民众;其二,在中国传统文化语境中,"舆"有着多重含义,既指代群体(舆众),也指代帝王(舆服),还指代善于讽诵的舆人。因而,舆情概念形成的线索和脉络是多重和复杂的,舆情词汇的出现和舆情一词包含政治性内容并非同一过程。上述考据和辨析拓展了舆情概念出现、使用的历史过程以及文化内涵的相关认识。

我很早就了解到,向慧一直试图利用古籍数据库的文本分析,来梳理舆情概念的内涵和历史衍变,且不断有新的学术研究收获,显示出向慧把握历史与现今相互结合的研究思路和认识方法。例如,向慧认为,舆情概念最初的指向性并非是一般性的基层民众,而是社会学意义上的群体和公众,而舆情概念在内涵上具有的基层性、民众性则来自明代以来的社会治理实践,到了清代舆情概念呈现出了转型特征,其政治性色彩愈加浓重。向慧对古籍文本的深入发掘和思考,在舆情思想的历史梳理方面具有明显的开拓性。

我在过往的研究中曾提出,作为一个学术性概念而不是顺口说出的普通词汇,舆情概念的学术定义,既要符合历史情况又要符合现代生活情境,还要囊括学者们对现代民生基础上的民声、民心、民情的把握。也就是说,现代舆情概念既要体现历史传承性,也要包含时代创新性。因此,可以说,舆情与民意概念的比较与互相吸收、借鉴,也是现代舆情概念界定的重要维度。而从中西方概念比较来看,舆情概念往往被翻译为"民意"或"公意"(public opinion)。向慧的这本书从认识论的角度提出,中国的舆情概念与西方的民意概念就其表现形式来看具有诸多相似性,但究其思想背景和隐含假设,舆情与民意还是有较多区别的。针对这两者之间的差别,向慧根据自己对以赛亚·伯林在《自由论》中提出的"积极自由"和"消极自由"概念的认识,提出舆情概念的隐含假设更倾向于"积极自由",而民意概念的隐含假设更倾向于"消极自由"。"积极自由"有被滥用的风险,而"消极自由"更易造成灰色和冷淡的民主。向慧又提出,情感与政治原则的对话能防止情感滑向极权主义狂热,也能防止走向"不热情"的自由主义。向慧强调,对于舆情、民意的辨析要在"积极自由"与"消极自由"的框架中予以比较,同时还应突出舆情中的情感取向和情感维度,从而使得舆情概念能够调和"积极自由"与"消极自由",既包含民意的优点又具有超越性。向慧的这些认识,角度是新颖的,思考是深入的,对于现代舆情概念的界定和创造性转化,提供了具有启发性的新视角。

向慧从天津今晚报社调入天津社会科学院舆情研究所,又接着在北京师范大学博士后站进修,他的舆情研究成果不断涌现,让我特别欣赏的是他对舆情研究新范式一直以来的思考和钻研。现在,这些思考则是这本书的重要内容!向慧主张,要从人本主义、传播仪式、理解社会学等维度来建构新的范式。瞄准舆情研究新范式,书中以社会主要矛盾的转化为现实背景,做出了理论与实践相互结合的有益探索,其中也涉及向慧近几年发表过的几篇重要论文。这些论文包括《"后真相时代"网络舆情与舆论转化机制探析——互动仪式链理论视角下的研究》《"非虚构写作"在网络舆情事件中的情感动员功能与表达逻辑》《舆情视角下的突发公共卫生事件风险沟通框架建构》等。

向慧强调,舆情与舆论的关系及转化机制是学术界关注的重点之一。在学界有一种观点,即把舆情作为舆论情况的统称,认为舆情与舆论大同小异,舆论研究可以囊括舆情研究。我在此前的研究一直强调,舆情指的是民众的社会政治态度,其主体是民众,而舆论的主体既包括民众,也包括官方机构尤其是新闻机构;舆情既有外在的"显舆情",也有隐含的"隐舆情",而舆论是公开表达的声音。因而,从表达主体、表达方式来看,舆情和舆论虽有紧密联系,但两者有着显著的差异。此前,我曾用"滚雪球"来比拟舆情与舆论的转化作用关系,尤其是在互联网环境下,舆情与舆论的"滚雪球"效应非常明显。对此,向慧在《"后真相时代"网络舆情与舆论转化机制探析——互动仪式链理论视角下的研究》一文中,引入了美国社会学家柯林斯的互动仪式链理论,以情感能量和符号资本两个概念来解释舆情和舆论的相互作用。这篇学术论文发表于 CSSCI 期刊,并获得《新华文摘》、人大复印报刊资料转载,其中的一些主要学术观点也写进了这本书里。显然,向慧所作的学术努力,对于推进舆情与舆论的关系研究,是颇具理论研究和现实价值的。

舆情思想史与研究范式

　　舆情研究既需要扎实的理论基础,也需要着眼于实践、服务于政府决策过程。与很多纯理论的研究领域不同,舆情研究自诞生之始其定位就是直接服务于国家管理和政策咨询。正如我之前提出的,"舆情是一种以民众和国家管理者之间互动与依存的利益关系为基础的社会政治态度,是这两者之间利益联系本身复杂性的一种表现"。自建所以来,天津社科院舆情研究所一直遵循着"两条腿走路"的思路,一条腿是舆情理论,一条腿是舆情咨政。多年的实践证明,"两条腿走路"使得舆情学科建设与舆情信息工作一起进入良性发展和积极互动过程。舆情理论为舆情咨政提供了理论框架和视角,而舆情咨政提供的训练、灵感和成效,则推动了舆情理论发展。要特别指出的是,向慧在舆情研究所工作期间,已经撰写了近百篇舆情咨政报告,并有近十篇获得国家领导人批示,取得了很好的社会评价。这些舆情咨政报告也反哺了作者的理论研究。譬如,作者的"后真相时代""非虚构写作""突发公共卫生事件""青年网络抗争"等主题学术论文,都与作者长期从事的舆情咨政工作紧密相关。

　　向慧的这本书还用较大的篇幅梳理和研究了党和政府的舆情制度建设,体现了其研究的现实关照和大局意识。当下,我们正面临着"两个大局",即中华民族伟大复兴的战略全局和世界百年未有之大变局。"两个大局"为舆情理论和咨政研究既提出了新的要求,也创造了新的机会。习近平总书记在党的二十大报告中指出:"我们要站稳人民立场、把握人民愿望、尊重人民创造、集中人民智慧,形成为人民所喜爱、所认同、所拥有的理论,使之成为指导人民认识世界和改造世界的强大思想武器。"作为以民心、民意为研究对象的舆情研究,必须始终牢记党的初心、使命、宗旨,把汇集民意、反映民生、传递民声、吸纳民智等作为职责担当,积极为党和人民著书立说、咨政建言,担当起社科工作者培根铸魂的重要使命。同时,当今世界风云激荡,全球经济危机的"灰犀牛"和地缘政治风险锐化的"黑天鹅"都对总体国家安全构成风险挑战。因而,舆情研究既要立足本土、植根人民,还要放眼世界、胸怀天下。

　　近年来,天津社会科学院将中国特色舆情学设立为中国特色哲学社会科学的重点建设领域之一,向慧这本专著显然是符合这一方向和要求的。

在天津社会科学院舆情研究所内,向慧以及其他多位笃志做好中国特色舆情学研究的同事,都已经在实践中迅速成长为了不起的学术支柱,彰显了舆情研究所后继有人和研究事业不断发展的光彩前途。期待向慧的这本新书能为舆情理论和舆情咨政研究起到进一步的推动作用,是为序。

天津社会科学院舆情研究所首席专家　王来华
2022 年 11 月 15 日

序　二

　　2019年5月至2022年6月,本书作者董向慧在北京师范大学新闻传播学院做博士后工作,参与了相关舆情课题的研究。董向慧博士是一位善于思考和勤奋的学者,将舆情研究与博士后期间参与的智能传播工作和他自己感兴趣的华夏传播、技术现象学等领域结合起来,对复杂多变的传播形态、舆论生态与舆情研究的关系进行了多角度思考。《舆情思想史与研究范式》也正是这些研究和思考的总结和体现。

　　董向慧博士在《舆情思想史与研究范式》一书中从历史维度对"舆情与舆论"概念进行了分析,并提出了新见解。一是舆情与舆论之间的关系。在学界有一种观点,舆情与舆论的词源相同,舆情是舆论情况的简称。本书对"舆"和"舆情"的概念衍变进行了详细的考据,并指出对于历史语境下舆情概念的形成还需要更详尽和完备的研究。二是舆情概念的现代转型。本书在第三部分提出,20世纪上半叶舆情概念经历了现代的转型过程。在这一转型过程中,厘清舆情、舆论两个概念的联系与区别,对于舆论史研究有着重要意义,这也值得作者继续深入探讨。而在这一方面,相关的史料和资料可谓浩如烟海,尤其需要下功夫去钻研。三是对舆情思想史的脉络梳理。本书将舆情思想的渊源追溯至《尚书》中的尧舜禹时代,同时结合最新考古发现来进行论证。近年来,作者对舆情思想史的研究也启发其关注华夏传播领域,发表了《〈乐记〉中的情感社会学思想研究——兼论中国情感文明的早熟轨迹》等学术论文,先后有多篇有关华夏传播领域的论文入选学术论坛。可以说，从华夏传播的角度来开展舆情思想史的探讨，是一项具有启发性的研究。

董向慧博士还从技术维度提出舆情研究的新范式，这是本书的一个新亮点。人工智能、大数据、云计算、元宇宙等新技术迅猛发展，万物互联、万物数联的时代已然来临。在传播技术、传播形态、舆论生态深刻变革的今天，舆情研究的基本原理、假设也需要进行反思和调整。本书提出了舆情研究新范式的观点，认为应从人本主义、传播仪式、理解社会学三个方面建构舆情研究新范式。这是基于研究方法和研究视角的观点。当下，舆情研究乃至新闻传播受到的最主要冲击依然是传播技术和传播手段。基于近年来对传播技术、传播形态、舆论生态的关注，当下正在进入人工智能等技术手段引领的智能传播时代。

在智能传播的背景下思考舆情研究的范式创新具有理论和现实意义。一方面，智能技术会强化社交媒体日益形成的价值观传播链条，这也是舆情的扩散链条。社交媒体的价值观传播是指"个体←→个体"之间因为价值观一致而产生信息流动，价值观不一致的个体之间信息流动会中断。观念、信念、态度相似的个体聚合而成的群体能够通过社交媒体进行社交活动，形成圈层，而不同观念群体之间会相对绝缘，呈现典型的"巴尔干化"特征。在智能算法的路径依赖下会强化这种"巴尔干化"现象。另外一方面，随着智能传播及社交机器人的广泛应用，民众已不再是舆情表达和舆情参与的唯一主体。虽然生产和支配人工智能技术、社交机器人的主导力量是人，但它有着独立和独特的传播规律、运作规则，有着能动性、反身性等智能特征，可以看作独特的舆情表达主体。从全球角球看，人工智能技术正从传播者、渠道、内容生产链条上颠覆国际传播格局。在智能传播的背景和语境下思考诸多舆情研究领域的基本和重要主题，如舆情表达主体、舆情真伪鉴别、舆情场域互动、舆情情感结构、舆情治理与舆论引导等，这对于探析舆情研究的新范式意义深远。

麦克卢汉在专著《理解媒介——论人的延伸》中提出：任何媒介（即人的任何延伸）对个人和社会的任何影响，都是由于新的尺度产生的；我们的任何一种延伸（或曰任何一种新的技术），都要在我们的事务中引进一种新的尺度。在麦克卢汉看来,现代的电子信息媒介,很大程度上为人安装了一套新的中枢神经系统。本书提出,对舆情的研究要由关注传播技术、媒介形态转向对人自身的关注。根据麦克卢汉的论断,关注媒介技术和关注人自身之间是异曲同工的,媒介技术也是人的延伸,是人身体和神经系统的延伸。而在智能传播时代,智能算法已经不仅是人身体和神经系统的延伸,更是人的行动结构、思维模式乃至社会结构的延伸。智能算法的能动性、智识性、反身性和结构性,都使得其比我们更理解人和社会。

　　智能传播、计算传播是北京师范大学新闻传播学院的重点研究领域。在三年的博士后工作期间,作者董向慧也对人工智能、智能算法等新媒介技术进行了深入思考,发表了相关的学术成果。在此基础上,作者2022年成功申报了国家社科基金项目"技术现象学视角下智能算法嵌入社会与治理研究"。正如上文所述,新闻传播新范式的探讨要立足于智能传播的时代和技术背景。而新范式的建构不仅要基于新闻传播学的理论,更需要从社会学、哲学等领域汲取营养。现象学、技术现象学、常人方法论等社会学理论与智能传播、智能算法有着较高程度的契合性。媒介技术不仅是信息传播的工具和手段,更是人身体和思维的延伸。而智能传播技术更是人的能动性、行动性、智识性、反身性的延伸。因而,智能社会的建构中,我们不仅要关注人的主体地位,还需要关注智能算法等技术手段的类主体地位。

　　正如拉图尔在行动者网络理论中所提出的,社会学不仅要研究"社会的社会",还要研究"联结的社会",而联结社会的主体不仅包括人,也包括各种中介物。在智能传播时代,算法俨然成了联结社会的最主要和最重要的中介物,是社会行动的类主体。在智能传播背景下,除了对社会行动主体的扩展,还需要对空间有更深入的理解。站在新媒介技术的时代基点,舆情研究的理论和实践空间大有可为,期待董向慧博士后续出更多新成果,是为序。

　　　　北京师范大学新闻传播学院院长、教授　张洪忠
　　　　2022 年 11 月 16 日

绪　论

　　习近平总书记在党的二十大报告中指出："我们要站稳人民立场、把握人民愿望、尊重人民创造、集中人民智慧。"舆情，是一个具有中国政治、文化内涵的概念，指的是民众对国家管理者的政治态度与意见，即民心、民情、民意。数千年来，围绕着收集舆情、吸纳舆情、顺应舆情，中国形成了源远流长而又独具特色的舆情思想与制度。党的二十大报告指出，中华优秀传统文化源远流长、博大精深，是中华文明的智慧结晶。就中国舆情思想而言，其上承华夏文明早期的"圣王合一"、夏商周三代以降的"敬天保民"与儒家的"民为邦本"思想，薪火相传。而在明清时期，黄宗羲、顾炎武等思想家继承和发展了儒家的民本思想，提出了带有强烈民主和自由倾向的舆情思想。如黄宗羲认为，"天下为主，君为客"，在《明夷待访录》中主张将学校作为民众表达舆情、参政议政的机构。顾炎武在《日知录》中认为，士人要为民直言请命、救民以言，"救民以事，此达而在上位者之责也；救民以言，此亦穷而在下位者之责也"。

　　而就中国舆情制度来说，可追溯到尧舜禹时代的原始民主制，周代的巡狩、采风制度，再到秦汉至唐宋的谏言、察举、清议制度，清代的密折与密考制度等。在清末，伴随大众传播媒介的发展，志士仁人纷纷主张以报纸、刊物来吸纳和顺应舆情。如郑观应在《盛世危言》中认为，详细了解舆情、"通民隐、达民情"最好的办法就是"广设日报"。

　　在清王朝与封建专制轰然倒塌之后，中国共产党领导全国人民进行了艰苦卓绝的革命、建设与改革开放伟大事业。作为以全心全意为人民服务为宗旨的无产阶级政党,其最鲜明的特征在于,中国共产党始终坚持人民是历史的主体、国家的主人,中国共产党自成立之日起,就把为中国人民谋幸福生活、为中华民族谋复兴作为初心使命。立足党的宗旨、初心、使命,党尤为重视社情民意和舆情工作。就舆情思想来说,以毛泽东为代表的中国共产党人将马克思列宁主义与中国国情紧密结合起来,将一切为了人民,一切依靠人民,从群众中来,到群众中去的群众路线作为党的舆情工作的指导思想。就舆情制度来说,党和政府的舆情制度不断完善与发展。早在 20 世纪 30 年代,党的领导人便通过新闻情报机构、群众来信来访等方式广泛收集、采纳舆情。新中国成立后,党和国家领导人高度重视舆情内参在决策中的作用。伴随着互联网信息技术的发展,舆情信息制度建设不断提速。2004 年,党的十六届四中全会明确提出"健全社会舆情汇集分析机制",同年,中共中央宣传部舆情局成立。党的十九届四中全会审议通过的《中共中央关于坚持和完善中国特色社会主义制度、推进国家治理体系和治理能力现代化若干重大问题的决定》明确提出"健全重大舆情和突发事件舆论引导机制"。

在中国舆情思想与制度创新和发展的过程中,以服务党和政府决策、政策为目标的舆情研究也随之从无到有、由小到大,蓬勃发展。从研究机构来看,自 1999 年中国首家以"舆情"命名的研究机构成立以来,20 多年来以"舆情"命名的各种研究机构、智库、企业可谓"遍地开花"。从研究成果来看,在中国舆情思想与制度等领域,一大批学术专著、论文如雨后春笋般涌出。譬如,2003 年出版的《舆情研究概论》便对舆情概念、理论与方法进行了科学定义;2006 年出版的《网络舆情研究概论》较早拓展了网络舆情研究的新领域;2013 年出版的《舆情支持与舆情危机》《舆情制度建设论》从党和国家舆情治理体系和治理能力现代化的层面对舆情思想与制度建设进行了探究……在中国舆情思想与制度研究不断推进的同时,以网络舆情为主题的研究著作,尤其是论文呈现"井喷式"增长,将新闻传播、政治学、社会学、社会心理学、计算科学等多学科视角、理论引入舆情研究,极大地充实了舆情研究的学科基础,丰富了舆情研究的方法论。在舆情研究机构发展壮大、舆情研究成果日益增多、舆情研究领域不断得到推进的前提下,中国舆情学科建设日益提上日程,也对中国舆情基础理论研究提出新要求。① 其中关键的便是舆情概念的辨析,这关系到舆情研究是否能够成为独立学科或领域,舆情是否是一个独立的、边界清晰的"社会事实"和研究对象。从学理脉络来看,对舆情概念辨析的基础来自舆情思想的探析和吸纳。目前,舆情概念的思想内涵主要来自两方面:一方面是中国古代的舆情尤其是民本思想;另一方面是西方的民意思想。目前对于这两方面舆情内涵的挖掘仍不够充分。

在舆情概念的辨析中,中国古代舆情思想的研究存在两个方面的不足。其一,现有研究多将舆情思想源头追溯到西周的"敬天保民"、儒家的"民本"思想。而事实上,舆情思想源头可上溯至华夏文明先王时代的圣王思想、德治思想、中和思想、礼乐文化。譬如,据《尚书·舜典》记载,舜帝时便任命龙为喉舌之官——纳言。(孔安国注:"纳言者,喉舌之官,听下言纳于上,受上言宣于下,必以信。")同时,舜帝还通过六律五音来考察治乱、听取各方声音;舜帝让大禹有意见就要当面提出,不要阳奉阴违、背后议论,对诋毁、谄媚的人要进行警示和惩罚。"予欲闻六律五声八音,在治忽,以出纳五言,汝听。予违,汝弼,汝无面从,退有后言。钦四邻! 庶顽谗说,若不在时,侯以明之,挞以记之,书用识哉,欲并生哉! 工以纳言,时而飏之,格则承之庸之,否则威之。"②

其二,现有研究对舆情中"舆"字概念的解释存在诸多模糊之处,多将"舆"解释为众。实际上,"舆"早在商代便已出现,在春秋战国时期有舆人的用法,在汉代有舆服、堪舆等多种用法。现有研究多认为"舆情"来自"舆人",其中"舆"是众人、下层民众的意思。而根据考据可知,春秋战国时期"舆人"是制作车舆的工匠,善于"舆人之诵"的讽谏。因而,"舆人"的重点并不在"舆",而在于"诵",即通过诗歌、民谣的方法讽喻政治。此外,"舆"在汉代、唐代常用来指代帝王的座驾,"舆情"初现于唐代的诏令中,其中的"舆"字更多指向皇帝,而非民众。简言之,"舆情"作为民众政治态度指代的过程有着曲折、多元的路径和线索,其具体的、历史的过程与衍变仍有待廓清。

① 王来华:《中国特色舆情理论研究及学科建设论略》,《南京社会科学》2014 年第 1 期。
② 《尚书·虞书》。

西方民意思想是舆情概念的重要思想来源。将民意思想引入舆情概念，虽然吸收和突出了民主、民权、平权的价值取向，但同时也将民意概念蕴含的自由主义、理性主义假设带入，而这与舆情所突出的社会取向、情感取向存在悖论。"舆情作为一种民众的社会政治态度，呈现出情、知、意的特殊结构，与心理学研究意义上的知、情、意结构不同。"①更重要的是，在西方民意所隐含的自由主义和理性主义假设下，情感多被视为无序、冲动、混乱和危险的象征。正如西方政治自由主义学者以赛亚·伯林在《自由四论》中所主张的，积极自由强调人的主动性和自主性，而消极自由着眼于免受外在强制和干涉，他明确主张消极自由，认为积极自由会失去自我、失去自主，而消极自由的理念应当作为政治自由和社会自由制度的基础。伴随着近年来情感社会学、政治情感研究的兴起，西方学界对情感的重视日益提升，也不断反思自由主义和理性主义下的冷漠、"灰色"民主、消极自由等现象，主张将情感这一政治价值判断的要素纳入其中。

譬如，美国学者玛莎·C.努斯鲍姆（Martha C. Nussbaum）多年来把精力投注于政治秩序背后的情感、道德和伦理基础研究，以及投身运气、德性、伦理和情感在厌恶、羞耻、愤怒、恐惧与爱等不同维度之体现的研究，并将关切植根于如何构建并维护良性秩序和良好生活的公共政治伦理。② 努斯鲍姆认为，情感是公民认同政治原则的中介，使人从内心上真正接受政治原则。情感与政治原则的对话能防止情感滑向极权主义的狂热，也能防止走向"不热情"的自由主义政治原则。③ 因而，将舆情与民意简单地等同容易忽视不同社会文化中对于情感与理性、自由与秩序的认知与区分，淡化对舆情这一概念"文化自性"的区分和"文化自觉"的认知。

习近平总书记在哲学社会科学工作座谈会上的讲话中指出："中华民族有着深厚文化传统，形成了富有特色的思想体系，体现了中国人几千年来积累的知识智慧和理性思辨。这是我国的独特优势。中华文明延续着我们国

---

① 王来华：《如何应对网络舆情过度情绪化表达》，《光明日报》2015年7月16日，第16版。

② 《我们如何才能不"愤怒"——评玛莎·C.努斯鲍姆〈愤怒与宽恕：怨恨、慷慨、正义〉》，https://www.sohu.com/a/241123393_99908568。

③ 邓凯文：《情感何以影响社会稳定——玛莎·纳斯鲍姆政治情感论》，《理论与现代化》2016年第6期。

家和民族的精神血脉,既需要薪火相传、代代守护,也需要与时俱进、推陈出新。"①已有研究对舆情概念辨析不足的根源在于,对于舆情的中国政治、文化内涵特色的发掘和重视仍不够充分。舆情作为发轫于华夏文明先王时代的社会思想,其本质是一种社会取向的政治情感能量,即通称的民心、民情。在政治秩序、社会秩序的维持和建构中,情感无疑有着更为持久和深厚的力量。正如埃利亚斯在《文明的进程》中所言:"文明发展的特点就在于更加严格、更加全面而又更加适度地控制情感。"②舆情思想与先王时代的圣王思想、德治思想、兼听思想、礼乐思想等有着紧密联系,是着眼治乱兴衰、中和位育的重要思想。早在先王时代,国家和氏族的管理者便总结出了一套平衡理性与情感,培养和引导舆情,教化民众的方法,即"中和"的方法,既充分敬畏人心向背,又充分认识人心中的自私、欺骗等情绪,以德治、兼听、礼乐等方式进行引导,将理性与情感进行良好的协调,使舆情这一政治情感转化为天下长治久安的建设性力量。

舆情这一概念有着时代性,但更具有民族性和现代性。作为强大的政治情感能量,舆情是管窥中国思想、制度的重要路径。在坚持和完善中国特色社会主义制度的伟大工程中,进行中国舆情思想、舆情制度的研究更有着现实意义。

习近平总书记在哲学社会科学工作座谈会上的讲话中指出:"我们的党是全心全意为人民服务的党,我们的国家是人民当家作主的国家,党和国家一切工作的出发点和落脚点是实现好、维护好、发展好最广大人民根本利益。我国哲学社会科学要有所作为,就必须坚持以人民为中心的研究导向。"③作为党的领导制度的重要组成部分,舆情思想与制度充分体现和践行着一切为了群众,一切依靠群众。党的十九届四中全会审议通过的《中共中央关于坚持和完善中国特色社会主义制度　推进国家治理体系和治理能力

---

① 习近平:《在哲学社会科学工作座谈会上的讲话》(2016 年 5 月 17 日),人民出版社,2016,第 17 页。
② [德]诺贝利·埃利亚斯:《文明的进程——文明的社会起源和心理起源的研究》,王佩莉、袁志英译,上海译文出版社,2018,第 38 页。
③ 习近平:《在哲学社会科学工作座谈会上的讲话》(2016 年 5 月 17 日),人民出版社,2016,第 12 页。

现代化若干重大问题的决定》明确提出："健全为人民执政、靠人民执政各项制度。坚持立党为公、执政为民,保持党同人民群众的血肉联系,把尊重民意、汇集民智、凝聚民力、改善民生贯穿党治国理政全部工作之中……"①植根中华传统文化的舆情思想与制度,如今已经形成了具有鲜明中国的舆情思想与制度。而以"究天人之际,通古今之变"的自觉加强对中国特色社会主义制度文化内涵的发现和研究,从几千年来中国人治国理政的智慧中汲取制度文化中的民族特性与文化基因,这既有着重要的理论意义,也有着迫切的现实意义。一方面,在中国特色社会主义进入新时代、中国特色哲学社会科学建设迎来新机遇、中国特色社会主义制度建设面临新要求的大背景下,推进中国舆情思想与制度研究,既有着夯实中国舆情学科建设的紧迫理论需要,又有着为坚持和完善中国特色社会主义制度,夯实"四个自信"尤其是文化自信的迫切现实需要。另一方面,当下世界正面临百年未有之大变局,各种社会制度与社会价值观的博弈进入白热期,世界格局也处于深刻变革期,全球政治心理诉诸情感与信仰的"后真相时代"特征也愈加明显。在风险和挑战前所未有的条件下,如何准确把握世界各个国家、地区的舆情趋势、规律,为外交、对外宣传提供智力和决策支持,为中华民族伟大复兴事业建言献策也至关重要,且任重而道远。

---

① 《中共中央关于坚持和完善中国特色社会主义制度 推进国家治理体系和治理能力现代化若干重大问题的决定》,人民出版社,2019,第8页。

第一篇
中国古代舆情思想与制度

第一章　舆情概念的思想史考察

　　20世纪60年代起,以昆廷·斯金纳(Quentin Skinner)、约翰·波科克(John Pocock)、约翰·邓恩(John Dunn)为代表的英国"剑桥学派"在政治思想史研究中提出了"历史语境主义"的新范式、新方法。"历史语境主义"迥异于传统的"文本中心主义",提出人类社会不存在"永恒不变的思想主题",人类的一切思想都只不过是"对具体历史问题的回应",主张为了理解不同思想家的思想必须要在具体的历史语境中寻找答案。① 正如斯金纳在《观念史研究的意义和认识》中所述,任何陈述都必定是在特定场合、从解决特定问题出发,必定体现了某种特定的意图,因而有特定的情境,超出这个情境去认识就只能是幼稚的。② 历史语境主义主张以"复原历史"的方法把文本置于具体的语境之中来理解,这开拓了思想史研究的新范式,也为思想史研究提供了新的视野、视角。

　　而就当下舆情概念的思想史研究而言,"文本中心主义"的痕迹仍比较严重,对舆情概念形成历史过程的认知仍存在诸多模糊之处。通过引入历史语境主义的视角和方法,能够对舆情这一有着深厚历史底蕴和鲜明中国政治文化色彩的概念的思想脉络有更为清晰的认知和判断。

---

① 张晒:《从文本中心主义到历史语境主义:语境、概念与修辞》,《理论月刊》2013年第5期。
② 转引自冯克利《现代政治思想的基础》,《读书》2012年第4期。

第一节　舆情概念研究述评

舆情是一个有着深厚历史底蕴和鲜明中国政治文化色彩的概念。就舆情概念的形成过程进行考察,首先需要对"舆"字追根溯源。"舆"早在商代便已出现,在甲骨文中其字形是由手抬着"车",即 ✕。在小篆中,"舆"的字形为 ✕,从车从舁(音 yú,含义是共同用手抬)。甲骨文、小篆中的"舆"字,都有"抬车"的含义。据《康熙字典》:"【韵会】《诗诂》曰:辀轴之上加板以载物,轸、轼、辌、较之所附植,舆,其总名也。"也就是说,舆是车的车厢,是包括辀轴上面的木板以及与其相连接的轸、轼、辌、较等部件在内的总称。从造字六书分析,"舆"为形声兼会意字,其本意是包括轸、轼、辌、较等部件在内的车厢,发挥着稳定车的结构、让车能够运行的功能。

正因为"舆"是车的主体结构,到了西周和春秋战国时期,舆便成了车的代名词。譬如,《诗经·秦风》以"舆"指代车:"於我乎,夏屋渠渠,今也每食无余。於嗟乎,不承权舆! 於我乎,每食四簋,今也每食不饱。於嗟乎,不承权舆!"《韩非子·备内》也以舆代车:"故舆人成舆,则欲人之富贵;匠人之成棺,则欲人之夭死也。非舆人仁而匠人贼也,人不贵则舆不售,人不死则棺不买,情非憎人也,利在人之死也。"自春秋战国之后,"舆"的使用、内涵有了复杂变化,出现了舆人、舆论、堪舆、车舆、舆服、乘舆、坤舆等多种组合。而"舆情"一词,最早出现在唐代的史料文献中。天复二年(902)十一月,唐昭宗在给崔胤的诏书中称:"朕采于群议,询彼舆情,冀有小康,遂登大用。"[①]五代十国时期,"舆情"出现于士大夫的诗中,如南唐诗人李中在《献乔侍郎》中所写:"格论思名士,舆情渴直臣。"在宋代,舆情则以"雨后春笋"的姿态出

---

① 《唐大诏令集》卷五十八。也有研究认为此诏书出自唐昭宗乾宁四年(897)。事实上,这一观点是基于《旧唐书》的记载,而《旧唐书》成书于唐朝灭亡后的后晋时期,其史料转引自《唐大诏令集》。本书所引文献,若无特别注明,均来自《四库全书》,以下不再一一注明。

现于部书、史书及文集之中。① 至清代,舆情已作为独立的词语大量、广泛使用,在不同的语境中舆情具有三重内涵:民众的意愿、态度;民间的疾苦;泛指民众。②

梳理舆情概念的形成、使用过程可发现,从"舆"字出现到"舆情"产生,间隔约有两千年(商代至唐代);从舆情概念的出现到广泛使用,则有一千年左右的历史(唐代至今)。正因为舆情一词具有深厚的历史文化底蕴,围绕舆情概念的形成、内涵,学者们做了较为充分的研究。就舆情概念的思想基础,王来华认为西周"敬天保民""天视自我民视,天听自我民听"等民本思想是舆情思想的源头和内核。③ 冯希莹在对史料进行梳理基础上提出,传统社会的舆情内涵有着三个层次:老百姓的意见、态度;老百姓的情绪;老百姓的疾苦。④ 赵梦溪认为,从唐至清,"舆情"的基本含义得以延续,没有明显变化。⑤ 林荥章基于《大公报》的文本分析,对清末民国时期舆情概念的现代转型做了梳理。⑥

在充分肯定已有舆情概念研究的同时还应看到,现有关于舆情概念的研究多集中于"舆情"出现的"后一千年",而对从"舆"字出现到"舆情"概念出现的"前两千年"重视仍不足,往往将舆情中的"舆"解释为"众人""庶民"。而基于历史语境主义的视角来分析,舆情概念在唐代形成之前,至少有着三条思想脉络。其一是承袭西周"天子听政"传统的"舆人之诵";其二是源自《周易》卜辞中"舆"的类象与意向;其三是秦汉以来象征君权的"舆服"文化。正是在上述三条思想脉络下,"舆"被赋予了政治性、民众性、意见表达等多重意蕴,"舆情"概念的出现及广泛使用便顺理成章。

---

① 譬如,舆情在北宋四大部书之一的《册府元龟》中出现了 7 次,在《续资治通鉴长编》中出现了 10 次,在《三朝北盟会编》中出现了 11 次。此外,舆情在《苏东坡文集》《元丰类稿》《安阳集》《端明集》《祠部集》《华阳集》《古灵集》《传家集》《清献集》《公是集》《彭城集》等宋人文集中也频频出现。

② 张文英:《康熙时期对"舆情"的使用及其研究》,《理论界》2010 年第 9 期。

③ 王来华:《舆情研究概论》,天津社会科学院出版社,2006。

④ 冯希莹、王来华:《舆情概念辨析》,《社会工作(学术版)》2011 年第 5 期。

⑤ 赵梦溪:《舆情:概念的转型及其话语》,《新闻记者》2016 年第 8 期。

⑥ 林荥章:《清末及民国期间舆情观念的变迁初探——以〈大公报〉为例》,《编辑之友》2018 年第 10 期。

第二节　舆情概念形成的三条思想脉络

一、"舆人之诵"的政治传播功能

在对舆情概念的追溯中，"舆人"一词往往被认为是其词源。"从词源上看，'舆论'和'舆情'中的'舆'都是从'舆人'而来。在古代中国，'舆人'是社会地位较低的'庶人'的一种，'舆论'和'舆情'因而都泛指民间众人的议论。"① 将"舆人"作为舆论、舆情的词源，这一观点已在学界达成较多共识。② 但将"舆人"解释为庶民和民众，进而引申出"舆情"和"舆论"是民众的意愿、议论，这一观点则与史实有出入。其一，据学者考证，"舆人"并非是社会地位较低的庶民，而是属于国人。其二，舆人作为"舆情""舆论"的词源，其要义在于"舆人之诵"的政治传播功能，而不在于其社会地位。

"舆人"在周代指的是专门制作车的工匠，据《周礼·考工记》③记载，"舆人为车"。到春秋时期，"舆人"的活动则较为频繁。据《左传》《国语》等记载，春秋列国中涉及"舆人"的国家有周、晋、郑、秦、齐、楚、宋、陈、吴等。而根据童书业、周苏平等学者考证，舆人的阶层并非是奴隶、庶民，而是国人。④ 在春秋时期，"舆人"以歌谣讽谏的"舆人之诵"而闻名。譬如，流传较广的《诗经·魏风·伐檀》就充分体现了舆人善于讽谏的特点。《伐檀》通过描述"坎坎伐檀、坎坎伐辐、坎坎伐轮"等造车过程的艰辛，抨击统治者"不稼不穑、不狩不猎"等不劳而获的行径。而在《左传》《国语》中也记载了较多

---

① 胡泳、陈秋心：《舆情：本土概念与本土实践》，香港《传播与社会学刊》2017年总第40期。

② 夏保国：《先秦"舆人"考论——中国"舆论"概念的历史语源学考察》，《学习与探索》2011年第6期。

③ 《考工记》是《周礼》的一部分。《周礼》原名《周官》，由"天官""地官""春官""夏官""秋官""冬官"六篇组成。西汉时，"冬官"篇佚缺，河间献王刘德便取《考工记》补入。刘歆校书编排时改《周官》为《周礼》，故《考工记》又称《周礼·考工记》（或《周礼·冬官考工记》）。

④ 周苏平：《春秋"舆人"考辨》，《人文杂志》1999年第3期。

的"舆人之诵"。

《左传·僖公二十八年》记载,晋侯在与楚国交战中,因听到舆人之诵感到犹豫不决。"夏四月戊辰,晋侯、宋公、齐国归父、崔夭、秦小子慭次于城濮。楚师背酅而舍,晋侯患之,听舆人之诵,曰:原田每每,舍其旧而新是谋。公疑焉。"据《左传·襄公三十年》记载,子产在郑国为政一年,舆人以诵的形式表达不满情绪,"舆人诵之曰:取我衣冠而褚之,取我田畴而伍之。孰杀子产,吾其与之!"而在子产为政三年后,舆人的态度发生转变,又以诵称赞子产,"我有子弟,子产诲之。我有田畴,子产殖之。子产而死,谁其嗣之"。此外,在《国语·晋语》中,舆人以诵的方式对晋惠公背信弃义的做法进行了批判。最终,晋惠公失国失位。晋国的智者郭偃认为,舆人的议论关系祸福,一定要充分重视。

> 惠公入而背外内之赂。舆人诵之曰:"佞之见佞,果丧其田。诈之见诈,果丧其赂。得国而狃,终逢其咎。丧田不惩,祸乱其兴。"既里、丕死,祸,公陨于韩。郭偃曰:"善哉! 夫众口祸福之门。是以君子省众而动,监戒而谋,谋度而行,故无不济。内谋外度,考省不倦,日考而习,戒备毕矣。"①

据《国语·楚语上》记载,楚灵王为政暴虐,白公子张以齐桓公、晋文公为例,劝诫灵王要善于听取"舆人诵",采纳民意。

> 齐桓、晋文,皆非嗣也,还轸诸侯,不敢淫逸,心类德音,以德有国。近臣谏,远臣谤,舆人诵,以自诰也。是以其入也,四封不备一同,而至于有畿田,以属诸侯,至于今为令君。②

从《左传》《国语》的记载来看,春秋时期的舆人之所以频繁出现于史料中,很大程度上在于"舆人之诵"的政治传播功能,即善于通过歌谣的方式规劝君

---

① 《国语·晋语》。
② 《国语·楚语上》。

主贵族，表达政治意愿，这恰是"舆人"成为"舆论""舆情"词源的要义所在。

再向上追溯，春秋时期"舆人之诵"的传统则与西周时期的"天子听政"密不可分。文武周公作为西周的创立者，深刻汲取了殷商灭亡的历史教训，反复强调"天命靡常，惟德是辅""天视自我民视，天听自我民听"等德政、民本思想。同时，西周的统治者也通过设立"天子听政"的制度来倾听各个阶层的政治主张，其中具有特殊技艺的百工是重要的舆情表达群体。

据《国语》记载，天子听政时百工具有"谏"的职责。"故天子听政，使公卿至于列士献诗，瞽献曲，史献书，师箴，瞍赋，矇诵，百工谏，庶人传语，近臣尽规，亲戚补察，瞽、史教诲，耆、艾修之，而后王斟酌焉。"①此外，百工也可以诵的形式向天子提出意见和进行诉求表达，这在《左传》中也有明确记载。"自王以下，各有父兄子弟，以补察其政。史为书，瞽为诗，工诵箴谏，大夫规诲，士传言，庶人谤，商旅于市，百工献艺。"②从历史文献来看，百工群体是周代"天子听政"时有权力表达意见的群体，而舆人是百工之一，属于"攻木之工"。"凡攻木之工七……攻木之工，轮、舆、弓、庐、匠、车、梓。"③同时，舆人作为百工之一，在周代也有着较高的社会地位。据《周礼·考工记》载："有虞氏上陶，夏后氏上匠，殷人上梓，周人上舆。"也就是说，有虞氏尊尚制作陶器之工；夏后氏尊尚建造宫室、开挖沟渠之工；殷人尊尚制作梓类木棺之工；周人尊尚制车舆之工。

简言之，舆人在周代属于百工之中的"攻木之工"，在当时有着较高的社会地位，这体现在两个方面。其一，舆人作为百工之一，有着直接向天子言谏、表达意见的权力。其二，舆人作为制造车的工匠，在周代的文化传统中是比较受尊敬的。在春秋时期，舆人活跃在周、晋、郑、秦、齐、楚、宋、陈、吴等多个国家，并以"舆人之诵"而闻名。自春秋以来，"舆人"便成了政治传播和意见表达的代名词。譬如，晋的豫州刺史王沉将"诽谤之言"与"舆人之论"相提并论。"自古贤圣，乐闻诽谤之言，听舆人之论，乌茫有可录之事，负

---

① 《国语·周语上》。
② 《左传·襄公十四年》。
③ 《周礼·考工记》。

薪有廊庙之语故也。自至镇日,未闻逆耳之言,岂未明虚心,故令言者有疑?"①从历史文献的梳理中可以看出,"舆人"作为"舆情""舆论"的词源是可以确定的。但"舆人"并非是庶民和民众的代名词,而是在周代具有较高社会地位、善于讽谏的工匠群体,其创作了以《伐檀》为代表的诗、诵。舆人,既具有政治表达的权力,又具有政治传播的能力,这些恰是舆人成为"舆情""舆论"词源的要义所在。

二、《周易》中"舆"的类象

在追溯舆情中"舆"的含义过程中,不少学者引用汉、晋经学家的观点,将《左传》《国语》中的"舆"或"舆人"解释为"众人",进而将舆情引申为"民众的意愿"。其中,郑玄、杜预、韦昭的注释为今天学者引用最为广泛。② 郑玄在注《周礼·夏官》"舆司马"时,将舆注解为"众"。《国语·晋语三》中的"舆人诵之",韦昭注:"舆,众也。"《左传·僖公二十八年》中"舆人之谋",杜预注:"舆,众也。"郑玄生活于东汉末年,而韦昭、杜预生活于三国、魏晋时期。也就是说,至少在东汉时期,经学家对于"舆""众"同义便有了共识。但实际上,"舆""舆人"在《左传》《国语》成书的春秋时期都与制车的工匠有着密切联系,并没有众人的含义。③ 汉晋以来经学家将"舆""舆人"注释为"众人",很大程度上是以其所处时代的概念来理解前人。从历史文献来看,"舆"自汉以来确实有"众"的含义,但其词源并非来自《左传》《国语》中的"舆""舆人",而是来自儒家经典文献《易经》。

早在西周时期的《周易》爻辞中,"舆"便作为重要的类象而反复出现。譬如,师卦六三"师或舆尸"、六五"弟子舆师",剥卦上九"君子得舆",小畜九三"舆说輹",大畜九二"闲舆卫",大壮九四"壮于大舆之輹",睽六三"见舆曳"等。在上述爻辞中,"舆"与乾、坤、离卦都有联系。而到了西汉时期的《易·说卦》中,"舆"已经有了固定的类象,即坤卦。同时,《易·说卦》将"舆"与"众"共同纳入相同的类象中。"坤为地、为母、为布、为釜、为吝啬、为均、为子母牛、

①　《晋书·王沉传》。
②　赵梦溪:《舆情:概念的转型及其话语》,《新闻记者》2016 年第 8 期。
③　杨皑:《春秋战国时代的"舆人"》,《华南师范大学学报(社会科学版)》1995 年第 4 期。

为大舆、为文、为众、为柄,其于地也为黑。"《易·说卦》是《易经》"十翼"之一①,其将舆、众归为"坤"这一相同类象,不但是经学家的共识,也是儒士的共识。因而,郑玄、杜预、韦昭将"舆"注释为"众"也就顺理成章了。此外,郑玄将舆注解为"众",这与其治学思路也有着十分紧密的联系。《礼》与《易》作为儒家"五经",有着互补、互通、互鉴的作用。郑玄作为东汉时期的经学大家,以《易》解《礼》,以《礼》注《易》,是其注释的一大特色。②从这个角度看,郑玄在注《周礼》中引用《周易》的解释,将"舆司马"中的"舆"注释为"众",不仅符合《易·说卦》中舆、众同属坤卦的类象,更符合其《易》《礼》互通的治学方法。因此,可以肯定的是,"舆"有着"众"的含义,其思想根源是《易·说卦》,其经郑玄等经学家的注释而广为流传,从而成为共识。

在西汉时期,《易·说卦》将舆、众都归入坤卦的类象,这不仅让舆具有了"众"的含义,还使舆有了更为丰富的蕴意。正因为坤在《周易》中代表大地,而舆作为坤卦的类属,在汉代以后也成了土地、大地的代名词。"是故大丈夫恬然无思,澹然无虑;以天为盖,以地为舆;四时为马,阴阳为御;乘云凌霄,与造化者俱。"③同时,西汉还出现了"堪舆"一词,东汉的许慎将"堪"注释为天道,将"舆"注释为地道。"淮南子曰:堪舆行雄以知雌。许慎曰:堪,天道也。舆,地道也。"④而自东汉以来,大地和"舆"的联系更为紧密。唐代孔颖达对《易·说卦》中的"坤为地……为大舆"注释为"坤为大舆,取其能载万物也"。此后,"坤舆""舆地"便成为大地的代称。从现代的思维来看,大地、舆、众是不同类属的事物。而从《周易》的类象思维来看,大地、舆、众都有着承载、顺从的属性,因而可以归为坤卦。基于中国古代政治文化,君王代表着至高无上的天(乾),臣民则代表着安静、顺从的大地(坤)。"是故天执其道,为万物主,君执其常,为一国主……为人臣者,其法取象于地,故朝夕进退,奉职应对,所以事

---

① 据《文献通考》记载,《易·说卦》为孔子所作。"孔子为《彖辞》《象辞》《系辞》《文言》《序卦》《说卦》《杂卦》,谓之《十翼》……及秦焚书,《周易》独以卜筮得存,唯失《说卦》三篇,后河内女子得之。"(《文献通考》卷一百七十五《经籍考二》)

② 林忠军:《论郑玄以〈礼〉注〈易〉方法》,《武汉大学学报(人文科学版)》2011年第1期。

③ 《淮南子·原道训》。

④ 《昭明文选》卷七。

贵也。"①正所谓"普天之下，莫非王土，率土之滨，莫非王臣"，从《周易》的类象和传统政治文化来看，以舆来指代民众便是"天经地义"了。

三、东汉以来的"舆服"制度

在舆情概念的产生过程中，自汉以来的"舆服"制度也是其重要的思想来源。

"舆服"指的是车舆、衣冠与各种礼仪，发源于上古时代。据《尚书·虞书》记载，舜帝时就有制作冠服的记载，"予欲观古人之象，日、月、星辰、山、龙、华虫，作会；宗彝、藻、火、粉米、黼、黻、绣绣，以五采彰施于五色，作服"。在尧舜禹其后的夏商周时期，"舆服"得到了全面的发展。在孔子看来，"舆服"应博采夏、商、周的优点，用夏朝的历法，乘殷朝的车，穿周代的冕。"颜渊问为邦。子曰：'行夏之时，乘殷之辂，服周之冕，乐则《韶》《舞》、放郑声，远佞人。'"②到西汉时期，为巩固和发展封建专制的大一统，董仲舒在《春秋繁露·三代改制质文》中提出了正黑、正白、正赤的"三正统"，将阴阳五行学说与舆服制度联系起来，"三正以黑统初，正日月朔于营室，斗建寅，天统气始通化物，物见萌达，其色黑，故朝正服黑，首服藻黑，正路舆质黑……正白统者，历正日月朔于虚，斗建丑，天统气始蜕化物，物初芽，其色白，故朝正服白，首服藻白，正路舆质白……正赤统者，历正日月朔于牵牛，斗建子，天统气始施化物，物始动，其色赤，故朝正服赤，首服藻赤，正路舆质赤"。到东汉时期，明帝永平二年颁布了《舆服令》，对车舆、衣冠的颜色、形状做了规定，"舆服"制度由此形成。"舆服"制度在东汉正式形成后，一直沿革至清代。

在东汉"舆服"制度中，舆由车的代名词转变为象征天地秩序和皇帝威权的重要符号。事实上，早在周代，舆便有着丰富的象征意义。根据《周礼·考工记》记载，车舆象征着天地、日月、星宿之运行。"轸之方也，以象地也；盖之圜也，以象天也；轮辐三十，以象日月也；盖弓二十有八，以象星也。"而到了东汉"舆服"制度中，舆的这种象征含义得到了升华。"上古圣人，见转蓬始知为轮。轮行可载，因物知生，复为之舆。舆轮相乘，流运罔极，任重致远，天下获

---

① 《春秋繁露·天地之行》。
② 《论语·卫灵公》。

其利。后世圣人观于天,视斗周旋,魁方杓曲,以携龙、角为帝车,于是乃曲其
辀,乘牛驾马,登险赴难,周览八极……舆方法地,盖圆象天;三十辐以象日月,
盖弓二十八以象列星、龙旂、九斿,七仞齐轸。"①可见,在东汉的"舆服"制度
中,舆成了圣王合一、天地秩序的象征。同时,皇帝的座驾被称为"乘舆"。"秦
并天下,阅三代之礼,或曰殷瑞山车,金根之色。汉承秦制,御为乘舆,所谓孔
子乘殷之路者也。"②

发轫于东汉的"舆服"制度为舆赋予了圣王合一、天地秩序的政治含义,
而皇帝的车舆被称为"乘舆"。此后,"乘舆"也渐成为皇帝的代名词。比如,
以"乘舆播越"指代皇帝在外漂泊。"国忠挠败国经,构兴祸乱,使黎元涂炭,
乘舆播越。"③以"乘舆南渡"指代皇帝南迁避难。"建炎初,乘舆南渡,自京
师奔诣扬州。"④自宋代以后,包括元、明、清代,批评皇帝的大不敬罪名被称
之为"指斥乘舆"。也就是说,在"舆服"制度下,"乘舆"已成为皇帝的代名
词,而舆也有着圣王合一、天地秩序的丰富内涵,这一思想脉络也是舆情产
生的重要基础。

第三节　舆情概念的历史语境分析

以历史语境主义来看,概念尤其是政治概念在不同的历史时代、语境有
着不同的含义,尤其不能够以当下流行的眼光去评判、取舍历史中的概念。
"我们得以描述作者们在写作这些著作时究竟在做什么。我们能够开始了
解的不仅是他们提出的论点,还有他们论述和试图回答的问题,以及他们在
多大程度上接受和赞同,或质疑和驳斥。"⑤正如昆廷·斯金纳在《自由主义

---

① 《后汉书·舆服志》。
② 《后汉书·舆服志》。
③ 《旧唐书·列传第五十六》。
④ 《宋史·列传第一百四十七》。
⑤ [英]昆廷·斯金纳:《现代政治思想的基础(上卷,文艺复兴)》,奚瑞森、亚方译,译林出版
社,2011,"前言",第6页。

之前的自由》一书中揭示了 17 世纪英国思想家们的"共和主义"自由,为我们在当代"消极自由"观点占据主导地位的情况下揭开了"自由"的另一种含义。①

一、唐末及五代时期舆情的本义

回到舆情概念形成的思想史过程分析。在唐代,舆情一词首先出现于皇帝的诏书中。天复二年(902)十一月,唐昭宗在给崔胤的诏书中称:"朕采于群议,询彼舆情,有冀小康,遂登大用。殊不知漏卮难满,小器易盈,曾无报国之心,但作危邦之计,四居极位,一无可称。"目前关于"舆情"概念的研究多认为,"舆情"的出现与舆情概念的产生是同时的,诏书中的"舆情"指的就是百姓的看法。② 实际上,从"舆情"一词出现的历史背景和文本语境来分析,舆情最初的含义并非是"百姓的看法",而是"臣下对君权合法性的看法"。"询彼舆情"中的"舆"很有可能指代的是乘舆,也就是皇帝自己,而非民众。原因在于,唐昭宗给崔胤的诏书写于天复二年(902)。而在唐昭宗光化三年(900),宦官刘季述、王仲先等作乱,幽禁唐昭宗于少阳院。到天复元年,也就是公元 901 年,宰相崔胤与神策军将孙德昭、董彦弼、周承诲率兵讨平,重新拥立唐昭宗,恢复其帝位。联系历史背景与上下文语境来看,"询彼舆情"特指唐昭宗询问崔胤、孙德昭等大臣的意见,"有冀小康"指的是崔胤等认可唐昭宗的合法性,重新拥立唐昭宗恢复帝位。到了天复二年(902),崔胤却出尔反尔、勾结朱温叛乱。因而,唐昭宗才在下文中指责崔胤"曾无报国之心,但作危邦之计"。另外,唐昭宗撰写诏书时其处境已是岌岌可危、命在旦夕,所仰仗的只能是身边的将领、重臣,没有条件也没有可能去询问百姓的意见和看法。

唐昭宗使用"询彼舆情"是舆情这一词语明确出现的标志,但从历史文献梳理来看,"舆情"出现于唐昭宗的诏书中并非是突然的、突发的,而是有迹可循的。据《旧唐书》记载,"安史之乱"中,陈玄礼在马嵬坡向太宗兵谏时

---

① 李宏图:《语境·概念·修辞——昆廷·斯金纳与思想史研究》,《世界历史》2005 年第 4 期。

② 冯希莹、王来华:《舆情概念辨析》,《社会工作(学术版)》2011 年第 5 期。

称:"今国步艰阻,乘舆震荡,陛下宜徇群情,为社稷大计,国忠之徒,可置之于法。"①其中,"乘舆震荡,宜徇群情"与"采于群议,询彼舆情",无论是时代背景、语境、含义、用词都十分吻合。这也从另一个角度论证了"询彼舆情"中的"舆"更多指的是"乘舆",特指君王而非民众。

　　舆情在唐末、五代时期只是零散出现,其含义更多的是指向君王而非民众。比如,南唐诗人李中在《献乔侍郎》中有"格论思名士,舆情渴直臣"的诗句。诗中的"舆情"也多被今天学者解释为"民众的意愿"。事实上,从古人用典习惯和诗句语境来看,此处的"舆情"也多指"君王的意愿"。原因在于,"舆情渴直臣"中的"直臣"指敢于向君主进谏的大臣,其对应的是明君,而非是为民请命的"清官"。譬如,西汉成帝时期,朱云因勇于谏言被皇帝称为"直臣"。"朱云忠谏,攀槛,槛折。及治,上曰:'勿易!因而辑之,以旌直臣。'"②晋武帝太康三年(282),刘毅勇于直言,皇帝赞扬其为"直臣"。"帝大笑曰:'桓、灵之世,不闻此言。今朕有直臣,固为胜之。'"③此外,从古代政治文化来看,无论是名士还是直臣,都是君主所"思"所"渴"的对象。因而,"格论思名士,舆情渴直臣"中的"舆情"与唐昭宗在诏书中的"舆情"用法类似,"舆"指代的是"乘舆",而"舆情"更多指向君王的意愿和态度,并不包括民众的意愿和态度。

二、作为民众意愿的舆情概念的形成

　　舆情在唐末、五代的历史文献中只是零散出现。到了宋代,舆情则成为一个广泛使用的概念。比较明显的例证是,舆情在北宋四大部书之一的《册府元龟》中出现了7次,在南宋时期的《续资治通鉴长编》《三朝北盟会编》中分别使用了10次、11次,出现了"细察舆情""式遂舆情""用慰舆情""舆情愤懑"等用法。此外,舆情一词在《苏东坡文集》《元丰类稿》《安阳集》《端明集》《祠部集》《华阳集》《古灵集》《传家集》《清献集》《公是集》《彭城集》等宋人文集中也频频出现。与唐末、五代相比较,舆情在宋代的含义发生了变

---

① 《旧唐书·太宗本纪》。
② 《汉书·朱云传》。
③ 《资治通鉴·晋纪》。

化,更多指民众态度和意愿。

舆情是政治指向性很强的词语。① 从舆情的出现来看,其指向就是君王的合法性。而在宋代史料中,舆情的指向性重点已经由君王切换到了民众的态度、意见。在《册府元龟》卷一百一《帝王都·纳谏》中记载了五代后唐庄宗李存勖采纳舆情的事迹。戊申谏官上疏请不巡幸汴州,庄宗李存勖批曰:"朕以四海虽宁,五兵不可不训,聚之王室,务壮神京……卿等细察舆情,备陈忠恳,虑沸腾于物议,俾镇静于宸居。载览封章,深诚嘉画。"这段史料记载的是后唐庄宗李存勖接受了谏官的上疏,不巡幸汴州,用到了"卿等细察舆情,备陈忠恳"的表述。

《续资治通鉴长编》记载了宋真宗在咸平三年(1000)秋季七月十九日采纳舆情的事迹,使用了"式遂舆情"的表述。降诏曰:"山泽之征,所宜公共,苟便于民,岂图羡赢。而言事之臣不明大体,务为改革,罔恤蒸黔。特命使车往询疾苦,用循旧制,式遂舆情。已令制置茶盐、江南转运司并依任中正所奏。"②宋真宗在诏书中使用了"用循旧制,式遂舆情"的表述。"式"可以解释为"规矩""制度"。也就是说,朝廷的施政、制度要符合、顺从民众的态度和意见,而不是为了满足主管官员的政绩欲。

从《册府元龟》《续资治通鉴长编》等史料中有关"舆情"的记载来看,舆情与泛化的民意不同,其政治指向性十分明显,而且其针对的事项也十分具体,包括皇帝的巡游、朝廷的施政等。而在当政者使用舆情一词时,其态度大多数是顺遂舆情。而元、明、清时,舆情已成为民众政治态度和意见的代名词。譬如,元武宗在继承皇位的诏书中称"朕勉徇舆情,于五月二十一日即皇帝位"。③ 到明代,舆情一词则成为皇宫礼仪中的正规词汇。"命妇进表

---

①　王来华、冯希莹:《舆情概念认识中的两个基本问题》,《天津社会科学》2012 年第 6 期。

②　《续资治通鉴长编》卷四十七,史料反映的是江南转运使(物资运输总监)任中正向宋真宗上书,反映在饶州设置茶叶专卖局,收购浮梁(江西省浮梁县)、婺源(江西省婺源县)、祁门县(安徽省祁门县)三县的茶叶,因溪滩险恶,运输十分不方便。当地村民希望回到从前的茶叶仓库,就近缴纳茶叶。宋真宗批准了任中正的奏折,并下诏说:"朝廷对山林特产的征收,本意是出于造福百姓,只要百姓能够得到便利,朝廷怎么会贪图一点点盈余。现在朝廷特别派出专使,前往调研,决定沿用旧有的就近缴纳茶叶的制度,顺应舆情。"

③　《续资治通鉴》卷一百九十五。

庆贺致词云:……恭惟皇太后陛下,德同坤厚,允协徽称,寿福无疆,舆情欢戴。"①至清代时,舆情的使用则更为广泛,比较明显的例证是,清代官员的考核中加入了"允协舆情"和"不洽舆情"的正反指标。简言之,舆情作为民众意愿、态度的概念形成于宋代,到元、明、清时期得到广泛使用。自唐末、五代舆情一词出现以来,政治指向性作为舆情的根本属性从未改变。有区别的是,在不同的历史时期,舆情的指向对象、主体发生了变化。自宋代以来,舆情的主体由君王转向了民众,成为民众政治态度的代名词。

三、舆情概念变迁的修辞分析

在历史语境主义方法中,不仅要研究特定历史时段、具体语境中的概念含义,还应研究概念的修辞。"'概念'本身并没有自然地具有意义,'概念'所包含的意义的维度始终与语言的使用方式相关联,其语言的风格、词汇的选择和表达的范围与概念所包含的意义紧密相连……因此,在思想史研究中,我们就必须研究与文本相关联的修辞。"②将与概念、文本相关联的修辞引入可发现,舆情概念的出现、形成、衍变是不同文本修辞博弈的结果。自春秋战国以来,"舆"具有了舆人、舆众、乘舆三种主要内涵,同时对应着三种文本修辞。"舆人"代表了广开言路和政治传播的修辞;舆众代表了天地秩序、臣民服从的修辞;乘舆代表了君王权威和权力合法性的修辞。从文本分析来看,舆情概念内涵的历史变迁,其内在思路是舆情中"舆"的不同修辞的应用。在唐末、五代"舆情"出现时,采用了"乘舆"的修辞。到宋代之后,"舆人"和"舆众"的修辞则成为舆情概念的主流。那么,在唐宋之际,舆情概念修辞的内在原因是什么? 这就需要引入"知识—权力"的视角。在福柯的知识社会学理论中,知识的生成与权力有着紧密的关系。福柯创造性地提出一种新型权力观,并视权力与知识为相互蕴含的关系:如果相关联的知识领域尚且没有建立起来,那么根本就不会存在相应的权力管理。同样,任何知识的形成都预设了特定的权力关系。权力和知识既不是同一个东西,也

---

① 《明史》卷五十三。
② 李宏图:《语境·概念·修辞——昆廷·斯金纳与思想史研究》,《世界历史》2005 年第 4 期。

不是两个不同的东西,而是同一过程的两个方面。①

自宋以来,作为民众态度、意愿的舆情概念愈加成熟,并广泛应用于诏书、奏疏、律令及诗文中。从福柯"知识—权力"的视角来看,知识的形成预设了特定的权力关系。舆情概念的广泛应用反映的是一种特定的权力关系,即作为国家统治者的君主与民众的联系日益紧密,对民众的诉求表达更加重视。正如钱穆所言:"论中国古今社会之变,最要在宋代。宋以前,大体可称为古代中国,宋以后,乃为后代中国。秦前,乃封建贵族社会。东汉以下,士族门第兴起。魏晋南北朝定于隋唐,皆属门第社会,可称为是古代变相的贵族社会。宋以下,始是纯粹的平民社会。"②自宋代以来,中国社会的政治权力结构由贵族社会进入平民社会,君王与民众的联系日益紧密。"君主在中世虽然居于代表贵族的位置,但到了近世贵族没落,君主再不是贵族团体的私有物,他直接面对臣民,是他们的公有物。"③

唐宋之际,中国社会的政治权力结构由封建贵族社会转向了平民社会,舆情概念内涵的变化与这一转型过程保持着同步。譬如,唐昭宗天复二年(902)"询彼舆情"中,其问询的对象是崔胤等权臣、将领,"舆情"的指向性则是君主。在北宋时期,宋真宗则使用了"式遂舆情",舆情指向的是民众。舆情内涵的变化,背后则是权力关系和结构的变化。自宋代以后,君主直接面对民众的趋势愈加明显,而权力合法性与民众的支持也密不可分。因而,在元、明、清代,皇帝登基诏书、皇宫庆典诏书中往往要加上"俯顺舆情""舆情欢戴",在清代地方官员的考察中"允协舆情"和"不洽舆情"成为正反两方面的评语。从福柯的"知识—权力"视角分析,作为民众政治态度的舆情概念自宋以降的形成和广泛使用,恰是社会权力结构的映射,也是知识与权力关系的互相建构。

知识与权力关系是剖析舆情概念内涵衍变的一个视角,从古代舆情概念的使用习惯来看,舆情作为民众社会政治态度的代名词,其产生的历史过

---

① 尤泽顺:《话语与权力:批评话语分析对福柯的继承与发展》,《福州大学学报(哲学社会科学版)》2018 年第 4 期。

② 钱穆:《理学与艺术》,《宋史研究集》第七辑,台湾书局,1974,第 2 页。

③ 内藤湖南:《概括的唐宋时代观》,载刘俊文主编《日本学者研究中国史论著选译》,中华书局,1992,第 11 ~ 18 页。

程是漫长的,其思想脉络是多元、复杂的。唐末五代出现的舆情概念,无论是"询彼舆情"还是"舆情渴直臣",其中的"舆"既可以解释为公众、民众,也可以解释为皇帝、君王,从舆字的丰富内涵来看,两种解释都是可行的。若将舆解释为公众、民众,"询彼舆情""舆情渴直臣"中的舆情就类似于现代的舆情含义,而若将舆字解释为帝王的指代"乘舆",其中的舆情内涵则会有差异。"询彼舆情"可以解释为官员对于君王的态度,"舆情渴直臣"可以解释为君王对直臣有着迫切的渴求。而从历史衍变的角度来看,与唐末五代(907—960 年)时间比较接近的北宋时期,舆情也并非是社情民意的指代。譬如,在成书于咸平元年(998),由北宋钱若水监修的《太宗皇帝实录》中,有两处舆情概念的使用。其一为,"苟舆情之未洽,在公议以难安"(《太宗皇帝实录》卷三十四);另一处为"询博士礼官之公议,叶宰衡庶尹之舆情"①。值得关注的是,"叶宰衡庶尹之舆情"的使用背景是讨论太宗的谥号,而"宰衡庶尹"指代的是文武百官,与"博士礼官"构成互文和对仗。因而,此处的"舆情"显然指的是官员的态度,而非民众的政治态度。因为,讨论和决定皇帝的谥号,是朝廷官员尤其是礼官的职责,民众显然不在征求意见的范围。也就是说,在唐末五代以及北宋初期,舆情中的舆字并非特指基层民众,而是众人、公众、群体的代名词。联系使用语境,北宋初期《太宗皇帝实录》中的"舆情"指的是以官员为主的群体的态度和意见,尚未与基层民众产生直接联系。虽然春秋战国时期的舆人是基层民众的代名词,但北宋初期的舆情概念和舆人的关系并不紧密。此时舆情概念中的舆字和东汉以来舆作为群体、公众指代的含义联系十分密切。北宋初期,舆情作为群体、公众的指代,强调的是公众的情感共鸣和共识。可以说,其指向是在于"众",而非"民"。基于史料,舆人虽然在春秋战国时期就作为基层民众的代名词,但不能因其词源历史久远就直接将这一含义转移至宋代。以此为依据,可以对唐末五代"询彼舆情"和"舆情渴直臣"两处舆情的含义进行分析。将这两处使用较早的舆情解释为民众的政治态度显然是不符合历史语境的。因为在与唐末五代历史紧邻的北宋初期,舆情被用来指代官员这一群体的政治态度,其中

① 《太宗皇帝实录》卷八十。

舆字指向的是"众"而非"民"。因而,从思想的沿袭和惯性来看,唐末五代的舆情不太可能指民众的政治态度,将"询彼舆情"和"舆情渴直臣"解释为众人、百官的政治态度,显然是更合适、更贴切的。其原因有二:一是将上文中的两处舆情概念解释为官员的政治态度,与北宋初期舆情的使用习惯保持了连续性,符合思想的发展规律。二是从古代的政治运作实践来看,国家管理者的施政过程尤其是在涉及皇帝即位、官员选拔等事项时,征求的显然是百官的意见,而非民众的意见建议。因而,唐末五代的舆情概念虽然具有了众人意见的含义,但其指向性既不是民本思想语境中的黎民百姓,也不是现代意义上的民众,更多的是突出官员群体的政治态度。

第二章　中国古代舆情思想史脉络

舆情,即民心、民情、民意,是一个极具中国政治、文化内涵的概念。从历史文献来看,舆情一词最早出现于唐代的诏令中。在宋代,"舆情"频繁出现于奏疏、诗词、文集之中,成为一个常使用的词汇。虽然舆情概念出现于唐代,但舆情思想的发源由来已久。在舆情思想史的探源过程中,已有研究多将其追溯至三千多年前殷商时代"民为邦本,本固邦宁"的民本思想,认为这一思想经西周发扬光大为"天视自我民视,天听自我民听"的敬天保民思想,此后又经儒家继承、传播和弘扬,成为舆情思想的源流。①

虽然现有研究多将舆情思想的源头追溯至殷商、西周时期,但从古代文献记载来看,早在上古的尧舜禹时代便有了"谏鼓谤木"的舆情思想。《淮南子·主术训》称:"古者天子听朝,公卿正谏,博士诵诗,瞽箴师诵,庶人传语,史书其过,宰彻其膳,犹以为未足也,故尧置敢谏之鼓,舜立诽谤之木,汤有司直之人,武王立戒慎之鞀,过若豪厘,而既已备之也。"

根据已有历史文献记载来看,尧舜禹时代的舆情思想已比较成熟,采纳和收集舆情的方法和渠道也比较丰富。但由于上古时代缺乏文字史料,今天已经很难直接去考证和验证。幸运的是,近年来华夏文明起源研究和考古学的新发现、新进展,为上古历史由传说转为信史奠定了坚实基础,也为思想史的考察提供了根据。其中,被考证为尧都的山西临汾的襄汾陶寺遗址(公元前2300—公元前1900年)最具有代表性和典型性。自1978年以来,考古学者历经四十余年对陶寺遗址的考察,发现和发掘出了大、中、小不

---

① 王来华:《舆情研究概论》,天津社会科学院出版社,2003,第3~5页。

等的夯土城址、大型宫殿基址、观象台址、仓储区、手工业区,出土了陶鼓、石磬、铜铃、彩绘龙盘、玉琮、圭尺等礼仪用器。① 学者基于时空上的吻合、龙崇拜的吻合、陶寺观象台遗迹与尧天文历法成就的吻合、文明发展高度上的吻合四个方面推定,面积达 280 万平方米的陶寺都邑遗址属于帝尧的都城。② 从陶寺出土的文物来看,其与《尚书·尧典》的内容可以互相印证。譬如,在陶寺中期大墓 M22 中,墓室东壁中央显著位置立有一具完整的公猪下颌骨,其突出的特点就是粗壮的獠牙,即《周易·大畜》所言"豮豕之牙"。以"豮豕之牙"为对称,两侧各排列放置 3 件彩漆柄玉石兵器。"豮豕之牙"及围绕它布置的玉石兵器共同表达的恰是"其豕之牙,成(盛)而不用者也",体现了墓主卫兵弗用、修兵弗战的和善意识③,这与《尚书·尧典》中关于尧"协和万邦"的记载十分吻合。再比如,陶寺观象台、铜轮、圭尺等文物可以与《尚书·尧典》中的观象授时、阴阳合历、地理认知等互相验证。④ 这些都充分说明,华夏文明中的和合、民本、仁德、纳谏等思想至少可追溯至尧舜禹时代,而舆情思想的发源也同样历史悠久。

第一节　铭箴史诗:上古时期舆情思想史

正如李学勤所言,中国文明是古文明中唯一绵延五千年的文明,重新评估中国古代文明的价值对于中华民族和人类文化研究意义重大。⑤ 尧舜禹时代作为华夏文明的起源,形塑和奠定了中国文明的精神气质,而善于听取、采纳民意的舆情思想是其重要组成内容。尧舜禹时代的舆情思想与德

---

① 李伯谦:《略论陶寺遗址在中国古代文明演进中的地位》,《华夏考古》2015 年第 4 期。
② 王震中:《陶寺与尧都:中国早期国家的典型》,《南方文物》2015 年第 3 期。
③ 罗琨:《陶寺中期大墓 M22 随葬公猪下颌骨意义浅析》,《中国文物报》2004 年 6 月 4 日,第 7 版。
④ 何驽:《从宇宙观考古看中国文明形成》,《三代考古》,科学出版社,2015。
⑤ 李学勤:《重新估价中国古代文明》,http://theory. people. com. cn/n/2013/0412/c40531－21118539. html。

政、和合、民本、言谏有着密切的联系,可以将其归纳为三个方面:其一是国家和部落管理者的明德修身思想;其二是善政养民、敬天保民的民本思想;其三是倾听和采纳建设性民意的言谏思想。需要强调的是,明德修身与采纳民意是舆情思想的"一体两面"。只有明德修身,管理者才能够保持慎独慎微、公正谦虚的态度,这是听取和采纳舆情的基础。而通过采纳民意、体察民情,管理者才能够更好地培养明德修身的品格,获得上天和先祖的庇佑。

一、尧舜禹时代的舆情思想

1. 明德修身思想

司马迁在《史记·五帝本纪》中浓墨重彩地描述了尧舜禹等华夏文明早期首领的"内圣为王"特征,而"德"是圣王最重要的品质。《尚书·尧典》将尧描述为"钦、明、文、思、安安,允恭克让,光被四表,格于上下。克明俊德,以亲九族。九族既睦,平章百姓。百姓昭明,协和万邦。黎民于变时雍"。其中,"克明俊德"是尧帝最为突出的品质。在尧舜禹的禅让过程中,"德"是根本,最重要的标准。尧帝在问四岳能否担任"帝"时,四岳认为自己"否德忝帝位",即德行还不足以胜任"帝"。① 舜帝在将帝位禅让给禹时,首先对禹的美德进行了赞扬,"降水儆予,成允成功,惟汝贤。克勤于邦,克俭于家,不自满假,惟汝贤……予懋乃德,嘉乃丕绩,天之历数在汝躬,汝终陟元后"。同时,舜也告诫大禹要慎独慎微,固守善道,"人心惟危,道心惟微,惟精惟一,允执厥中。无稽之言勿听,弗询之谋勿庸"。② 其中,"人心惟危,道心惟微,惟精惟一,允执厥中"被称为修身治国的"虞廷十六字"心法。

作为"帝"来管理国家、施政,必须要有美好的德行。而作为"帝",也要以慎独慎微的态度修身,保持和固守善道。除了"虞廷十六字"之外,《尚书》中关于国家管理者要修身明德的记载也较多。譬如,益稷提醒舜和禹:"儆戒无虞,罔失法度。罔游于逸,罔淫于乐。任贤勿贰,去邪勿疑。疑谋勿成,百志惟熙。"也就是说,不要破坏法规制度,不要优游流于放纵,不要过度玩

---

① 《尚书·尧典》。
② 《虞书·大禹谟》。

乐;任用贤才不要三心二意,铲除邪恶不要犹豫不决,谋划尚有疑问就不要勉强施行。这样,心中的一切思虑都会通明透亮了。而皋陶与大禹对话时,提出了"九德":"亦行有九德……宽而栗,柔而立,愿而恭,乱而敬,扰而毅,直而温,简而廉,刚而塞,强而义。"①皋陶提出,检验人的美德有九种,包括宽宏而又庄严,柔顺而又卓立,谨厚而又严恭,多才而又敬慎,驯服而又刚毅,正直而又温和,简易而又方正,刚正而又笃实,坚强而又合宜。

　　从《尚书》记载来看,尧舜禹时代的政治与道德有着十分紧密的联系,即内圣与外王是统一的。内圣的标准是"德",而"德"需要慎独慎微、如履薄冰的修身来保持。而为了将明德修身的思想生活化、日常化,国家管理者创造了"铭"。"铭"是古人刻在器物上警示自己、称颂功德的文字。根据《文心雕龙·铭箴》,早在黄帝时期便在舆和几上面篆刻铭文,而大禹则在悬挂钟磬的木架上刻铭文。"昔帝轩刻舆几以弼违,大禹勒笋虡而招谏。"而据商末周初的《鬻子》记载,钟磬是大禹用来听政的重要媒介,"禹之治天下也,以五声听。门悬钟鼓铎磬,而置鼗,以得四海之士。为铭于簴,曰:'教寡人以道者击鼓,教寡人以义者击钟,教寡人以事者振铎,语寡人以忧者击磬,语寡人以狱讼者挥鼗。'此之谓五声"。钟磬既是大禹刻铭文的媒介,也是纳谏的渠道,铭与谏的紧密联系由此可见一斑。从用途来看,铭是用来自我提醒、修身,而谏是他人对自己的规劝,二者统一于德政。可以说,舆情的来源很多,而能否听取和采纳正确的意见,则取决于"帝"的明德修身。正所谓"视远惟明,听德惟聪"②,只有以慎独慎微的谨慎态度提升德行,才能够避免独断专行、偏听偏信。从历史比较的角度来看,反映和表达舆情普遍存在于各种文化之中,而关键在于国家管理者能否保持主动、宽容和民主的态度,去采纳正确、建设性的意见建议。因而,尧舜禹时期的明德修身思想是舆情思想的首要思想基础和来源。

　　2.善政民本思想

　　舆情与民本思想有着最为直接和密切的关系。已有的研究多将民本思想追溯至夏时期的"民为邦本,本固邦宁"。实际上,早在尧舜禹时期便有了

---

① 《虞书·皋陶谟》。
② 《尚书·商书》。

较为成熟的善政民本思想。"禹曰:'於!帝念哉!德惟善政,政在养民。水、火、金、木、土、谷,惟修;正德、利用、厚生、惟和。'"①大禹提出,修德主要表现在搞好政事,而为政的中心在于养育人民。水、火、金、木、土、谷这六府要修治好,端正人民品德、丰富人民财用、改善人民生活要互相配合。也就是说,美德、善政、民本是三位一体的。而这种善政民本的思想在尧舜禹时期的刑罚思想中表现得尤为突出。皋陶曰:"帝德罔愆,临下以简,御众以宽;罚弗及嗣,赏延于世。宥过无大,刑故无小;罪疑惟轻,功疑惟重;与其杀不辜,宁失不经;好生之德,洽于民心,兹用不犯于有司。"②皋陶是舜帝任命主管刑罚的官员,他称赞舜的好生之德,即刑罚不牵连子女,而奖赏却延及后世;对偶然的过失,再大也给以宥赦,对明知故犯的罪恶,再小也处以刑罚;罚罪有疑问就从轻发落,赏功有疑问却从重给奖;与其杀害无辜的人,宁可犯不执行常法的过失。从今天来看,上古时代舜的刑罚思想与现代的法治思想有诸多吻合之处,包括刑罚不连累无辜的人;严格区分犯罪的主观动机;疑罪从无,而疑功重赏。同时,皋陶还提出了"天聪明,自我民聪明。天明畏,自我民明威。达于上下,敬哉有土"③的敬天保民思想,认为天意与民意是相通的。可见,早在尧舜禹时期,明德善政、敬天养民、好生慎刑的思想就已比较成熟。正因为天意与民意相通,倾听民众的诉求就成为敬天、明德的必要要求。

3. 言谏思想

言谏即进言规劝国家管理者,是舆情最直接的思想基础和来源。早在尧舜禹时代,言谏现象就比较常见。有学者认为,中国古代的言谏现象首先表现为一种文化现象,然后才是一种政治制度现象。言谏文化滥觞于原始社会向阶级社会过渡时期残留的原始民主文化。④ 在尧舜禹时期,言谏思想在帝位的禅让过程中体现得比较突出。《尚书·尧典》用较大的篇幅记载了尧帝讨论帝位继承人的对话。

---

① 《尚书·大禹谟》。
② 《尚书·大禹谟》。
③ 《尚书·皋陶谟》。
④ 陈秋云:《中国古代言谏文化与制度研究》,博士学位论文,中国政法大学,2001,第2页。

帝曰:"畴咨若时登庸?"放齐曰:"胤子朱启明。"帝曰:"吁! 嚚讼可乎?"帝曰:"畴咨若予采?"驩兜曰:"都! 共工方鸠僝功。"帝曰:"吁!静言庸违,像恭滔天。"帝曰:"咨! 四岳,汤汤洪水方割,荡荡怀山襄陵,浩浩滔天。下民其咨,有能俾乂?"佥曰:"于! 鲧哉。"帝曰:"吁! 咈哉,方命圮族。"岳曰:"异哉! 试可乃已。"帝曰,"往,钦哉!"九载,绩用弗成。

在这段对话中,尧帝向放齐、驩兜、四岳(四方诸侯)征询官员任命的建议,放齐推荐尧帝的儿子朱丹担任观天授时的职位,尧帝认为朱丹说话虚妄又好争辩;驩兜推荐共工担任处理政务的职位,尧帝认为共工花言巧语,阳奉阴违;尧帝又让四岳推荐治水的人选,四岳推荐了鲧,尧帝虽然认为鲧违背众意,但还是同意让鲧试一试。而在讨论谁来继承帝位的时候,尧帝又向四岳征询意见。四岳认为自己德行鄙陋,不配升任,并推了舜。尧帝于是将两个女儿嫁给了舜,考察舜的德行。

帝曰:"咨! 四岳。朕在位七十载,汝能庸命,巽朕位?"岳曰:"否德忝帝位。"曰:"明明扬侧陋。"师锡帝:"有鳏在下,曰虞舜。"帝曰:"俞? 予闻,如何?"岳曰:"瞽子,父顽,母嚚,象傲;克谐以孝,烝烝乂,不格奸。"帝曰:"我其试哉! 女于时,观厥刑于二女。"厘降二女于妫汭,嫔于虞。帝曰:"钦哉!"①

除了禅让,如何治国安民也是尧舜禹时代言谏的重要内容。皋陶曰:"都! 慎厥身,修思永。惇叙九族,庶明励翼,迩可远在兹。"禹拜昌言曰:"俞!"②大禹向皋陶请教保持德性的方法,皋陶告诉大禹:"要谨慎其身,自身的修养要坚持不懈。要使近亲宽厚顺从,使贤人勉力辅佐,由近及远。"禹听了这番言论,拜谢说:"对呀!"需要指出的是,尧舜禹不仅善于采纳言谏,也十分注重甄别和鉴别言谏。譬如,在尧帝和四岳讨论帝位继承人时,放齐

---

① 《尚书·尧典》。
② 《尚书·皋陶谟》。

推荐了尧的儿子丹朱，尧帝以丹朱说话虚妄、好争辩否决了这一提议。而在《尚书》中，共工因"巧言令色"也反复被作为负面案例提及。"能哲而惠，何忧乎欢兜？何迁乎有苗？何畏乎巧言令色孔壬？"①舜帝也告诫大禹，"无稽之言勿听，弗询之谋勿庸"②，即没有核实的言语不要听，没有征询群众意见的主意不要用。对待百姓的舆情表达，《尚书》中也主张采取客观、理性的态度。譬如，益就谏言大禹"罔违道以干百姓之誉，罔咈百姓以从己之欲"③。也就是说，不要违反道而去博取百姓的称赞，也不能违背百姓的意愿去满足一己之私。可以说，尧舜禹既善于纳谏，又善于甄别和鉴别舆情的对错、真伪，主张言行合一，稽查事实，征询民意的统一，反对巧言令色、阳奉阴违和讨好民众的做法。

二、夏商周时期的舆情思想

夏商周统称为"三代"，是原始部落联盟瓦解、奴隶社会建立的时代。由于"父传子，家天下"和私有制的发展，"三代"帝位的获取和官员任命方式与尧舜禹时代的禅让制、选贤任能有了很大差别。也正由于统治者权力的获得来自世袭而非推选，尧舜禹时期的明德善政、敬天保民为政思想在"三代"屡屡遭到违背。为了让君主能够恪守"道"，讽谏与箴言的舆情思想日渐盛行。而在"三代"的继替中，统治者因失道失德灭亡的殷鉴屡屡出现，强烈的忧患意识也成为舆情思想的重要来源。在周代，统治者充分吸收商灭亡的教训，通过天子听朝的方式广泛采纳民众的意见，并且以礼乐制度为基础，设计了较为完备的舆情制度体系。

1. 箴谏思想

箴的本意是"针"，在古代是用来治疗疾病的器具。在夏商周时代，箴被隐喻为告诫规劝的韵文而频繁出现。"箴者，针也，所以攻疾防患，喻针石也。斯文之兴，盛于三代。夏商二箴，馀句颇存。周之辛甲，百官箴阙，唯《虞箴》一

---

① 《尚书·皋陶谟》。
② 《尚书·大禹谟》。
③ 《尚书·大禹谟》。

篇,体义备焉。迄至春秋,微而未绝。"①根据文献记载,夏商两代的箴文只有残句。据《逸周书》记载,周文王引用两则《夏箴》告诫太子姬发。"《夏箴》曰:中不容利,民乃外次。""《夏箴》曰:小人无兼年之食,遇天饥,妻子非其有也。大夫无兼年之食,遇天饥,臣妾舆马非其有也。"②《吕氏春秋》中也记载了《商箴》的语句,《商箴》云:"天降灾布祥,并有其职。"而到周代,辛甲写作了一篇完整的《虞箴》:"芒芒禹迹,画为九州,经启九道。民有寝庙,兽有茂草;各有攸处,德用不扰。在帝夷羿,冒于原兽,忘其国恤,而思其麀牡,武不可重,用不恢于夏家,兽臣司原,敢告仆夫。"③辛甲是周代的史官,命百官"官箴王阙",即通过写箴谏的方式规劝天子。从《夏箴》《商箴》《虞箴》的内容来看,其核心都是规劝告诫天子。譬如,周文王引用的两则《夏箴》中,第一则是告诫姬发,如果国家土地无利可图,人民就会流失;第二则是提醒姬发重视储备粮食,抵御灾荒。《商箴》阐述了天人感应的学说,认为官员履职尽责,天就会降下祥瑞;官员失责,天就会降下灾祸。《虞箴》则是提醒统治者要体恤民生,不要因田猎而扰民。在先秦时期,国家还专门设有箴诚的职位。"史为书,瞽为诗,工诵箴谏,大夫规诲,士传言。"④

　　"箴"在夏商周时代是舆情表达的重要方式和渠道。譬如,在《商书·盘庚上》中,两次提到了"箴"。"盘庚学于民,由乃在位以常旧服,正法度。曰:'无或敢伏小人之攸箴!'"盘庚开导臣民,又教导在位的大臣遵守旧制、正视法度,说:"不要有人敢于凭借小民的谏诚,反对迁都!""相时愍民,犹胥顾于箴言,其发有逸口,矧予制乃短长之命!"盘庚告诫大臣:看看这些小民吧,他们尚且顾及规劝的话,顾及发出错误言论,何况我掌握着你们或短或长的生命!《商书·盘庚上》中的两处"箴"字,都是指小民即普通民众的规劝。可见,"箴"在三代更多的是指普通民众舆情和诉求表达,向统治者规劝的文体。而这也很大程度上继承和发扬了尧舜禹时期的言谏思想,是"谏鼓谤木"的固定化表现。

---

① 《文心雕龙·铭箴》。
② 《逸周书》卷三《文传解》。
③ 《左传·襄公四年》。
④ 《左传·襄公十四年》。

2. 史鉴思想

正如前文所述,自尧舜禹时代起,明德善政、敬天保民的思想便已成为统治合法性的共识。但自夏启"父传子,家天下"开始,原始社会时期的禅让制为世袭制所代替。由于权力的来源和"德"的联系日渐疏远,统治者出现独断专行、不理政务、荒淫享乐等现象屡见不鲜。而这种失德的现象不断引发民众的反抗,进而发生朝代的更替,如商汤伐桀、武王伐纣。在商灭夏、周灭商的朝代继替过程中,统治者总结前朝的得失成败,形成了强烈的以史为鉴思想。史鉴思想的内涵是,统治者要时刻保持"德惟善政,政在养民"的训诫,才能得到天命的眷顾和祖先的庇佑。为了保持明德修身的品格、慎独慎微的忧患意识,纳谏则成为统治者的必然选择。因而,夏商周时代的史鉴思想与纳谏有着紧密关系。正是与史鉴思想相伴的忧患意识、敬畏意识,使得统治者将倾听舆情作为治国的重要部分。

譬如,辅佐商汤灭夏的伊尹做有《伊训》,提醒统治者要认真吸取夏国灭亡的教训,善于纳谏、勤于修德。"先王肇修人纪,从谏弗咈,先民时若。居上克明,为下克忠,与人不求备,检身若不及,以至于有万邦,兹惟艰哉!"①同时,《伊训》中还记载,商汤做了《官刑》,严惩不听取谏言的官员。"敷求哲人,俾辅于尔后嗣,制官刑,儆于有位。曰:'敢有恒舞于宫,酣歌于室,时谓巫风,敢有殉于货色,恒于游畋,时谓淫风。敢有侮圣言,逆忠直,远耆德,比顽童,时谓乱风。惟兹三风十愆,卿士有一于身,家必丧;邦君有一于身,国必亡。'"伊尹提到,轻视圣人教训、拒绝忠直谏戒、疏远年老有德、亲近顽愚童稚的,这叫作乱风,是《官刑》所明令禁止的。

商代的统治者吸取夏桀的教训,以《官刑》立法的形式来警戒统治者要重视采纳谏言和舆情。而在武王伐纣建立周代后,更是重视"殷鉴不远"的教训。

周武王认为,"天视自我民视,天听自我民听"②;周公提出"天命靡常,惟德是辅",都将倾听民意作为知晓天命和保持统治合法性的重要内容。

---

① 《商书·伊训》。
② 《尚书·泰誓》。

周公曰:"呜呼!自殷王太宗及中宗,及高宗,及我周文王,兹四人迪哲。厥或告之曰:'小人怨汝詈汝。'则皇自敬德。厥愆,曰:'朕之愆!'允若时,不啻不敢含怒。此厥不听,人乃或诪张为幻,曰:'小人怨汝詈汝。'则信之,则若时,不永念厥辟,不宽绰厥心,乱罚无罪,杀无辜,怨有同,是丛于厥身。"周公曰:"呜呼!嗣王其监于兹!"①

周公说:"从殷王中宗、到高宗、到祖甲、到我们的周文王,这四位君王领导得明智。有人告诉他们说:'老百姓在怨恨你、咒骂你。'他们就更加敬慎自己的行为;有人举出他们的过错,他们就说:'我的过错确实像这样。'不但不敢怀怒。不这样做,人们就会互相欺骗、互相诈惑。如果有人告诉你:'小人在怨你骂你!'你应当认真考虑这些话。可是,如果你却这样执政:不把法度放在心里,不放宽自己的胸怀,乱罚那些无罪的人,妄杀那些无辜的人,这样,必然会民心同怨,人们便会把愤怒的情绪聚集在你的身上。"②周公作《无逸》告诫天子,要吸取殷商明君和文王的德性,重视舆情。当听到百姓怨恨自己的声音时,要更加谨慎。如果对不利的舆情怀恨在心,就会滥杀无辜,进而集民怨于一身。

3.诗谏思想

自尧舜禹至"三代",诗、歌、舞三位一体的乐文化在政治文化、舆情表达中发挥着重要作用。譬如,舜帝任命夔为乐官,用乐来陶冶民众性情。帝曰:"夔!命汝典乐,教胄子,直而温,宽而栗,刚而无虐,简而无傲。诗言志,歌永言,声依永,律和声。八音克谐,无相夺伦,神人以和。"可以说,自上古时代,国家管理者便将诗歌作为人们表达情感的重要途径,重视通过乐来培养人的性情。而到夏代,诗歌成为人们进行舆情表达的重要方式。夏启传位太康后,太康因贪图享乐,在外打猎长期不归,国都被后羿侵占。太康的五个弟弟和母亲被赶到洛河边,追述大禹的告诫而作《五子之歌》。

其一曰:"皇祖有训,民可近,不可下。民惟邦本,本固邦宁。予视

---

① 《尚书·无逸》。
② 《尚书》,王世舜、王翠叶译注,中华书局,2012,第260~261页。

天下愚夫愚妇，一能胜予，一人三失，怨岂在明，不见是图。予临兆民，懍乎若朽索之驭六马，为人上者，奈何不敬？"

其二曰："训有之，内作色荒，外作禽荒。甘酒嗜音，峻宇雕墙。有一于此，未或不亡。"

其三曰："惟彼陶唐，有此冀方。今失厥道，乱其纪纲，乃底灭亡。"

其四曰："明明我祖，万邦之君。有典有则，贻厥子孙。关石和钧，王府则有。荒坠厥绪，覆宗绝祀！"

其五曰："呜乎曷归？予怀之悲。万姓仇予，予将畴依？郁陶乎予心，颜厚有忸怩。弗慎厥德，虽悔可追？"

《五子之歌》第一首阐述的是民本思想，其中"民惟邦本，本固邦宁"一句源远流长；第二首阐述的是远离好色、游玩、饮酒、豪宅等不良风气；第三首感叹陶唐氏失道而失国；第四首是赞扬大禹制定了法典，而太康废弃法典，导致宗庙祭祀毁坏；第五首表达的是失去家乡的后悔心情。

在周代，统治者创建礼乐制度，并将采诗作为舆情收集的重要渠道。据《左传·襄公十四年》记载："自王以下，各有父兄子弟，以补察其政。史为书，瞽为诗，工诵箴谏，大夫规诲，士传言，庶人谤，商旅于市，百工献艺。"工，就是瞽矇等乐官。天子通过乐师作诗歌、瞽矇诵读箴谏等一系列举措，以补察政治得失。周代通过采诗的方式来收集舆情的做法被称为"采诗观风"。"诗者，志之所之也，在心为志，发言为诗，情动于中而形于言……上以风化下，下以风刺上，主文而谲谏，言之者无罪，闻之者足以戒，故曰风。"[①]也就是说，诗歌是情感的外化。而风作为诗的首要意义，发挥着教化民众、规劝天子的作用。

《诗经》作为周代意见表达的重要方式，尤为突出情感的表达和社会秩序之间的关系。

情发于声，声成文谓之音，治世之音安以乐，其政和；乱世之音怨以

---

① 《毛诗序》。

怒,其政乖;亡国之音哀以思,其民困。故正得失,动天地,感鬼神,莫近于诗。先王以是经夫妇,成孝敬,厚人伦,美教化,移风俗。①

其意在说明,情感通过宫、商、角、徵、羽五声得以表达,五声相互配合产生的韵律就是音。治世之音安宁而愉悦,反映的社会政治是平和的,乱世之音怨恨而愤怒,反映的社会政治是乖戾的;亡国之音哀伤而忧思,反映的民众生活是困苦的。所以端正人的得失之行、变动天地之灵、感致神灵,诗是最有效的。先王就是用诗来规范夫妻、成就孝敬、厚植人伦、纯美教化、移风易俗。②

《毛诗序》还对风、雅、颂的意见和态度表达的联系和区别进行了较为完备的论述。

　　国史明乎得失之迹,伤人伦之废,哀刑政之苛,吟咏情性,以风其上,达于事变而怀其旧俗者也,故变风发乎情,止乎礼义。发乎情,民之性也;止乎礼义,先王之泽也。是以一国之事,系一人之本,谓之风;言天下之事,形四方之风,谓之雅。雅者,正也,言王政之所由废兴也。政有大小,故有小雅焉,有大雅焉。颂者,美盛德之形容,以其成功告于神明者也。是谓四始,诗之至也。③

也就是说,国之史官能明晓人君的善恶得失,伤怀于人伦的废弃,哀叹于政形的苛刻,作诗来吟咏心中的性情,以委婉地讽诫君主,这是通达于世事的变迁,感怀于旧时的风俗。所以"变风"之诗是发乎人的性情,又止于礼义的。发乎人之情,是说出自民众的性情;止乎礼义,是说先王的德行泽被后世。一国的政事属于一人的本意,如此而作的诗就叫作"风";谈论天下政事而观察发现四方之习俗,如此而作的诗就叫"雅"。"雅"就是政,是言说王道政治兴废的。政有大有小,所以有"大雅""小雅"之区分。颂,是赞美天子

---

①　《毛诗序》。
②　《诗经·国风》,王秀梅译注,中华书局,2015,第3~4页。
③　《毛诗序》。

政教的,以其政教的成就敬告神明。《风》《小雅》《大雅》《颂》,叫作"四始",《诗》的义理就达到极致了。①

诗是周代臣民意见和态度表达的主要方式,通过吟唱来抒发真实情感。《诗经·国风》中就收纳了诸多周代官员、百姓表达意见的诗,其中蕴含着强烈的情感色彩。譬如,《诗经·召南·行露》就表达了女子对仗势欺人、强迫婚姻的反抗,即使被告上公堂打官司,女子也绝对不屈从。

> 厌浥行露,岂不夙夜?谓行多露。谁谓雀无角?何以穿我屋?谁谓女无家?何以速我狱?虽速我狱,室家不足!谁谓鼠无牙?何以穿我墉?谁谓女无家?何以速我讼?虽速我讼,亦不女从。②

《诗经·邶风·击鼓》是一首有关远征异国、不得返乡的思乡之歌,表达了作者对战争和兵役的厌恶。

> 击鼓其镗,踊跃用兵。土国城漕,我独南行。从孙子仲,平陈与宋。不我以归,忧心有忡。爰居爰处?爰丧其马?于以求之?于林之下。死生契阔,与子成说。执子之手,与子偕老。于嗟阔兮,不我活兮。于嗟洵兮,不我信兮。③

通过诗歌来表达和收集舆情是中华文明"乐文化"的重要特征。"乐者,天地之和也;礼者,天地之序也。和故百物皆化;序故群物皆别。"④乐体现的是天地之间的和气,而礼象征着天地之间的秩序。有和气则万物生长,有秩序则群体、物品互相区别。乐突出的是上下之间的和,也就是沟通、共鸣。而诗歌作为乐的重要组成部分,既是民意的表达,又是民情的彰显。区别在于,诗以诵为主,而歌以唱为主。从《五子之歌》到"采诗观风",充分彰显了

---

① 《诗经·国风》,王秀梅译注,中华书局,2015,第5~6页。
② 《诗经·召南·行露》。
③ 《诗经·邶风·击鼓》。
④ 《礼记·乐记》。

上古时代的诗谏思想,即将意见表达与情感表达合二为一。

从尧舜禹的原始社会过渡到夏商周的奴隶社会,以禅让制为代表的原始民主制势衰,而世袭制逐渐巩固和发展。虽然权力的继替方式发生了变化,中国政治文化的精神气质却保持并流传下来,即尧舜禹时期的明德修身、善政民本、听取谏言成为中国政治文化的精神内核。"政治精神的形成是中国文明中的重要一环。所谓政治精神,是贯穿于一切政治活动过程,外显于政治理念、制度安排、现实运作、政治行为与心理结构之上的本质一致性。"①舆情思想作为中国政治精神的重要环节,要求统治者慎独慎微,以明德修身保持谦虚谨慎的态度,从而能够虚心采纳和听取谏言,远离邪佞,以民为本,施行善政。夏商周时代,为了提醒和规劝统治者,以箴谏为代表的舆情表达方式盛行。同时,在夏商周的朝代继替中,沉重和惨痛的历史教训使得史鉴的思想成为统治阶层的共识。在周代,统治者将"采诗观风"诗谏的舆情表达方式固定化,为舆情注入了乐文化的重要元素和文化特质。

第二节　秦汉以降的舆情思想

自尧舜禹至夏商周,明德修身、善政民本、听取谏言的舆情思想已深入统治者心中,并以铭箴史诗的形式固化和流传下来。到秦国以法家思想"变法"、统一六国,建立封建专制集权国家后,舆情表达和舆情思想则经受了摧残和毁灭。根据秦国的律法,谈论《诗经》《尚书》等经典、以古非今要面临弃市、灭族的严厉惩罚,"偶语《诗》《书》者弃市,以古非今者族"②。这就从根本上消除了"铭箴史诗"的舆情表达空间。同时,秦律还制定了"妖言""妄言""诽谤""非所宜言"等言论罪名,用以钳制舆论。在钳制舆论的同时,秦代设"谏议大夫"的官职来专掌议论,将舆情表达纳入专制体系之中。汉承

---

① 任剑涛:《政治的认知方式——政治现象描述与政治精神省察》,《东方论坛》1998 年第 2 期。

② 《史记·秦始皇本纪》。

秦制,汉武帝元狩五年(公元前118年)置谏大夫,掌议论。可以说,秦汉以来,舆情思想迥异于"三代"的天子听朝、采诗观风等宽容、诗性、民本特性,而是高度的制度化、体制化且具有较高的因言获罪风险,"历观秦汉以及五代,谏争而死,盖数百人"①,而官员和士大夫以"谏议"制度为基础成为舆情表达的主体。自秦汉至明清,比较有代表性的舆情思想如下。

一、西汉扬雄的舆情思想

扬雄是西汉末年的辞赋家,其舆情思想主要采用赋、箴的文体劝谏。元延二年(公元前11年)正月至元延三年(公元前10年),扬雄先后作《甘泉赋》《羽猎赋》《长杨赋》讽刺汉成帝铺张浪费、生活奢侈。但《甘泉赋》等似褒而实谏的辞赋并未收到预期效果。此后,扬雄转向了复兴盛行于夏商周三代的箴。在《扬子云集》中,扬雄为州牧、官职作箴共25篇。如《冀州牧箴》《兖州牧箴》《青州牧箴》《扬州牧箴等州牧箴》《光禄勋箴》《卫尉箴》《太仆箴》《上林苑令箴》《司空箴》等卿尹箴。州牧箴、卿尹箴都以直接、尖锐的方式提出谏言。

> 《太仆箴》肃肃太仆,车马是供。锵锵和鸾,驾彼时龙。昔在二帝,巡狩四宅。王用三驱,前禽是失。纣作不令,武王征殷。檀车孔夏,四骐孔昕。仆夫执辔,载骅载骊。我舆云安,我马惟闲。虽驰虽驱,匪逸匪愆。昔有淫羿,驰骋忘归。景公千驷,而淫于齐。《诗》好牡马,牧于坰野。辇车就牧,而诗人兴。鲁厩焚问人,仲尼原丑,孟子盖恶。夫厩多肥马,而野有饿殍。仆臣司驾,敢告执皂。

太仆为九卿之一,掌管皇帝的舆马。在《太仆箴》中,扬雄引用了纣王、齐景公等反面案例,以告诫太仆的方式劝谏帝王不要骄奢淫逸。与委婉、似褒而实谏的辞赋相比,箴具有一针见血、直言不讳的特点。

---

① 《苏轼上神宗皇帝书》。

《廷尉箴》天降五刑,惟夏之绩,乱兹平民,不回不辟。昔在蚩尤,爰作淫刑,延于苗民,夏氏不宁。穆王耄荒,甫侯伊谋,五刑训天,周以阜基。厥后凌迟,上帝不觚,周轻其制,秦繁其辜。五刑纷纷,靡遏靡止,寇贼满山,刑者半市。昔唐虞象刑天民是全,纣作炮烙坠民于渊。故有国者,无云何谓是刖、是劓,无云何害是剥、是剖。惟虐、惟杀,人莫余奈,殷以刑颠,秦以酷败,狱臣司理,敢告执谒。

廷尉是古代最高的司法审判机构主管,掌管刑名狱讼。扬雄在《扬子云集》的《廷尉箴》中提出,刑法要审慎、适度,残酷虐待民众只会迫使百姓铤而走险,殷商和秦都因严刑酷法而覆灭。作为廷尉,要从殷鉴和秦鉴中吸取教训,恪守职责。

正如刘勰在《文心雕龙》中所说:"战代以来,弃德务功,铭辞代兴,箴文委绝。至扬雄稽古,始范《虞箴》,作《卿尹》《州牧》二十五篇。"①也就是说,自战国以来,为皇帝歌功颂德的铭辞兴盛,而讽谏帝王的箴文近乎灭绝。扬雄追溯历史,模仿《虞箴》作箴。扬雄由赋转向箴,意图发扬盛行于夏商周三代的箴,大量引用《诗经》《尚书》的典故。这既反映出汉代言论环境的宽松,秦代"偶语弃市"的苛刻法律已不复存在,同时,知识精英考察和倡导作箴,也对推动舆情表达具有重要的示范价值。

二、唐代魏征的舆情思想

唐代作为封建社会的鼎盛时期,贞观之治、开元盛世的出现与皇帝重视舆情、善于纳谏有着紧密联系。其中,魏征是敢于谏言,也是善于谏言的代表人物。据《魏郑公谏录》记载,魏征向唐太宗提出并获得采纳的谏言有140余次,涉及治国理政各个方面。唐代吴兢在其所著政论史书《贞观政要》中,详细记载了唐太宗与魏征、房玄龄、杜如晦等大臣的政论对话,尤其重视收录唐太宗求谏、纳谏的事例。贞观二年(628),唐太宗在与魏征的对话中,将能否广泛听取意见建议作为判别明君和暗君的主要标准。魏征提出,如果

---

① 《文心雕龙·铭箴》。

君王能够兼听,广泛吸纳臣民意见,就不会为权臣欺瞒,下情也能够及时上达,从而成为明君。

> 贞观二年,太宗问魏征曰:"何谓为明君暗君?"征曰:"君之所以明者,兼听也;其所以暗者,偏信也。《诗》云:'先民有言,询于刍荛。'昔唐、虞之理,辟四门,明四目,达四聪。是以圣无不照,故共、鲧之徒,不能塞也;靖言庸回,不能惑也。秦二世则隐藏其身,捐隔疏贱而偏信赵高,及天下溃叛,不得闻也。梁武帝偏信朱异,而侯景举兵向阙,竟不得知也。隋炀帝偏信虞世基,而诸贼攻城剽邑,亦不得知也。是故人君兼听纳下,则贵臣不得壅蔽,而下情必得上通也。"太宗甚善其言。①

贞观十年(636),唐太宗向侍臣提出了一个问题:草创(夺取政权)和守成(治理国家)哪一个更难? 房玄龄认为草创更难,而魏征认为守成更难。唐太宗认为,房玄龄经历了草创的艰辛,所以认为夺取政权更难;魏征作为守成之臣,见到了治理国家的不易,所以认为守成更难。现在草创之难已经过去了,近臣要认真思考守成之难。随后,贞观十一年(637),魏征向唐太宗上疏《谏太宗十思疏》,其中详细论述了魏征有关采谏、纳谏的舆情思想。

> 臣闻求木之长者,必固其根本;欲流之远者,必浚其泉源;思国之安者,必积其德义。源不深而望流之远,根不固而求木之长,德不厚而思国之理,臣虽下愚,知其不可,而况于明哲乎! 人君当神器之重,居域中之大,将崇极天之峻,永保无疆之休。不念居安思危,戒奢以俭,德不处其厚,情不胜其欲,斯亦伐根以求木茂,塞源而欲流长者也。
>
> 凡百元首,承天景命,莫不殷忧而道著,功成而德衰。有善始者实繁,能克终者盖寡。岂取之易而守之难乎? 昔取之而有余,今守之而不足,何也? 夫在殷忧,必竭诚以待下;既得志,则纵情以傲物。竭诚则吴越为一体,傲物则骨肉为行路。虽董之以严刑,振之以威怒,终苟免而

---

① 《贞观政要·君道》。

不怀仁,貌恭而不心服。怨不在大,可畏惟人;载舟覆舟,所宜深慎;奔车朽索,其可忽乎!

君人者,诚能见可欲则思知足以自戒,将有作则思知止以安人,念高危则思谦冲而自牧,惧满溢则思江海下百川,乐盘游则思三驱以为度,忧懈怠则思慎始而敬终,虑壅蔽则思虚心以纳下,想谗邪则思正身以黜恶,恩所加则思无因喜以谬赏,罚所及则思无因怒而滥刑。总此十思,弘兹九德,简能而任之,择善而从之,则智者尽其谋,勇者竭其力,仁者播其惠,信者效其忠。文武争驰,在君无事,可以尽豫游之乐,可以养松、乔之寿,鸣琴垂拱,不言而化。何必劳神苦思,代下司职,役聪明之耳目,亏无为之大道哉!

在《谏太宗十思疏》中,魏征提出,君王明德修身、居安思危、戒奢以俭是国家长治久安的根本和源流,"不念居安思危,戒奢以俭,德不处其厚,情不胜其欲,斯亦伐根以求木茂,塞源而欲流长者也"。而很多君王往往在夺取天下之初能够"竭诚以待下",而在得到天下之后往往"功成而德衰"。因而,为君者要在日常生活中做到"十思"。"十思"包括:见到喜好的东西就要想到用知足来克制;要兴建工程,就要想到适可而止来使百姓安定;想到帝位高高在上,就想到要谦虚并加强自我约束;害怕骄傲自满,就应该考虑像江海那样居于百川之下;喜爱狩猎,就想到网三面留一面;担心精神懈怠,就想到要慎始慎终;担心言路受蒙蔽,就想到虚心采纳臣下的意见;考虑到谗佞奸邪,就想到使自身端正,罢黜奸邪;施加恩泽,就不要因为一时高兴而奖赏不当;动用刑罚,不要因为一时发怒而滥用刑罚。君王做到"十思",选任贤良,国家就会国泰民安,君王也就没有忧虑。

对于魏征的《谏太宗十思疏》,唐太宗在手诏中给予高度评价:

省频抗表,诚极忠款,言穷切至。披览忘倦,每达宵分。非公体国情深,启沃义重,岂能示以良图,匡其不及……公之所陈,朕闻过矣。当置之几案,事等弦、韦。必望收彼桑榆,期之岁暮,不使康哉良哉,独美于往日,若鱼若水,遂爽于当今。迟复嘉谋,犯而无隐。朕将虚襟静志,敬仁德音。①

魏征的《谏太宗十思疏》不局限于针对具体的问题提出对策建议，而是将君王、统治者的德性修养作为国家治乱的根本和源流，既发扬了上古时代明德修身、善政民本的政治文化传统，又抓住了舆情表达关键在于君王的品行和情感模式，这在王权至高无上的封建专制社会具有积极和建设性意义。

三、宋代田锡的舆情思想

宋代有"不得杀士大夫，及上书言事人"的传统，以谏臣为代表的士大夫在舆情表达方面具有较高的积极性。其中，田锡的舆情思想较有代表性。田锡是北宋初期的著名谏臣、政治家和文学家，入仕主要在宋太宗、宋真宗二帝时期。田锡的舆情思想主要集中在其倡导和践行夏商周三代的铭箴文化，田锡从经史子集中选取精义，编成《御览》和《御屏风》两书。《御览》共三百六十卷，每日一卷供皇帝阅读。《御屏风》则是更加精简，写于御屏风之上的铭箴文字，用以提醒和劝诫君王。

> 古之帝王，盘盂皆铭，几杖有戒，盖起居必睹，而夙夜不忘也。汤之《盘铭》曰："苟日新，日日新，又日新。"武王铭于几杖曰："安不忘危，存不忘亡，熟惟二者，后必无凶。"唐黄门侍郎赵智为高宗讲《孝经》，举其要切者言之曰："天子有争臣七人，虽无道不失其天下。"宪宗采《史》《汉》《三国》已来经济之要，号《前代君臣事迹》，书于屏间。臣每览经、史、子、集，因取其语要，辄用进献，题之御屏，置之座右，日夕观省，则圣德日新，与汤、武比隆矣。②

在舆情思想方面，田锡与魏征相似，都将君王的明德修身、慎独慎微作为根本。同时，田锡更进了一步，即通过编纂《御览》等书籍的方法规劝皇帝。同时，将铭文撰写在御屏风之上，时刻提醒皇帝。

---

① 《贞观政要·君道》。
② 《御屏风序》。

除了以铭箴劝诫皇帝,田锡还撰写了大量的箴文和铭文。箴文包括《将箴》《嫉恶箴》《用材箴》《求名箴》《规过箴》《守默箴》《听箴》《视箴》等。譬如,田锡作《将箴》,提出将帅最重要的品质是仁信,其次为智勇,只有符合仁信、把握机遇的战争才能获得胜利。

> 将帅之臣,先本仁信之用,故作箴曰:兵者凶器,战者危事,国有外患,君先择帅,受服于庙,授钺于社,凿门而出,建牙指敌,一国所仰,三军以律。苟非将材,必自败绩,先以仁信,次以智勇。勇则三军增气,智则谋虑必中,信则赏罚无党,仁则甘苦必共。信智未明,仁勇或亏,难保强胜,必致倾危。天之雷霆,警物为威,国之征讨,吊民为辞。晋文伐原,以信为机,汉祖约法,以仁为机,羊祜近吴,以礼为机,韩信袭齐,以智为机,吕防袭荆,以恩为机,合若符契,不差毫厘。叛者伐之,服者舍之,乱者平之,凶者戮之。谲诈有时,不可常施,残忍非仁,不可念兹,苟违斯理,是奉其私。①

在《听箴》里,田锡提出对于听起来华丽、顺耳的言辞要警惕,而对于批评的意见要认真听取。

> 听贵于微,方谓之聪。无怒抗直,无悦顺从。顺从之言,如簧如绮,闻之勿喜,当酌于理。抗直之言,如锋如铦,勿以为伤,当从其长。未必逆耳皆谓之是,未必顺词皆生于疑。外得所闻,内宜深思,无自忽累,差于毫厘,有谕有告,语难遽发,必托微词,冀尔深察,有猜有嫌,言虽直形,必露微言,贵尔审听,心驰意征,听则不明,凡聆其语,必专乃诚。②

同时,田锡还作了诸多铭文,如《几铭》《杖铭》《盂铭》《笔铭》《砚铭》《枕铭》《弓铭》《钟铭》《珮铭》《尺铭》等。譬如,《弓铭》:"天之道,有弛有张,盈则亏,盛则亡,是以君子以谦而持盈,故位弥尊,而名益彰。"《砚铭》:

---

① 《咸平集·将箴》。
② 《咸平集·听箴》。

"治石如之何,载磨载琢;治艺如之何,以文以学;艺成如之何,以礼以乐。"《尺铭》:"言与行相顾,名与实相副,以俾他人,取为法度。"①这些铭文内容既与器物、场景有着亲和性,也蕴含着为人处世、修身养性的哲理。

四、元代王恽的舆情思想

元代在制度设计上实行"台谏合一",即御史与谏官的职能高度重合,御史除了负责监察之外也有谏议和言事的权力。元代著名学者王恽是元世祖忽必烈、元裕宗真金和元成宗皇帝铁穆耳三代的著名谏臣。王恽的舆情思想集中在其进献给当时的太子真金的劝谏文集《承华事略》中,包括广孝、立爱、端本、进学、择术、谨习、听政、达聪、抚军、崇儒、亲贤、去邪、纳诲、几谏、从谏、推恩、尚俭、戒逸、知贤、审官二十篇政论。《承华事略》广泛引用《诗经》《尚书》以及历史典故,劝诫时为太子的元裕宗以儒家思想治国。裕宗对王恽进献的《承华事略》大为赞扬,同时让皇子皇孙传阅。

在《从谏》一文中,王恽引用周天子以"工诵箴谏"听朝来规劝裕宗听从谏言。

> 汉贾谊《保傅》篇曰:太子既冠成人,免于保傅之严,则有记过之史、彻膳之宰、进善之旌、诽谤之木、敢谏之鼓、瞽史诵诗、工诵箴谏、大夫进谋、士传民语、习与智长。故切而不愧,化与心成,故中道若性……臣恽以太子甫冠,处深宫供子职而谊之说。防闲讽诵之严如此,其备似为过论。然以宗社储贰言之,意在驯致涵养,预崇懿德,异时重华,继照使易于从谏,然后知古人念虑何深且远哉!②

在《达聪》一文中,王恽引用唐太宗和魏征的对话来教导裕宗兼听则明,只有信息通达才能不受蒙蔽。

> 唐太宗问魏征:"为君何道而明,何失而暗?"征曰:"君所以明,兼听

---

① 《咸平集》。
② 《秋涧集·承华事略·从谏》。

也。所以暗,偏信也。尧舜氏辟四门,明四目,达四聪,虽有共鲧不能塞也。静言庸违,不能惑也。"故曰:君能兼听则奸人不得壅蔽,而下情通矣! 臣恽谨按《尚书·舜典》曰,辟四门,明四目,达四聪。盖人君居九重之深,所闻所见者,不过左右前后之事,此舜之所以达聪也。故远听于忠良者,则闻所未闻。偏听于左右者,则事多欺蔽。伏惟殿下方毓德春宫,重光华夏,于图治有为之初,达聪广听似为急务。又传曰:审所以听言受事,则下不欺蔽矣。如中统元年许诸人陈言,亦达聪之一端也。辟四门者,辟四方之门,广致众贤;明四目达四聪者,谓广我之视听于四方使天下无壅塞也。①

同时,王恽也吸纳宋代理学,将君王的德性修养作为纳谏和治国的根本,劝诫太子以中庸之学修身、清心。

心为一身主,万善所从出。惟澄治不为物欲蔽迁,故得耳目聪明,志虑精一。况人君是心,包罗万虑,经纬八方,苟非澄治,一或少差,得失系焉。昔二帝三王传授治道,以心为本,然不出执中、建中而已。曰中者何,无过之谓,中则天理之公,过则人欲之私。国之所以治者,只在存此心。清此心耳,如此则或差之虑不生,至公之理可得,率至公之理以临治其下,孰不心服而化从?②

五、明清黄宗羲的舆情思想

明清时期,封建专制制度全面加强,因言获罪、"文字狱"等钳制言论的专制现象屡见不鲜,以士大夫为主体的舆情表达群体的主动性和积极性都明显下降。明末清初,伴随资本主义萌芽的出现和发展,形成了以黄宗羲、顾炎武、王夫之为代表的民主启蒙思想家。其中,黄宗羲在《明夷待访录》中提出了"天下为主,君为客"的君权民授思想,且提出把学校作为舆情表达、

---

① 《秋涧集·承华事略·达聪》。
② 《秋涧集》。

公共舆论形成和参政议政的机构等具有超越性和前瞻性的主张。

在《明夷待访录》中,黄宗羲对几千年来君主集权、专权的现象进行了抨击。他认为尧舜时期的"古之人君"以天下为主,君为客,为天下大利而非自己的私利行使权力。现今的君王则"以君为主,天下为客",同时"屠毒天下之肝脑,离散天下之子女,以博我一人之产业,曾不惨然!"正因此,"古者天下之人爱戴其君,比之如父,拟之如天,诚不为过也。今也天下之人怨恶其君,视之如寇仇,名之为独夫,固其所也"。

针对"天下为客,君为主"的不合理现象,黄宗羲主张把学校作为士农工商参政议政、舆情表达和公共舆论形成的机构。"然古之圣王,其意不仅此也,必使治天下之具皆出于学校,而后设学校之意始备。非谓班朝,布令,养老,恤孤,讯馘,大师旅则会将士,大狱讼则期吏民,大祭祀则享始祖,行之自辟雍也。盖使朝廷之上,闾阎之细,渐摩濡染,莫不有诗书宽大之气,天子之所是未必是,天子之所非未必非,天子亦遂不敢自为非是,而公其非是于学校。"黄宗羲认为,郡县的公共事务,要由名儒来主持,由民众广泛参与。"郡县公议,请名儒主之。自布衣以至宰相之谢事者,皆可当其任,不拘已任未任也。"[①]同时,要将太学祭酒(太学的校长)职位提至与宰相同等重要的位置,负责教育和训导太子和大臣之子,批判政事得失。

> 太学祭酒,推择当世大儒,其重与宰相等,或宰相退处为之。每朔日,天子临幸太学,宰相、六卿、谏议皆从之。祭酒南面讲学,天子亦就弟子之列。政有缺失,祭酒直言无讳。天子之子年至十五,则与大臣之子就学于太学,使知民之情伪,且使之稍习于劳苦,毋得闭置宫中,其所闻见不出宦官宫妾之外,妄自崇大也。[②]

自秦汉至明清,封建专制制度经历了产生、鼎盛、衰落的生命周期。在封建专制制度下,君王拥有至高无上和无处不在的权力。与上古及夏商周三代相比,舆情表达在这一时期有着高度的体制化、专业化特点,也有着较

---

① 《明夷待访录·学校》。
② 《明夷待访录·学校》。

高的风险性。因而,舆情思想和舆情表达的关键不在于信息渠道是否畅通,而在于君王的德性修养和责任伦理。为了能够以建设性的方式进行舆情表达,以士大夫为主体的群体形成了较为成熟的舆情思想。其一,将君王的明德修身作为舆情表达的"根本"和"源流";其二,充分吸纳夏商周三代的铭箴文化,将舆情表达具象化、生活化和日常化;其三,把理学中的正心诚意等修身方法与舆情表达相结合,注重培养君王明辨是非和采纳建议的能力。而到明清之际,伴随封建专制制度的衰落和资本主义萌芽的出现,反思和批判君王集权的民主启蒙思想出现。以黄宗羲为代表的启蒙思想家提倡民本思想,托古改制,倡议把学校作为舆情表达、公共舆论和参政议政的机构,具有较强的进步性和前瞻性。

第三章　中国古代舆情制度衍变历程

早在上古时期,国家管理者便有了明德修身、善政民本和从谏如流的舆情思想。同时,管理者也十分重视舆情制度的建设。据记载,黄帝时期便设有明台作为议政的场所。"黄帝立明台之议者,上观于贤也;尧有衢室之问者,下听于人也;舜有告善之旌,而主不蔽也;禹立谏鼓于朝,而备讯唉;汤有总街之庭,以观人诽也;武王有灵台之复,而贤者进也。此古圣帝明王所以有而勿失,得而勿忘者也。"①纵览中国古代舆情制度,可以秦代为界限分为两个时段。秦之前,周代以礼乐制度和天子听朝为骨架,设置了以采诗观风为代表的舆情制度。而秦汉以降,舆情制度以高度专业化、制度化的言谏制度为主,同时在不同时期辅以灵活的舆情表达机制。

第一节　先秦时期的舆情制度

中国古代的舆情制度由来已久,据《尚书》记载,舜帝任命龙为纳言,负责上传下达。帝曰:"龙!朕聖谗说殄行,震惊朕师。命汝作纳言,夙夜出纳朕命,惟允!"②而在夏代,统治者就设置了谏言制度,由遒人敲打着铃在路上收集舆情。"每岁孟春,遒人以木铎徇于路,官师相规,工执艺事以谏,其或

---

① 《管子·桓公问》。
② 《尚书·舜典》。

不恭,邦有常刑。"①商代统治者制定了《官刑》,将官员"侮圣言,逆忠直,远耆德,比顽童"等不重视舆情的现象称为"乱风",予以惩戒。到了周代,统治者采纳并完善了上古以来的舆情制度,以礼乐制度和天子听朝制度为基础,创建了以采诗观风为特色的舆情制度。可以说,周代是上古时期舆情制度的集大成者。

据《逸周书》记载,周文王在程地三年遭遇了大荒,召集当地官员、三老、三吏、大夫、百执事之人,详细询问朝政、社会风气、民生疾苦等各方面情况,对于那些隐瞒实情的则进行处罚。

> 维周王在宅程三年,遭天之大荒,作《大匡》,以诏牧其方。三州之侯咸率,王乃召冢卿、三老、三吏、大夫、百执事之人朝于大庭,问罢病之故、政事之失、刑罚之戾、哀乐之尤、宾客之盛、用度之费,及关市之征、山林之匮、田宅之荒、沟渠之害、怠惰之过、骄顽之虐、水旱之灾。曰:"不谷不德,政事不时,国家罢病,不能胥匡。二三子尚助不谷,官考厥职,乡问其人,因其耆老,及其总害。慎问其故,无隐乃情,及某日以告于庙。有不用命,有常不赦!"②

这段史料反映出周文王询问舆情的对象十分广泛,不仅包括官员,还包括三老、三吏、百执事之人等。同时询问的内容也十分详细,涉及政治、刑罚、民生、社会风气等各个方面。

周文王等西周建立者对舆情的重视在其后通过天子听朝的制度得以固化,即天子通过诵、谏、献书、献诗等多种渠道,听取百官、百工、百姓等各个群体的舆情。"故天子听政,使公卿至于列士献诗,瞽献曲,史献书,师箴,瞍赋,矇诵,百工谏,庶人传语,近臣尽规,亲戚补察,瞽史教诲,耆艾修之,而后王斟酌焉,是以事行而不悖。"③需要指出的是,天子听朝、公卿献诗的舆情制度是建立在礼乐制度基础之上的。为了让国民、世子具有"以诗言志"的能力,《周礼》

---

① 《尚书·胤征》。
② 《逸周书·大匡解》。
③ 《国语·周语》。

设定了相应的政教制度。"大司乐……以乐德教国子,中、和、祗庸、孝、友;以乐语教国子,兴、道、讽、诵、言、语;以乐舞教国子,舞云门、大卷、大咸、大磬、大夏、大濩、大武。"①《诗经》中就保留了不少公卿劝谏天子、大臣的诗。《毛诗序》:"《节南山》,家父刺幽王也。《民劳》,召穆公刺厉王也。《板》凡刺厉王也。《抑》卫武公刺厉王。"

《小雅·节南山》:"节彼南山,维石岩岩。赫赫师尹,民具尔瞻。忧心如惔,不敢戏谈。国既卒斩,何用不监! 节彼南山,有实其猗。赫赫师尹,不平谓何。天方荐瘥,丧乱弘多。民言无嘉,憯莫惩嗟。"

《大雅·民劳》:"民亦劳止,汔可小安。惠此中国,国无有残。无纵诡随,以谨缱绻。式遏寇虐,无俾正反。王欲玉女,是用大谏。"

《大雅·板》:"上帝板板,下民卒瘅。出话不然,为犹不远。靡圣管管。不实于亶。犹之未远,是用大谏。"

《大雅·抑》:"昊天孔昭,我生靡乐。视尔梦梦,我心惨惨。诲尔谆谆,听我藐藐。匪用为教,覆用为虐。借曰未知,亦聿既耄。"

除了天子听朝,周代还以礼乐制度为基础,将舆情表达、舆情收集作为国家重要的制度。根据《周礼》记载,周代舆情制度下设有的职位包括大仆、师氏、保氏、司谏、大司寇、小司寇、小行人等。大仆是在天子寝宫外掌管路鼓的官职,而路鼓被平民用来进行诉求表达。"大仆……建路鼓于大寝之门外,而掌其政,以待达穷者与遽令。闻鼓声,则速逆御仆与御庶子。"②师氏的职责是以美德来规劝天子、国子,而保氏专门负责劝谏天子的过失。"师氏掌以媺诏王。以三德教国子……而保氏掌谏王恶,而养国子以道。"③司谏执掌万民的品德教育和民风考察。"司谏掌纠万民之而德劝之朋友。正其行而强之道艺,巡问而观察之,以时书其德行道艺,辨其能而可任于国事者,以考乡里之治,以诏废置,以行赦宥。"④此外,《周礼》中记述了统治者对于涉及刑罚、矛盾纠纷的舆情尤为重视,专门设置了大司寇、小司寇、小行人等官

① 《周礼·春官》。
② 《周礼·夏官》。
③ 《周礼·春官》。
④ 《周礼·春官》。

职。大司寇是周代负责司法的长官,为了使穷苦的平民能够诉说冤情,《周礼》中载有以肺石来直达大司寇的舆情制度。"以肺石达穷民,凡远近茕独、老幼之欲有复于上,而其长弗达者,立于肺石三日,士听其辞,以告于上,而罪其长。"①也就是说,凡远近孤独无靠或年老、幼弱之民想要向上申诉冤屈,而他们的长官不予转达的,就来到肺石上站三天,然后由朝士听他诉说冤屈,以报告朝廷,而惩罚他们的长官。

小司寇也是收集舆情和听取讼狱的重要官职。"小司寇之职,掌外朝之政,以致万民而询焉。一曰询国危,二曰询国迁,三曰询立君。其位,王南乡,三公及州长、百姓北面,群臣西面,群吏东面,小司寇摈以叙进而问焉,以众辅声明而弊谋。……以三刺断庶民狱讼之中:一曰讯群臣,二曰讯群吏,三曰讯万民,听民之所刺宥,以施上服下服之刑。"②也就是说,小司寇的职责是召集民众、征询他们的意见:一是当国家有危难的时候征询他们的意见;二是当国家要迁都的时候征询他们的意见;三是当国家需选立嗣君的时候征询他们的意见,用众人的智慧辅助天子的思虑而进行谋断。在关于狱讼的判决时,小司寇要三次听取众人意见,一是征询大臣意见;二是听取官吏意见;三是听取民众意见,通过广泛征集舆情来决定刑罚的轻重。

小行人是周代负责了解各诸侯国舆情的职位。《周礼》规定,有五种重要舆情要由小行人分类整理,上报天子。"凡此五物者,治其事故,乃其万民之利害为一书,其礼俗政事教治刑禁之逆顺为一书,其悖逆暴乱作慝犹犯令者为一书,其札丧凶荒厄贫为一书,其康乐和亲安平为一书。凡此五物者,每国辨异之,以反命于王,以周知天下之故。"③即将天下各国的自然形势对于民众有利和不利的情况记载为一书;各国的礼俗、政事、教化治理和刑法禁令能否遵守的情况记载为一书;将天下各国的反叛、暴乱、作恶和图谋违反禁令者的情况记载为一书;将天下各国的瘟疫丧亡、遭受大饥荒和民众困厄贫穷的情况记载为一书;将天下各国民众康乐、和睦相亲、安宁太平的情况记载为一书。凡此五方面情况,每国按条目分别记载,以向王报告,使天

---

① 《周礼·秋官》。
② 《周礼·秋官》。
③ 《周礼·秋官》。

子知天下的事。

西周建立了完备的舆情收集、表达制度,这套舆情制度以天子听朝、采诗观风为根本,以礼乐制度为骨架,既注重百官、百工的舆情表达,也包含了路鼓、肺石等百姓用于诉求表达的灵活机制。而西周的舆情制度对诸侯国有着强烈的示范作用。"昔卫武公年数九十有五矣,犹箴儆于国,曰:'自卿以下至于师长士,苟在朝者,无谓我老耄而舍我必恭恪于朝,朝夕以交戒我;闻一二之言,必诵志而纳之,以训导我。'"①卫武公是西周至春秋初期卫国国君,史书记载其十分注重听取舆情:"在舆有旅贲之规,位宁有官师之典,倚几有诵训之谏,居寝有亵御之箴,临事有瞽史之导,宴居有师工之诵。史不失书,蒙不失诵,以训御之,于是乎作《懿》戒以自儆也。"②同时,春秋战国时不少诸侯国都设置了专职谏官来广开言路。郑国设有司直,齐国设有大谏,楚国专职谏官称为箴尹,战国时赵国的专职谏官称为司过。③ 可以说,周代的舆情制度充分吸收和借鉴了"三代"的铭箴文化,将舆情制度嵌入礼、乐、政、刑的整体架构中,突出舆情表达的广泛性和直接性,也注重舆情收集和回应的专门化,这对于中国古代包括秦汉以后的舆情制度有着深远影响。

第二节　秦汉以降的舆情制度

自秦代以来,郡县制取代分封制成为国家的主体制度架构。与之相应的是,封建专制也卸下了"宗法制"的温情面纱,皇帝与臣民之间不再有着周代的血缘、亲缘等纽带,更多是命令与服从的关系。与之相应的是,西周完备的舆情制度也发生了颠覆性变化。首先,谏言制度在秦代受到强力打压后,自汉唐起日渐兴盛,成为其后各个朝代必不可少的制度设计。而自元代以后,监察制度与谏言制度呈现"台谏合流"的趋势。其次,秦汉以来,舆情

---

① 《国语·楚语》。
② 《国语·楚语》。
③ 晁中辰主编:《中国谏议制度史》,中华书局,2015,第12～13页。

表达呈现高度的制度化和专业化特征,官员和士大夫主体成为舆情表达的主体,百工、百姓很大程度上被排除在舆情表达渠道之外。再次,舆情表达和因言获罪的风险陡然提升,西周时"言者无罪,闻之足戒"的刺讽、讽谏风气荡然无存。最后,为了弥补谏言制度这一舆情主体制度的不足,各个封建专制王朝也会采用一些较为灵活、机动的舆情机制。

一、言谏制度的衍变过程

自秦开"偶语《诗》《书》弃市"的先例以来,西周采诗观风等"草根"性较强的舆情制度转向高度的官僚化和制度化,各个王朝开始设置专职的言谏制度。秦代设谏议大夫,专管言论。汉代初期沿用秦制,汉武帝元狩五年(公元前 118 年)置谏大夫,无定员,掌议论,东汉光武帝时改称谏议大夫。需要说明的是,在秦汉时期,谏官只是三公九卿制的从属,并无专门机构。到了魏晋南北朝时期,原属于光禄勋的谏议大夫、给事中等言官集中于统一的机构——侍中寺,这是言谏制度规范化和系统化的表现。在西晋时期,侍中寺发展为门下省,谏议机构地位和权力得到极大提升。[1] "门下省,后汉谓之侍中寺。"[2]《晋志》曰:"给事黄门侍郎,与侍中俱管门下众事,或谓之门下省。""至齐,亦呼侍中为门下,领给事黄门侍郎、公车太学太医等令丞,及内外殿中监、内外骅骝厩、散骑常侍、给事中、奉朝请、驸马都尉等官。梁门下省有侍中、给事黄门侍郎四人,掌侍从候相,尽规献纳,纠正违阙,监合尝御药封玺书。後魏尤重。"[3]自隋唐至宋代,门下省成为谏官的专属机构,有着谏议和封驳的权力。元代以来,设御史台,监察权与言谏权合二为一,也就是"台谏合流"。在元代,御史既有监察权,也有谏言权。而到明清时期,御史台改为都察院,都御史既有弹劾权,又有谏言权。

隋唐至宋,以门下省为代表的言谏制度对于封建君主专制有着平衡性和制约性,对于降低决策失误风险有一定效果。自元代至明清时期,言谏制度与监察制度合二为一,把谏官监督和规劝君王的职责转向监督百官,这反

---

① 晁中辰主编:《中国谏议制度史》,中华书局,2015,第 172～173 页。
② 《通典》卷二十一,第 121 页。
③ 《文献通考》卷五十《职官考四》。

映了封建专制集权的强化。同时,为了能够保持信息的畅通,在谏言制度、监察制度之外,秦汉以来统治者还效仿西周的路鼓、肺石制度,设置机动灵活的舆情机制来方便底层民众进行舆情表达。其中,比较具有代表性的包括唐代的密匦制、宋明的登闻鼓制、清代的密折制。

二、唐代的密匦制

唐代自立国之初便有重视谏言的作用。到唐睿宗时,武则天独揽朝政,于垂拱二年(686 年)在庙堂四方设置接收书信的小匣子——密匦。东方密匦名为延恩匦,用于收集民生经济方面的建议;南方密匦名为招谏匦,用于收集议论朝政得失的书信;西方密匦名为申冤匦,用于陈诉冤情;北方密匦为通元匦,用于向皇帝献智、揭发密谋。

> 垂拱二年六月,置匦四枚,共为一室,列于庙堂。东方木位,主春,其色青,配仁,仁者以亭育为本,宜以青匦置之于东。有能告朕以养人及劝农之事者,可投书于青匦,名之曰延恩匦。南方火位,主夏,其色赤,配信,信者风化之本,宜以丹匦置之于南。有能正谏论时政之得失者,可投书于丹匦,名之曰招谏匦。西方金位,主秋,其色白,配义,义者以决断为本,宜以素匦置之于西。有欲自陈屈抑者,可投书于素匦,名之曰申冤匦。北方水位,主冬,其色元,配智,智者谋虑之本,宜以元匦置之于北。有能告朕以谋智者,可投书于元匦,名之曰通元匦。①

唐代密匦设置之初多由谏议大夫来掌管,称为知匦事使。密匦行政主管由御史担任,称为理匦使。"宜令正谏大夫补阙拾遗一人充使,于庙堂知匦事,每日所有投书,至暮并进。又三司授事,本防枉滞。如有人诉冤屈抑,不得与投匦之列。后方获申明,所由之官,节级科罪。冀寰中靡隔,天下无冤,理匦以御史中丞侍御史一人充使。"②天宝九年(750),唐玄宗因为"匦"和"鬼"的发音相似,把理匦使改为献纳使,到至德元年(756)恢复旧名。"天

---

① 《唐会要》卷五十五。
② 《唐会要》卷五十五。

宝九载,玄宗以'匦'声近'鬼',改理匦使为献纳使,至德元年复旧。"①至德元年,负责密匦的官员右补阙阎式要求先审阅书函内容,被皇帝以"壅塞"责罚。到大历十二年(777)十二月二日,明确要求不准盘问投递书函人的信息,也不准勘责副本。"至德元年十月,复改为匦令。右补阙阎式,请先视其事状,然后为投。上责壅塞,贬式为朗州武陵县。至大历十二年十二月二日,有敕。理匦使但任投匦人投表状于匦中,依进来,不须勘责副本,并妄有盘问,及方便止遏。"②

至德元年(756)到大历十二年(777),密匦制以方便投递信函为主,较少审核、筛查信函。这就使很多投函者将举报官员、民间纠纷等事项也通过密匦来反映,造成了权属管理的混乱。大历十四年(779),理匦使崔造上奏反映这一情况,建议对投匦书函进行审核整理,日常性的纠纷、举报要由三司处理,只有冤假错案才能经密匦上报。这一建议得到皇帝的批准。

> 大历十四年七月,理匦使崔造奏:亡官失职、婚田两竞、追理财物等,并合先本司。本司不理,然后省司。省司不理,然后三司。三司不理,然后合报投匦进状。如进状人未经三处理,及事非冤屈,辄妄来进状者,不在进限。如有急切须上闻,不在此限。其妄进状者,臣今后请并状牒送本司及台府处理。敕旨,依奏。③

开成三年(838),谏议大夫、知匦使事李中敏上奏,认为核验投匦书函真实性、合理性的做法违背了密匦设置的本意,请求取消核验环节,并得到批准。

> 开成三年八月,谏议大夫知匦使事李中敏奏:应旧例,所有投匦进状,及书策文章,皆先具副本,呈匦使。其有诡异难行,不令进入。臣检寻文案,不见降敕处所由等,但云贞元中奏宣,恐是一时之事。臣以为

---

① 《新唐书》志第三十七《百官二》。
② 《唐会要》卷五十五。
③ 《唐会要》卷五十五。

本置瓯函，每日从内将出，日暮进入，意在使冤滥无告。有司不为申理者，或论时政，或陈利害，宜通其必达之路，所以广聪明而虑幽枉。若使有司先具裁其可否，即非重密其事，俾壅塞自申于九重之意也。臣伏请自今以后，所有进状及封章，臣等但为状引进，取舍可否，断自中旨，庶使名实在兹，明置瓯之本意。敕旨，依奏。①

开成五年，皇帝又因密瓯中的书函言辞激烈、匿名性强，恢复了核验制度。"五年四月敕，瓯函所设，贵达下情，近者所投文状，颇甚烦碎，极言不讳，岂假匿名，如知朝廷得失，军国利害，实负冤屈。有司不为申明者，任投瓯进状，所由画时引进，其余并不在投瓯之限。宜与瓯使准此勾当，仍具副本。"②

纵览唐代的密瓯制，自垂拱二年由武则天开设，一直沿革至唐末，共经历了二百多年。作为直达天子的密瓯，其对于广开言路、畅达舆情发挥了一定的历史作用。譬如，大足元年(701)，儒士苏安恒投瓯上疏，建议武则天禅位给太子，"陛下年德既尊，宝位将倦，机务殷重，浩荡心神，何不禅位东宫，自怡圣体!"武则天召见了苏安恒，"赐食慰谕而遣之"。③ 再比如，唐德宗贞元十一年(795)，裴延龄陷害陆贽、李充，刑讯李充的心腹张忠，逼迫张忠构陷李充。张忠的妻子、母亲于光顺门投瓯伸冤，御史很快查证张忠所言虚假，便释放了张忠。"延龄谋害在朝正直之士，会谏议大夫阳城等伏阁切谏，事遂且止。贽、充等虽已贬黜，延龄憾之未已，乃掩捕李充腹心吏张忠，捶掠楚痛，令为之词……忠不胜楚毒，并依延龄教抑之辞，具于款占。忠妻、母于光顺门投瓯诉冤，诏御史台推问，一宿得其实状，事皆虚，乃释忠。"④

密瓯制在舆情表达上具有积极作用，同时围绕着密瓯书函是否要核验、审核的相关规章制度几经变革，这反映出一个重要的问题，即密瓯投递如果不实行审核制，就易造成权属混乱和"言辞烦琐""极言不讳"的问题。而密

---

① 《唐会要》卷五十五。
② 《唐会要》卷五十五。
③ 《旧唐书》卷一百八十七上《列传》第一百三十七《忠义上》。
④ 《旧唐书》卷一百三十五《列传》第八十五。

甌投递如果实行审核,则易增加审核官员暗箱运作、"权力寻租"和壅塞上听的可能。产生这一现象的主要原因在于封建专制下"直达天听"渠道的稀缺性和理甌官员自身缺乏主动性和政治责任感。

三、宋代登闻鼓及其沿革

宋代是一个重视言谏的朝代,在其开国之初便继承了唐代密甌这一舆情制度。雍熙元年(984),宋太宗将唐代的甌院改名为登闻院,将密甌改为检院。"雍熙元年秋七月壬子,改乾元殿为朝元殿,文明殿为文德殿,丹凤门为乾元门;改甌院为登闻鼓院,东延恩甌为崇仁检院,南招谏甌为思谏检院,西申冤甌为申明检院,北通玄甌为招贤检院。"①

到宋真宗咸平四年(1001),将登闻院改为登闻检院,将鼓司改为登闻鼓院。同时,设置了理检使一职专门收集书函。"咸平四年,改登闻院曰登闻检院,鼓司曰登闻鼓院。自此,甌函遂废。天圣间,于检院为检匣。凡言大事、朝政得失或诉冤未辨者,悉令检匣以进。即涉奇邪无得通闻。"②登闻鼓院和登闻检院受理的内容很广泛,包括陈述政见、申冤、告密甚至进献奇方异术。上书人可以先到登闻鼓院,如果不受理,再到登闻检院。"凡言朝政得失、公私利害、军期机密、陈乞恩赏、理雪冤滥及奇方异术,皆受以通达。凡进状者先鼓院,若为所抑,则诣检院。"③

从历史文献来看,宋代登闻鼓院在畅通舆情表达尤其是司法领域的舆情上发挥了诸多作用。譬如,雍熙元年(984),有开封李姓女子击登闻鼓,称自己没有子息,身体多病,一旦过世家业没有继承人,希望能够根据自己的意愿来处置家业。李姓女子没有其他亲人,只有父亲,有司便将其父亲囚禁起来。随后,李姓女子又到登闻院上诉其父亲被拘捕。宋太宗十分惊骇,认为囚禁其父做得太过分,便派官员到各地审理刑狱。"开封女子李尝击登闻鼓,自言无儿息,身且病,一旦死,家业无所付。诏本府随所欲裁置之。李无它亲,独有父,有司因系之。李又诣登闻,诉父被絷。帝骇曰:'此事岂当禁

---

① 《宋史》卷四《太宗本纪》。
② 《隆平集》。
③ 《文献通考》卷六十《职官考十四》。

系？辇毂之下，尚或如此。天下至广，安得无枉滥乎？朕恨不能亲决四方之狱，固不辞劳尔！'即日遣殿中侍御史李范等十四人，分往江南、两浙、四川、荆湖、岭南审决刑狱。"①

登闻鼓虽然有畅通舆情表达的功用，但也有诬告陷害的可能。宋真宗时期，有军将贪污被处罚，便击登闻鼓诬告上司，宋真宗亲自审讯，查明真相后将诬告者斩首。"咸平间，有三司军将赵永昌者，素凶暴，督运江南，多为奸赃。知饶州韩昌龄廉得其状，乃移转运使冯亮，坐决杖停职。遂挝登闻鼓，讼昌龄与亮讪谤朝政，仍伪刻印，作亮等求解之状。真宗察其诈，于便殿自临讯，永昌屈伏，遂斩之。"②

到了明代，登闻院制度也得以沿用。明代设置登闻鼓的最初目的是传递军机大事和机密事件，后成为臣民舆情表达的媒介。"登闻鼓，洪武元年置于午门外，一御史日监之，非大冤及机密重情不得击，击即引奏。后移置长安右门外，六科、锦衣卫轮收以闻。旨下，校尉领驾帖，送所司问理，蒙蔽阻遏者罪。"③明代的登闻鼓主要是方便平民百姓陈诉冤情，防止司法不公和冤假错案。"朝廷设立登闻鼓，令匹夫匹妇，皆得自尽，原问官不敢偏私，三法司不敢扶同，以防壅蔽。"④而根据《大明会典》，百姓如果无处申冤，可以击登闻鼓陈诉。"凡按察司官、断理不公不法等事、果有冤枉者、许赴巡按监察御史处声冤。监察御史枉问、许赴通政司递状、送都察院伸理。都察院不与理断、或枉问者、许击登闻鼓陈诉。"⑤从历史沿革的角度来看，明代沿用了宋代的登闻鼓。但是，明代登闻鼓主要用于"击鼓鸣冤"，与宋代的登闻鼓院、登闻检院相比，其谏言和舆情表达的功用已大大降低。

四、明代的通政使司

正如上文所述，宋代是一个尤为重视言谏和舆情收集的朝代。除了登闻院、检院，宋太宗还整合了通进司、银台司两个信息机构，成立了通进银台

---

① 《宋史·刑法志》。
② 《宋史·刑法志》。
③ 《明史》志第七十《刑法二》。
④ 《皇明经世文编》卷一百七十九。
⑤ 《大明会典》卷二百九。

司。通进银台司成为一个"由通进司、银台司、发赦司和封驳司组成的,由'知通进银台司兼门下封驳事'统一领导下的,一个主管文书运行的信息传递系统"①。通进银台司作为直接由皇帝掌握的文书信息系统,设立目的在于确保皇帝的信息畅通和权力集中。通进银台司的做法为明太祖朱元璋所借鉴,为确保地方和下层信息能直达皇帝,明太祖洪武十年(1377)成立了通政使司。从通政使司的职能来看,其主要目的是确保地方尤其是基层百姓的舆情能够直达皇帝,从而避免君主被壅蔽。

> 十年置通政使司。正三品衙门,设通政使左右通政、左右参议,经历司、经历知事职,专出纳帝命,通达下情,关防诸司,出入公文,奏报四方。臣民实封建言,陈情申诉,及军情声息灾异等事。②

基于通政使司的职能来看,其主要职能是为皇帝收集和反映基层舆情,畅通皇帝的信息情报。成立之初,明太祖对通政使司的要求较高,将通政使司官员作为皇帝的耳目喉舌。

> 洪武十年七月置通政司,掌出纳诸司文书,敷奏封驳之事,时官制初立,上重其任,颇难其人。刑部主事曹秉正,新擢陕西参政未行,遂命为通政使,以应天府尹刘仁为左通政,谕曰:壅蔽于言者,祸乱之萌端,恣于事者,权奸之渐故,必有喉舌之司,以通上下之情,以达天下之政。昔者虞之纳言,唐之门下省,皆其职也。今以是职命卿等官,以通政为名。政犹水也,欲其常通,无壅遏之患,卿其审命令以正百司,达幽隐以通庶务,当执奏者,勿忌避,当驳正者,勿阿随,当敷陈者,勿隐蔽,当引见者,勿留难。无巧言以取容,无苛察以邀功,无谗间以欺罔,公清直亮以处厥心,庶不负委任之意。③

---

① 李全德:《通进银台司与宋代的文书运行》,《中国史研究》2008 年第 2 期。
② 《大明会典》卷二百十二。
③ 《明实录·太祖实录》卷一百三十。

同时,明太祖将通政使司作为下情上达、了解民众疾苦和伸张冤屈的重要信息渠道。

> 洪武二十六年,定凡有四方陈情建言、伸诉冤枉、民间疾苦善恶等事,知必随即奏闻。及告不公不法等事,事重者于底簿内誊写所告缘由、斋状奏闻。仍将所奉旨意,于上批写送该科给事中、转令该衙门抄行。常事者另,置底簿,将文状编号、用使关防、明立前件、连人状送当该衙门整理。月终奏缴底簿送该科,督并承行该衙门回销。①

通政使司通达民情的职能在永乐年间依然有效发挥。

> 永乐四年、令本司奏事、虽小必闻。凡每日早朝、引奏天下臣民、及入递所奏事。或五事、七事。遇大寒大暑、减免奏数不一。②

从通政使司的运行来看,作为直接为皇帝掌管的信息情报机构,其功能的发挥与皇帝的权威直接相关。在洪武、永乐等时期,通政使司的功能十分重要,受到重视。而随着明代皇权的势衰,通政使司也渐被边缘化。

五、清代的密折奏事

密折制度是清代独有的文书制度,即各级官吏不经内阁,直接向皇帝呈报秘密奏折,其内容涉及政治、经济、军事各个方面。康熙四十年(1701),康熙帝诏令全国地方官具折奏事,其内容由天候雨水、民俗风情发展为对官场弊端和民生民情的揭露及意见表达。③ 而在雍正元年(1723),雍正刚一登基便下诏:"朕仰承大统,遵守成宪,首以求言为急。科道诸臣,原为朝廷耳目之官,与朕躬最亲,与国家最切。凡有所见,自应竭诚入告。今虽备位台垣,即将来之公卿。大吏为科道时不能尽言,则日后官至大僚,岂能期尔建白

---

① 《大明会典》卷二百十二。
② 《大明会典》卷二百十二。
③ 吴观文:《论清代密折制度与专制政治》,《求索》1987年第6期。

乎？今后各科道，每日一人上一密折，轮流具奏。或二三人同日具奏一折。一折止言一事，无论大小事务皆可。"①自此，清代建立了官员轮班密奏制度，密折制度大盛。雍正认为，内有满汉大臣，外有督抚提镇，对于事务的阅历和调查远胜于言官，因而其密折奏事相比言谏制度更为机动、灵活且高效。"皇考不甚信纳科道之言，又讥言官皆缄默自容，此大失皇考本怀，真所谓坐井观天也。殊不知内而满汉大臣，外而督抚提镇，皆许密折言事。盖因各省地方事务，督抚身亲阅历，自能详悉周知，较言臣风闻无稽之谈，弗询之谋胜什倍矣！"②

雍正还完善了密折的保密制度。一方面，密折由专门的匣子传送，官员与皇帝各持一把钥匙，旁人无法打开；另一方面，雍正严令对密折保密，无论其人亲疏远近，密折内容要只字不漏。据统计，康熙时期能够密折奏事的官员有百人左右，而雍正时期密折奏事的官员则高达千人。这充分说明，雍正创立了基于密折奏事的舆情制度，并一直为清代沿用。

除了密折制度，清代还创建了对地方道府以上官员进行秘密考核的年终密考制度。密考制度源自康熙、雍正时期的密折奏事。譬如，雍正就命令吏部在选拔官吏之前，要对汉人的出身和品行详细考察，如有情报则密折奏事。"并令各部院、衙门、堂司官，将所知汉人内有出身不正、行止不端者，各具密折于月官考履历之日，至乾清门进呈，其有品行素优者亦令密奏。"③此后，在乾隆的提倡与推广下，密考制度于乾隆四十九年（1784）实现制度化。到嘉庆初年最终定型为年终密考之制，成为大计制度外对地方官员的又一考核制度。④ 与常规的官员考核侧重政绩不同，密考制度侧重考核官员的能力与操守，尤其是舆情反映。同时，舆情应对能力也成为官员去留、升贬的重要指标。譬如，道光因台湾嘉义县知县邵用之"不协舆情"，将其撤免，"台湾道平庆以原署嘉义县知县邵用之不协舆情，饬令吕志恒前赴嘉义，将其撤任"⑤。光绪因代理同知陈璪"不恤舆情"将其革职，"谕：刘铭传奏参代理同

① 《钦定大清会典·则例·十四》。
② 《诏令奏议·世宗宪皇帝上谕内阁》。
③ 《诏令奏议·世宗宪皇帝上谕八旗》。
④ 邹爱莲、王金山：《清代的密考制度》，《中国文化报》2014 年 9 月 29 日，第 7 版。
⑤ 《台湾资料清宣宗实录选辑》，台湾大通书局印行，1987。

知昏庸贻误等语;代理埠南同知福建候补布库大使陈璨,不恤舆情、挪用口粮,并有擅离职守、苛派单费情事,实属昏庸贪鄙! 着即行革职,听候查办"①。简而言之,清代统治者创立的密折、密考制度既完善了舆情制度,也使舆情反映纳入官员的考核内容,共同奠定了清代的舆情制度基础。

中国舆情制度与舆情思想一样源远流长。在几千年的历史进程中,舆情制度几经演变。总体而言,中国舆情制度有几个重要的历史时段。首先,西周吸收夏商时期的舆情制度,创建了以采诗观风和路鼓肺石为代表的舆情制度。同时,以天子听朝和礼乐制度为基础,西周将舆情制度与礼、乐、政、刑紧密融合,为中国古代的舆情制度奠定了良好的根基。其次,秦代是舆情制度高度专业化、制度化的开端。通过对言论的钳制,秦代将百工、百姓很大程度上排除在舆情表达主体之外,舆情表达主体是百官为首的士大夫。自汉朝以来,儒家思想成为主导思想,言谏制度成为舆情制度的主体。至隋唐时期,门下省成为谏官的专门机构,舆情制度的地位和作用都得到了提升。同时,唐代开创了机动灵活的密匦制,便于最高统治者直接获取各个阶层和群体的舆情,并为宋代所继承和发扬。元代之后,封建专制集权不断加强,作为规劝和监督君王的言谏制度被监督官员的监察制度整合、取代。登闻鼓虽然在明代得到了传承,但其主要作用在于"击鼓鸣冤",舆情表达的功能大为萎缩。明代的通政使司是君主加强集权和畅通信息情报系统的重要制度设计,在前期发挥着积极效果。清代创建了密折奏事制度,在加强专制集权的同时也使舆情表达的渠道更为畅通,舆情制度的地位得到空前提升。

从舆情制度的历史沿革来看,舆情制度与王权、皇权的关系尤为紧密。在周代的王制背景下,舆情制度设计有着强烈的情感性和艺术性色彩,有着"诗性正义"的伦理色彩。从周代舆情制度来看,采诗观风和天子听朝都有着原始民主制的痕迹。《诗经》作为周代诗歌的集大成者,其舆情表达色彩和功能是较为明显和突出的。在《诗经》中,不仅有歌颂先王和统治者的"雅""颂",更有表达百姓和官员政治态度和意见的"风"。从《诗经》内容来

---

① (清)蒋良骐:《光绪朝东华续录选辑》。

看,有百姓以诗的形式来表达对沉重赋税、徭役的抗议,有女子以诗来表达对丈夫抛弃和强迫婚姻的愤怒,有基层官员以诗的形式表达对繁忙工作的抱怨,还有官员以诗来讽刺诸侯破坏社会伦常。这也从另一个方面印证了采诗观风的必要性和重要性。

　　自秦代以来,皇权主导下的郡县制成为古代社会政治的主体架构,而舆情制度的情感性和艺术性色彩也消退。自秦开展机构化和专业化的舆情制度建设以来,基层民众很大程度上被排斥在舆情表达主体之外。而至高无上的皇权也鲜有类似周代王制的约束机制。自隋唐以来,以门下省的设立为标志,谏议制度走上稳步的发展道路。谏议制度能够对皇权构成约束和制衡,但也容易使得掌握谏议制度的官僚系统对皇权构成蒙蔽和挑战。因此,建立直属于皇帝的舆情和信息制度成为唐代以后加强君主专制制度的重要制度设计。唐代的密匦制可谓是君主建立直属舆情信息制度的开端,而宋代设立的银台通进司和明代设立的通政司使得这一制度得到强化。至清代设军机处,以密折和密考制度进行政治信息的传送、收集,服务于中央集权的舆情信息制度日趋完善。可以说,古代舆情制度的历史发展,背后的主要逻辑是如何有效制约和平衡权力,其中君权和官僚系统权力的平衡关系成为舆情制度设立、变更的主要脉络。

第二篇
舆情概念的
现代转型及民意制度

第四章 清末民国时期舆论、民意的概念转向

清末民国时期(1900—1948),中国社会迎来了数千年未有之大变局。首先,自1840年鸦片战争以来,西方资本主义国家以坚船利炮将中国从"天朝上国"的迷梦中惊醒,中国开始从技术、制度、文化等领域进入"西学东渐"的历程。其次,帝国主义国家在中国恣意妄为的行径与日俱增,维护主权和领土完整乃至种族生存的"救亡图存"运动成为中国人民情感的主基调。再次,自辛亥革命推翻了统治中国两千多年的封建帝制起,民主共和的理念得以传播,以巨大的震撼力和深刻的影响力推动了中国社会变革。在西学东渐、救亡图存、民主共和三条主线下,清末民国时期的思想呈现出三个特点。一是不同思想文化斗争异常激烈和复杂。复古思想、保守思想、启蒙思想、改良思想、革命思想的论战此起彼伏。二是对民主与科学的追求成为中国人的核心观念和基本价值观。三是以爱国主义为主流的民族主义浪潮汹涌。① 错综复杂的思想文化背景下,舆情这一基于民本、德政、言谏的传统社会概念开启了话语重构与概念转型的进程。

---

① 郑大华:《论民国思想史的几个特点》,《天津社会科学》2006年第3期。

第一节　清末民国政治传播中的舆论、民意概念

　　舆论、舆情与民意都有公众意见的含义,与传统社会中的民本、德政、言谏思想密切相关。清末民国时期,中国社会迎来数千年未有之大变局。

　　在由传统社会向现代社会的转型过程中,复古思想、维新思想、启蒙思想、改良思想、革命思想等论争异常激烈。与此同时,报刊等大众传播媒介传入中国并迅速发展。大众传播媒介为不同的思想主张进行政治传播提供了绝佳的平台和手段。各种政治思想以大众传播媒介为依托,开展了形式多样的政治传播行动。譬如,梁启超依托《新民丛刊》宣扬君主立宪思想,陈独秀等以《新青年》为阵地发起了"新文化运动",李大钊通过《每周评论》宣传马克思主义思想等。各界人士为了论证所持政治主张的正确性,既大量引用舶来的思想、词汇,又注重对传统社会中的概念进行话语重构。正是在上述背景下,舆情、舆论、民意作为与民众政治主张密切相关的概念,为革命家、政论家、思想家广泛应用,并被赋予了不同的内涵,这三个相似概念之间的分界也日渐清晰。这种分界主要表现为:舆论是清末民初改良派和君主立宪派极力倡导的概念;舆情是伴随近代大众传播媒介和民族主义情绪而发展起来的政治情感概念用语;民意则与民国时期的民意测验和民意机构建设有着紧密关系。可以说,正是政治传播的主张、立意、目的等方面的差异,使得舆论、舆情、民意三个含义相近的词汇出现了概念的分界。

一、舆论、舆情、民意辨析的文献回顾

　　当下,舆论、舆情、民意成为新闻传播学、政治学、社会学中的重要概念。而对于上述三个概念的辨析成了相关学科、领域建构的基础和前提。舆论,既泛指公众的看法与意见,也特指由媒体承载的意见和观点。就学理层面舆论的概念定义,陈力丹认为,舆论指"公众关于现实社会以及社会中的各

种现象、问题所表达的信念、态度、意见和情绪的总和。它具有相对的一致性、强烈程度和持续性，能够对社会发展及有关事态的进程产生一定的影响①。王来华认为，舆情是指在一定的社会空间内，围绕中介性社会事项的发生、发展和变化，作为主体的民众对作为客体的国家管理者产生和持有的社会政治态度。② 民意是一个古已有之的概念③，而在近现代，随着卢梭《社会契约论》"公共意见"（public opinion）概念的引入和传播，民意便与"公共意见"画上了等号。在学理层面，民意更多指民众意志的集合，"民意是人民意识、精神、愿望和意志的总和，作为社会真理的坐标，是判定社会问题真理性的尺度"④。

从概念定义来看，舆论、舆情、民意都与公众的政治态度、主张有着紧密联系。而学界对这三个概念的辨析、追溯大部分都会溯源到同一个英文词"public opinion"。但是，在实际应用中，舆论、舆情、民意还是有着较为明显的差异。王来华等认为，舆情、民意在概念上的相似性较强，二者与舆论的相似性较弱。就表达方式来看，舆情和民意不一定是媒体上的信息，这一点与舆论的差别明显。就社会心理构造来看，舆情和民意作为民众的意见有自身的社会心理构造，而舆论一般不强调它的社会心理特征及其心理构成特点。⑤ 杨斌艳从词义渊源和惯用实践的角度来辨析舆论、舆情、民意，认为"民意"一词在各类词典中出现频率极低，定义较为笼统。"舆情"一词只用于学术讨论，没有作为词条。"舆论"一词在新闻传播学中已有广泛定义并被使用。产生这一现象的主要原因在于，传统媒体在中国处于"意见领袖"的强势地位，这是舆论学迅速发展的现实基础。而舆情更贴近于民意，其广泛使用与互联网、新媒体的意见表达息息相关。⑥

需要说明的是，以上关于舆情、舆论、民意概念的辨析更多是基于词源、

---

① 陈力丹：《推敲"舆论"概念》，《采写编》2003 年第 3 期。

② 王来华主编：《舆情研究概论》，天津社会科学院出版社，2003，第 32 页。

③ 譬如，《管子》中就有"农夫寒耕暑耘，力归于上，女勤于缉绩徽织，功归于府者，非怨民心，伤民意也"的用法。

④ 程世寿：《公共舆论学》，华中科技大学出版社，2003，第 14 页。

⑤ 王来华、林竹、毕宏音：《对舆情、民意和舆论三概念异同的初步辨析》，《新视野》2004 年第 5 期。

⑥ 杨斌艳：《舆情、舆论、民意：词的定义与变迁》，《新闻与传播研究》2014 年第 12 期。

词义以及使用习惯的横向比较研究。而随着研究的推进,从纵向维度、思想史的视角来追溯舆情、舆论、民意概念异同的成果也相继出现。段然对清末时期舆论与"public opinion"的词汇对接进行了分析,认为以梁启超等立宪改良派将舆论与卢梭民权论语境中的"public opinion"进行概念意涵的接引,衍生出国人参政、平民统治、限权政府的现代意义。近代"舆论"概念不仅作为推动立宪改革的关键载体,更是为国人理解西方政体、认识宪政改革提供了重要的概念工具。① 林荧章也对清末民国时期的舆论概念话语建构进行了剖析,提出:"近代化过程中,舆论被知识人与革命者不断想象与建构,具备了一定的启蒙意义,甚至成为一种意识形态,被提升为革命话语,建构成为革命的工具或武器,在反对专制、追求民主、民治的过程中发挥重要作用。"② 王建明对清末民国时期"舆情"内涵的转变进行了探讨,提出:"在我国传统农业社会向现代工业文明社会转型的历史过程中,在公民意识和民族国家意识的影响下,舆情概念的使用出现了新的变化,舆情的主体由臣民转化为公民,舆情的客体由以皇权为核心的朝廷演变成为近代民族国家的统治者。"③

总体来看,围绕着舆论、舆情、民意的概念辨析,横向的词义比较与纵向的思想史挖掘都从不同的角度廓清了三者的差异及话语建构过程。需要指出的是,对于舆论、舆情、民意概念纵向的思想史辨析仍存在拓展的空间。目前,学者对三个概念的纵向辨析仍主要集中于清末民初的启蒙、改良与立宪思潮背景下。而对于民国中后期舆论、舆情、民意概念的思想史发掘仍不充分。最为明显的例证就是,早在 1920 年《汉英大辞典》中,舆论与舆情便有着不同的含义。舆论的英文翻译为"public opinion",而舆情的英文翻译为"popular feelings","拂舆情"的英文翻译为"against the popular wishes"。④ 1936 年,陶希圣在《舆论与舆情》一文中提道:"一·二八与长城战争,舆论

---

① 段然:《"舆论 / public opinion?":一个概念的历史溯源》,《新闻与传播研究》2019 年第 11 期。

② 林荧章:《清末民国时期关于舆论和舆情认知的分野与演变》,《新闻界》2019 年第 7 期。

③ 王建明:《我国近代舆情概念的使用及其思想内涵的历史嬗变》,《天津师范大学学报(社会科学版)》2019 年第 6 期。

④ 张鹏云编:《汉英大辞典》,岭南中学,1920 年。

是激昂的,舆情却是很有倾向或赞成和议。如今许多人口头主战,心里未必不反对战争。所以上海和塘沽的休战协定,虽受舆论的反对,可是很受舆情的支持……一方面有希望和平的舆情,一方面有激昂的主战的舆论。"①可见,民国初期的社会便对舆论、舆情的差异有了一定程度上的共识和认知。同时,清末民国时期的民意概念使用的语境逐渐固定下来。一方面,民意往往与采用现代社会科学方法收集民众态度的"民意测验"紧密关系;另一方面,民意通常指国会、国民参政会、县参议会等各级民意机构。也就是说,清末民国时期,舆论、舆情、民意三个含义相似的概念已经有了相对固定的语境、语义,并体现出较为清晰的边界和差异。

第二节　政治传播中舆论、民意的概念建构

政治传播指的是存在于政治行为主体与客体之间的,以达到待定目的和取得特定效果为价值取向的,以符号和媒介为途径,使政治信息得以流动的过程②,可划分为政治宣传、政治沟通与政治营销三种基本形态③。清末民国时期是一个民权崛起,君权、教权衰落的时代。正如勒庞在《乌合之众》中所言:"不管未来的社会是根据什么路线加以组织,它都必须考虑到一股新的力量。一股最终仍会存在下来的现代至高无上的力量,即群体的力量。"④伴随民权崛起、民众觉醒与报刊、图书等大众传播媒介的发展,舆论、舆论、民意等传统社会中与民众意见密切相关的概念成了政治传播中的重要词汇。正是在民权、民主崛起的大背景下,舆情、舆论、民意在政治传播过程中进行着概念的再建构。

---

①　陶希圣:《舆论与舆情》,《中华月报》1936 年第 4 卷第 11 期。
②　李宏、李民:《传媒政治》,中国传媒大学出版社,2006。
③　荆学民、段锐:《政治传播的基本形态及运行模式》,《现代传播(中国传媒大学学报)》2016 年第 11 期。
④　勒庞:《乌合之众:大众心理研究》,波洛译,中国华侨出版社,2013,"引论"。

一、政治传播中的舆论概念

"舆论"最早见于《三国志·魏书·王朗传》,"惧彼舆论之未畅者",此后"舆论"成为众人议论的代名词。在传统社会中,与朝议、谏诤、清议、奏议等相比,舆论更多是一种非正式、主要以中下层民众为主体的意见表达方式。清末民国时期,资产阶级启蒙派、维新派、改良派将舆论一词与宪政对应起来,通过报纸等媒介的政治传播将其塑造为与立宪同等重要的概念,并借助舆论推广和传播其政治主张。早在19世纪末,《循环日报》的创刊人王韬就认识到了报纸对于反映舆论的重要性,"其达彼此之情义,通中外之消息者,则有日报,时或辩论是非,折衷其曲直;有时彼国朝廷采取舆论,探析群情,亦即出自日报中"①。资产阶级改良派的代表人物梁启超,于1902年在《新民丛报》发表《舆论之母与舆论之仆》一文,提出舆论是成就政治主张的基础。"凡欲为国民有所尽力者,苟反抗于舆论,必不足以成事。""大政治家不可不洞察时势之真相,唤起应时之舆论而指导之,以实行我政策。""敌舆论者,破坏时代之事业也;母舆论者,过渡时代之事业也;仆舆论者,成立时代之事业也。"1906年,清政府在内外的压力下宣布"预备立宪",长舆在《国风报》撰文提出:"国会之开,即在旦夕……我国数千年之独裁政治固将一进而为舆论政治矣"②。

1910年,梁启超更是把立宪政治与舆论政治等同起来,"夫立宪政治者质言之则舆论政治而已"③。而在对日本宪政考察的基础上,梁启超认为日本宪政发达的基础也是"公议舆论","考日本宪政所以发达实由以公议舆论四字为护符"④。而近代翻译家汪馥炎更是将舆论与宪政比作水与舟的关系,"宪政犹舟,而舆论犹水也。水能载舟,亦能覆舟,舆论而得其正也,则宪政有成,而国食其福,舆论而不得其正也,则宪政无成,而国蒙其祸"⑤。同

① 李天纲编,王韬著:《弢园文新编》,上海中西书局,2012,第32页。
② 长舆:《立宪政治与舆论》,《国风报》第1年第13期,国风报馆,1910年6月17日,第1版。
③ 何国桢编辑,梁启超总撰稿:《国风报》第1年第1期,国风报馆,1910年2月20日,第1版。
④ 梁启超主编:《新民丛报》第4年第11号(原第83号),《新民丛报》报社,1906年7月21日,第1版,第2页。
⑤ 汪馥炎:《社会与舆论》,《甲寅》1914年第4期。

时,梁启超提出健全舆论是立宪政治的基础,而健全舆论的衡量标准有五个,包括常识、真诚、直道、公心、节制。"健全之舆论,无论何种政体,皆所不可缺,而立宪政体尤殷者,则以专制时代之舆论,不过立于辅助之地位,虽稍庞杂而不为害。立宪时代之舆论,常立于主动地位,一有不当而影响波及于国家耳。然健全之舆论果以何因缘而发生乎?窃尝论之,盖有五本:一曰常识;二曰真诚;三曰直道;四曰公心;五曰节制。"①

清末民国,舆论一词成为资产阶级维新派和改良派主张宪政、民意的代名词,成了公共政治领域的重要话语。而对于以孙中山为代表的资产阶级革命派来说,舆论则成了发动革命、宣传动员、巩固革命成果的重要手段。在辛亥革命之初,孙中山认为军事力量与舆论力量同等重要。"有舆论做我们的后援,又有诸君的武力做基础。有了武力和舆论,这次革命是一定成功的。"②"此次民国成立,舆论之势力与军队之势力相辅而行,故曾不数月,遂竟全功。"③而在护法成功后,孙中山提出舆论的力量比军事的力量还要强有力。"舆论之力较武力为大,武力始之,舆论完成之,乃有护法结果,而使国民人人咸知共和真理,不容许武人官僚乱国,尤非舆论界努力不为功。"④

可以说,舆论概念在清末及民国的政治传播中有着重要地位。资产阶级维新派、改良派将舆论政治与立宪、宪政政治等同起来,而资产阶级革命派则认为舆论力量与军事力量同等重要,是革命成功的关键所在。在清末及民国的启蒙变法与救亡图存过程中,传统士大夫向现代知识分子、革命家转型,宣传和推广各自的政治主张,而舆论成为其中重要的概念。舆论概念在资产阶级改良派、革命派政治传播中有着重要地位。

20世纪20年代以后,随着资产阶级民主革命的曲折反复,不同的利益集团把持报刊机关、伪造舆论的现象日益突出,国会、议会等代表舆论和民意的机关虚伪性日趋突出。譬如,1915年,由杨度、孙毓筠、严复、刘师培、李

---

① 梁启超:《国风报叙例》,《国风报》1910年第1期。
② 孙中山著,广东省社会科学院历史研究室、中国社会科学院近代史研究所中华民国史研究室、中山大学历史系孙中山研究室编:《孙中山全集》,中华书局,2017,第119页。
③ 孙中山著,广东省社会科学院历史研究室、中国社会科学院近代史研究所中华民国史研究室、中山大学历史系孙中山研究室编:《孙中山全集》,中华书局,2017,第339页。
④ 孙中山:《与报界的谈话》,上海《时报》1922年8月25日《孙中山宴请报界记》。

燮和、胡瑛六人组成的"筹安会"为袁世凯称帝伪造舆论,参政院作为舆论机关也成为袁世凯复辟帝制的工具。如此种种充分暴露了舆论政治、立宪政治与民主、民权相去甚远,有着欺骗性和虚假性。"操纵在我,不在降贼之中央;是非在法,不在伪造之舆论。"①陈独秀也认为:"立宪政治……在二十世纪的人看起来,这种敷衍不彻底的政制,无论在君主国民主国,都不能够将人民的信仰、集会、言论出版三大自由权完全保住,不过做了一班政客先生们的争夺政权的武器……从此不要迷信他罢。什么是政治,大家吃饭要紧。"②

总之,清末及民国时期舆论概念的重要性经历了一个转变过程。在维新变法、预备立宪的背景下,以梁启超为代表的资产阶级改良派将舆论政治与立宪政治等同起来,赋予了舆论十分高的历史地位。而以孙中山为代表的资产阶级革命派也十分重视舆论在取得和巩固革命成果中的重要作用。"近代化过程中,舆论被知识人与革命者不断想象与建构,具备了一定的启蒙意义,甚至成为一种意识形态,被提升为革命话语,建构成为革命的工具或武器,在反对专制、追求民主、民治的过程中发挥重要作用。"③同时还应看到,20世纪20年代以后,随着立宪政治、民主共和等救国方案的失败,各种政治利益集团操纵舆论、伪造舆论的现象屡见不鲜,革命家、政论家对于舆论的虚假性和欺骗性也有着深刻认知。

二、政治传播中的民意概念

民意在传统社会是一个含义比较宽泛的概念,其和舆论类似,主要指中下层民众的态度、看法。而在清末民初时期,民意与舆论都有着"公众意见"(public opinon)的含义,是政治合法性的基础。"政尚民主,国家以人民为主体,政治以民意为依归。"④"故诸君提出真理以显示真正之民意,真民意无人能反抗也……民意建国,全恃诸君,如此,即有假造统一者,吾人亦能以民意

---

①　孙中山著,广东省社会科学院历史研究室、中国社会科学院近代研究所中华民国史研究室、中山大学历史系孙中山研究室编:《孙中山全集》,中华书局,2017,第102页。

②　任建树、张统模、吴信忠:《陈独秀著作选》(第二卷),上海人民出版社,1993,第20页。

③　林荥章:《清末民国时期关于舆论和舆情认知的分野与演变》,《新闻界》2019年第7期。

④　高阳等编:《公民》,商务印书馆,1936,第107页。

折服之。"①自20世纪20年代后,民意在政治传播中有了两个方面的新意涵。一方面,自美国引入的民意测验使民意有了特定含义;另一方面,南京国民政府时期在内外压力下开展了自上至下的民意机构建设。

1. 民意测验

20世纪20年代起,发端于美国、依托现代社会科学的民意测验在中国开始推广,这赋予了"民意"特定的内涵。比较有代表性的民意测验包括:1923年12月17日,北京大学在建校25周年纪念日之际揭开了我国民意调查的序幕。组织者对1007名师生开展了问卷调查,涉及国体、政体、国际关系等方面。1924年3月,《北京大学日刊》刊载了调查结果,其中最重要的就是发现了中国人对民主政治的追求。② 1932年,国民拒毒会曾就鸦片公卖开展了民意测验,调查结果显示:民众认为鸦片公卖违背孙中山拒毒遗训,因拒毒遗训内有"鸦片营业,绝对不能与人民所赋予权力之国民政府两立"③之语。1942年,民营报纸《大刚报》围绕着"抗日战争形势在湖南"开展了民意调查。此次调查反响强烈,报社共收到答卷一万多份,参加者遍布工、农、商、学、军各界。调查结果表明,当时民众对国内战局形势较为乐观和理智。④ 可见,民国时期发端于美国的民意测验在中国已广泛开展,成为收集和征求民众政见的方法。

2. 民意机构建设

民国时期,国民政府进行了自上至下的民意机构建设。上层的民意机构以国民参政会为代表,基层的民意机构则以县乡参议会为代表。抗日战争时期,民主和进步人士纷纷要求国民政府建立民意机构。"为什么要有民意机关要求'民主'的声浪,在抗战未发生以前,已经是很高涨了……现在已经不是原则上的号召问题,而是怎样具体实现的问题。听说最近政府方,在舆论推动之下,也同意设立一个代表民意的机关,可见这个问题已快要具体

① 孙中山著,广东省社会科学院历史研究室、中国社会科学院近代史研究所中华民国史研究室、中山大学历史系孙中山研究室编:《孙中山全集》,中华书局,2017,第538页。
② 陈崇山:《民意调查在中国》,《新闻研究资料》1989年第2期。
③ 王造时主编:《主张与批评》第2期,中国美术刊行社,1932年11月15日,第1版,第3页。
④ 中国社会科学院"近代史资料"编辑组:《近代史资料》总123号,张民军、程力译著:《中国的第一次民意调查》。

化了。"①1938 年 3 月 1 日,中共中央向国民党提出了建立民意机关的建议。1938 年 4 月 12 日,国民党召开中央全会,通过了《国民参政会组织条例》。同年 6 月,国民政府公布 200 名参政员名单。其中共产党参政员有毛泽东、陈绍禹、秦邦宪、董必武、吴玉章、林祖涵、邓颖超七人。毛泽东对于国民参政会的成立发表贺电:"当此抗战周年,全国上下精诚团结,再接再厉,誓驱强寇,而敌人进攻有加无已之时,国民参政会集会于武汉,开宪政之先河,启民意于初步,凡在国人,庆喜同深。泽东备员一席,猥以琐务缠身,未能亲聆诸公之崇论宏议。然管见所及,凡有利于抗战建诸大端,已其他同志并案详陈,效其棉薄。寇深谓极,神州有陆沉之忧,然民意发舒,大难有转旋之望。转旋之术多端,窃谓以三言为最切:一曰坚持抗战,二曰坚持统一战线,三曰坚持持久战。诚能循是猛进,勿馁勿懈,则胜利属我乃决然无疑。值兹本会开幕之日,肃电驰贺,并向诸兄致民族革命之礼。"②

除了高层的民意机关建设,南京国民政府自 1939 年开始开展基层民意机构建设。根据孙中山所著《中华民国建国大纲》,建国分为军政、训政、宪政三个阶段,同时十分重视县级自治,"一完全自治之县,其国民有直接选举官员之权,有直接罢免官员之权,有直接创制法律之权,有直接复决法律之权"。

1937 年开始,南京国民政府为回应国内外结束训政、实施宪政的呼声,开展了以"新县治"即基层民意机构建设。1939 年 9 月,南京国民政府行政院公布了《县各级组织纲要》,开始了县、乡镇的民意机构建设。③"新县治"的主要特点就是标榜县级以下自治,在县、乡等基层社会建立民意机构。这些民意机构主要包括县参议会、乡镇民代表大会、保民大会、甲居民会议或户长会议。④"新县治"虽然标榜公平选举、民主决策,但由于推行过程中主

---

① 上海编辑人协会编辑,施夏亮主编:《文化战线》第 7 期,上海编辑人协会,1937 年 11 月,第 9 页。

② 《毛泽东同志致国民参政会的贺电及汪张两议长的复电》,《解放》第 1 卷第 46 期,1938 年 7 月,第 15 页。

③ 李新总主编,中国社会科学院近代史研究所中华民国史研究室编:《中华民国史》(第十卷),中华书局,2011,第 160 页。

④ 周玉玲:《新县治下县各级民意机关研究》,硕士学位论文,苏州大学,2002,第 4 页。

要依靠士绅基层、民意机构承担了过多的行政职能,难以解决摊派、兵役以及吏治腐败等问题,其实施效果并不显著。① 需要说明的是,南京国民政府自 1939 年至 1949 年实施的"新县治",表面上是为了实施《中华民国建国大纲》的县级自治,实质是为了巩固基层政权,实施"溶共""限共"的方针。其建立的县、乡等各级民意机构,由于无法解决民众疾苦,很快便失去了基层民众的支持。

第三节　清末及民国舆情概念的话语建构

在传统社会治理话语体系中,舆情的主体多为臣民、顺民。自宋代以来,统治者便采取"俯顺舆情""允协舆情"的方式采纳民意、疏导民情。到清代,"洽舆情"成为官员考核的重要指标。据统计,1902—1911 年《大公报》上有关清末官员的报道中,共有 54 人因"不洽舆情"而受到弹劾、降职、撤职等处分。② 到清末及民国时期,舆情的社会治理功能得到了延续和发展。在政府公报等官方文件中,"舆情"成为主政官员体察民情民意的代名词而频繁出现。譬如,在民国初期颁布了整顿司法的大总统令,对当时的司法不公使用了"显拂舆情"的表述,"今京外法官,其富有学养,忠勤举职者,固不乏人。而昏庸尸位,操守难信者亦所在多有,往往显拂舆情,玩视民瘼。然犹滥享保障之权,俨以神圣自命,遂使保民之机关,翻作残民之凭借"③。1913年,湖北民政长令湖北沔阳县迁治,激起民众反抗,内务总长朱启钤指令当地政府取消迁治,使用了"应顺人民大多数之舆情"的表述。"今日以天时言之,该县灾歉频仍,流亡载道。值此大局粗定,正与民休息之时,岂可为此无谓之纷,更致滋无穷之骚扰。以人情言之,县治迁徙关系全邑,既应由行政

---

① 曹成建:《试论 20 世纪 40 年代四川新县制下的基层民意机构》,《四川师范大学学报(社会科学版)》2001 年第 5 期。

② 林荧章:《清末民国期间关于舆论和舆情认知的分野与演变》,《新闻界》2019 年第 7 期。

③ 扫叶山房北号编:《政府公报分类汇编 第 15 期》,扫叶山房北号,1912—1914 年,第 1 版,第2 页。

长官之核定,亦应顺人民大多数之舆情。"①可见,清末及民国时期"舆情"仍延续了传统社会中体察民意、民瘼的社会治理内涵,并广泛使用。同时,在清末及民国时期,舆情作为一个有着丰富民本思想的传统概念不仅被赋予了新的内涵,也开启了现代转型的过程。

辨析、挖掘清末民初时舆情的概念,对于厘清舆情思想的发展脉络尤其是其现代转型有着不可或缺的作用。从已有文献来看,学者对这一时期舆情概念的演变进行了探索性和开拓性的研究。王建明认为,"在我国传统农业社会向现代工业文明社会转型的历史过程中,在公民意识和民族国家意识的影响下,舆情概念的使用出现了新的变化,舆情的主体由臣民转化为公民,舆情的客体由以皇权为核心的朝廷演变成为近代民族国家的统治者"②。林荧章基于对《大公报》舆情概念的文本分析,提出"这一时期是中国舆情观念发展史上的过渡期与转折期,其时的舆情观念一方面承接了传统的舆情观念,另一方面又在不断发生转型与变革,开启了新的理路与方向"③。但林荧章同时提出,清末及民国时期,舆论概念被注入民主观念,建构为社会的主流话语,舆情却因为传统社会的桎梏,在一定程度上被时代遗忘或"闲置",成为一个远离社会主流话语的"旧概念"。④ 事实上,基于清末及民国时期的图书、公文、报刊等大量文献资料来看,舆情在这一时期并未成为被时代遗忘的"旧概念",而是在开眼看世界、救亡图存、民主共和的思想脉络下重新进行了话语建构,被赋予了新的内涵。这一过程最明显的特征包括:舆情的主体由皇权社会中的"臣民""顺民"转向了现代社会中的"公民""人民";舆情表达的目的超越了传统社会中的维权与诉求,向着政治参与、政治决策、国家管理迈进;舆情的参照框架由传统社会中的"天下"转向了现代意义上的"世界";舆情在激烈的民族主义情绪下成为一个富有政治情感与政

① 扫叶山房北号编:《政府公报分类汇编 第 24 期》,扫叶山房北号,1912—1914 年,第 1 版,第 39 页。

② 王建明:《我国近代舆情概念的使用及其思想内涵的历史嬗变》,《天津师范大学学报(社会科学版)》2019 年第 6 期。

③ 林荧章:《清末及民国期间舆情观念的变迁初探——以〈大公报〉为例》,《编辑之友》2018 年第 10 期。

④ 林荧章:《清末民国期间关于舆论和舆情认知的分野与演变》,《新闻界》2019 年第 7 期。

治能量的词语。可以说,清末及民国时期舆情概念的再建构与传统向现代社会转型、封建集权向民主共和转化、天下观念向现代世界转变等紧密相连。舆情这一在皇权社会中主要出现于社会治理领域的话语,开始成为政治传播领域的重要概念。

第四节　舆情概念的政治传播话语建构

话语(discourse)指的是特定语境中人与人之间通过文本、语言开展的具体沟通行为。而在福柯看来,话语与权力有着复杂和微观的互动与生产关系。话语不仅是一套功能符号和语言表征,更重要的是在话语的背后存在着一套权力关系。其中话语的生成条件构成了某个时代"象征秩序及其表达"的"阅读格栅"。① 基于话语分析的理论,话语对应着特定的语境,而话语建构的过程也是社会权力与思想的互动过程。从话语建构的视角来看,清末及民国时期的舆情概念是政治传播中的重要词汇,主要在政治学术研究、政治情感动员、国际政治传播三种语境下使用。

一、政治学术中的舆情概念

在政治传播中,舆情的话语建构与舆论有着紧密的关系,但也有着差异。这一差异主要在于,舆论多指由报刊等机构媒体所宣扬的政治主张,为主张革命救国的知识分子所倡导;舆情更多指民众真实的政治主张、政治权力,为主张学术救国的知识分子所应用。1906 年,严复在《政治讲义》中将"舆情"作为政治学研究的学术话语来使用。"舆情向背多寡,有议院以为宣达测视之机关者,即无异言国民得此,而有其建立维持破坏政府之机关也。"②"一令之行,一官之立,舆情之向背,不独显然可见也,而多寡之数,亦

① 朱振明:《福柯的"话语与权力"及其传播学意义》,《现代传播》2018 年第 9 期。
② 严复:《政治讲义》,商务印书馆,1906,第 128 页。

至著明。其向背与多寡,皆于议员出占投票而得之。"①严复撰写《政治讲义》的目的是强调政治学的科学属性,从学术层面寻找中国的出路。其中所用的"舆情"一词主要内涵为"民众政治权力"。此后,随着西方政治学理论的广泛引入,"舆情"作为政治学的学术概念得到广泛使用。譬如,1913年汤恩湛翻译英国学者布赖斯撰写的《平民政治》一书时多次使用了"舆情"一词:"多数者之舆情制少数者之舆情。所谓此种民主政治之倾向是也。其重视民生之观念,强于各种感情。"②"凡在一国无拥爵位称号之阶级,无大地主之阶级,无武人之阶级。则人民之舆情得以。"③"在代议政体之下,一国之权利尽集于被选代议士之手。而是等代议士又尽集于首府,而竞于社交之中。振其雄辩以为舆情之代表。"④同时,1937年张庆泰编译的《欧洲政府》一书中,舆情作为民众政治权力的用法也连续出现。"贵族院之不洽舆情。对贵族院之改革或废除,为英国一大政争者,凡四百余年,其问题主要在乎改良。"⑤"对庶民院之意见,特别对执政党大多数之意见,内阁最为尊重,其对外界舆情之表现,亦时时注意。"⑥此外,1941年廖仲恺翻译的美国威尔确斯的《全民政治》一书中,也将舆情与"民众政治权力"等同起来使用。"此目的在一方承认人民有保存适合舆情之官吏于久远之利便,而于他方承认逗留不满民意之官吏于长期之不便。"⑦

　　清末及民国时期,"舆论"与"舆情"作为两个含义相似的词汇,在政治传播中因不同的价值取向而出现了内涵的差异。对比舆论、舆情两个概念可发现,舆论基本等同于民意,其功能主要由报刊、议会等机构来发挥,是立宪政治话语中的重要词汇;而舆情主要指民众的政治权力,是政治学术语境中的概念,更强调政府、议会等国家机关能否真正地贯彻民意。就舆论、舆情的话语背景来看,前者是君主立宪派所主张的民意,而后者是政治科学中使

---

① 严复:《政治讲义》,商务印书馆,1906,第127页。
② [英]布赖斯(J. Bryce):《平民政治》(下),汤恩湛等译,民友社,1913,第九十九章。
③ [英]布赖斯(J. Bryce):《平民政治》(下),汤恩湛等译,民友社,1913,第1676页。
④ [英]布赖斯(J. Bryce):《平民政治》(下),汤恩湛等译,民友社,1913,第1854页。
⑤ 张庆泰编译:《欧洲政府》,商务印书馆,1937,第119页。
⑥ 张庆泰编译:《欧洲政府》,商务印书馆,1937,第147页。
⑦ [美]威尔确斯:《全民政治》,廖仲恺译,江西省三民主义文化运动委员会,1941,第132页。

用的学术概念;前者主张由报刊、议会来进行舆论表达,而后者更关注作为民众政治权力的舆情能够真正实现。从更深层次的原因来看,舆论、舆情的差异自辛亥革命尤其是五四运动以后日益加深,其主要原因在于平民主义①的兴起。

在政治思潮由宪政民主向平民主义转向的过程中,舆情作为民众真实政治态度的含义日益显现,成为政治传播领域真实民意的代名词。譬如,孙中山在总结革命经验教训的基础上,对于舆情尤为重视,使用了"人民心力"的表述,"所谓吾党本身力量者,就是人民的心力。吾党从今以后,要以人民的心力为吾党力量,要用人民心力奋斗……是兵力虽成功,而革命仍未成功,因为吾党尚欠缺力量之故。所欠缺者是何种力量? 就是人民心力"②。

自辛亥革命以来,宪政民主在中国的失败使得舆论的欺骗性、虚伪性不断显现。而主张学术救国的知识分子在政治学话语中更倾向于使用舆情一词来指代民意。随着中国危机的不断加深,平民主义、平民政治思潮兴起,舆情受重视的程度不断加深。这种重视不仅体现在对舆情概念的大量使用上,还体现在两个方面:一是对普通民众尤其是劳工阶层的重视;二是探索建立一个反对特权和压迫,真正实现民主、平等的理想社会。譬如,蔡元培于1918年提出"劳工神圣"的口号。陈独秀认为:"由多数平民——学界、商会、农民团体、劳工团体——用强有力发挥民主政治的精神……叫那少数的政府当局和国会议员都低下头来听多数平民的意思。"③李大钊则主张建立反对任何特权和压迫的平民主义社会,"纯正的'平民主义',就是把政治上、经济上、社会上一切特权阶级,完全打破,使人们全体,都是为社会国家作有益的工作的人,不须用政治机关以统治人身,政治机关只是为全体人民,属于全体人民,而由全体人民执行的事物管理的工具……这样的社会,才是平

---

① 平民主义一词最早出现于1915年,最初被理解为资本主义国家的民主主义。李大钊曾尝试用"平权主义""现代民主主义"来表述,但为了更通俗易懂,更广泛接触下层民众,遂改称为"平民主义"。平民主义在五四时期一度颇为流行。

② 孙中山:《人民心力为革命成功的基础》,1923年11月25日,孙中山在广州大本营对国民党员的演说。

③ 陈独秀:《山东问题与国民觉悟》,《陈独秀著作选》(第二卷),上海人民出版社,1993,第19页。

民的社会;在这样平民的社会里,才有自由平等的个人"①。虽然在蔡元培、陈独秀、李大钊等知识分子的表述中并未直接使用舆情的概念,但平民主义的政治思想使得作为民众政治主张的舆情受重视程度得到显著提升。

二、政治情感动员中的舆情概念

在传统社会中,舆情是一个有着丰富政治内涵的概念,与德政、民本、言谏思想有着内在的逻辑一致性和亲和性。而到清末及民国时期,报刊、电报、印刷等现代传播技术在中国得到迅速发展,这为舆论和舆情创造了有利的表达空间。随着报纸等新闻媒体的发展,舆情的表达载体和表达空间有了质的变化。郑观应在《盛世危言》中提出,将日报作为通达民情、扬弃古代舆情制度的重要方式。"古之时,谤有木,谏有鼓,善有旌。太史采风,行人问俗,所以求通民隐、达民情者,如是其呕呕也……以云民隐悉通,民情悉达,则犹未也。欲通之达之,则莫如广设日报矣……宏日报以广言路,是日报者,即古乡校之遗意。今西国议院之滥觞,为公是公非之所系,众好众恶之所彰,故西国日报之设,上则裨于军国,下则益于编氓。"同时,郑观应还提出要"上体天下,下恤舆情,变法自强,百废俱举","凡有病于民者,如公禀政府改革,无不俯顺舆情,非昔日只顾在上者之权势,而不顾其民之疾苦也"②。

需要说明的是,郑观应在使用"舆情"一词时更多是从维新变法、改良政体的角度来延续传统舆情的含义。而随着清朝结束、民国建立,列强对中国瓜分的加剧,救亡图存的社会思潮日益强烈,舆情则成为新闻传播领域一个特有的名词,有着民众政治主张、政治态度的含义,也在一定程度上指代"舆情事件"。

在民族危亡的大背景下,舆情一词在清末及民国时期的报纸、书籍等媒介中成为民众进行政治情感、情绪表达以及舆情事件的代名词。譬如,1915年5月9日,袁世凯与日本政府签订"二十一条",举国激愤,将这一日定为"国耻日"。由上海知耻社编的《国耻》一书中,以"五月九日后之全国舆情"

---

① 张晓晶:《透过"平民主义"看李大钊同志对现代性中国的构建》,《法制与社会》2012年第5期。

② 夏东元编:《郑观应集》(上),上海人民出版社,1982,第239、316页。

作为独立一章,以"痛愤绝天　誓死不甘"为副标题,记载社会各界的舆情反映,包括"军界一分子之痛言""商界之奋发""伶人之愤激""学界发起国耻会"等。①《国耻》记录了民众因国耻采取自尽、自残等激进舆情表达的行为。"有马麟者,开设茶肆之小商人也。十三日,于救国储金大会内,居然引刀刺血,以警告我国民。"②

1919 年巴黎和会上,西方列强不顾中国利益,将青岛强行割让给日本,国民发起了轰轰烈烈的抗议运动。由朱心佛主编的《还我青岛》一书中,有评论、舆情、记载、西说、东说五部分,将舆情单独列为一章,收录了社会各界包括留学生团体向政府的请愿、致电。"中日新交涉发生以来,政府所持态度虽极镇静,而朝野人士对此则异常愤激。各省人民、地方团体纷纷电呈政府,请予以坚持措词之间,均甚激切。如在欧美留学生及天津留学同学会,更远电在法各委员明示。"③同时,《还我青岛》书中以"舆情鼎沸""舆情大愤"来形容社会各界对巴黎和会的政治意愿。"日本深盼中国代表三缄其口,在场不发一言,或设计以阻挠之。不料事与愿违,舆情鼎沸。"④"留日学生救国团请国会主张废约电:此为国家生死存亡所关,当通电全国,力主拒绝,谅邀鉴察。近来舆情大愤,民气日张,反对之声,编于南北。"⑤

清末及民国时期,报刊、电报等现代传播工具迅速发展,在内忧外患的背景下,其政治动员与情感动员的功能迅速发挥,使得新闻传播领域的舆情概念成为有着鲜明民族主义色彩和政治情感蕴含的话语。在报刊、电报、书籍等大众传播媒介迅速发展的环境下,尤其是在"民族危亡""国耻"等情感基调之下,重大突发事件迅速引发国民强烈的政治情感与政治意愿。无论是 1915 年的"二十一条"还是 1919 年的"巴黎和会事件",都通过报刊、电报等传播媒介迅速引发全国性的舆情事件。而在大众传播媒介与舆情事件之间有着互相强化的机制:一方面,报纸、电报等大众传播媒介创造了一个舆情表达和共鸣的舆论场;另一方面,强烈的民族主义、爱国主义情绪经由传

---

① 上海知耻社编:《国耻》,1915,第 58 页。
② 上海知耻社编:《国耻》,1915,第 58 页。
③ 朱心佛编:《还我青岛·舆情》,1919,大商公司出版。
④ 朱心佛编:《还我青岛·评论》,1919,大商公司出版。
⑤ 朱心佛编:《还我青岛·舆情》,1919,大商公司出版。

播媒介迅速演变为舆情事件。正是在两者的反馈、互动过程中,舆情这一作为民情、民意的概念被赋予了政治主张、舆情事件的新内涵。可以说,在新闻传播领域,清末及民国时期的舆情概念与当下所使用的"舆情事件""群体性事件"比较相似。

三、国际政治中的舆情概念

清末及民国时期,在新闻传播领域舆情有了政治主张、舆情事件的双重含义。同时,舆情还成为新闻媒体和民众观察、理解世界的一种参照和内省框架。这主要表现在,新闻媒体在国际政治事件的报道中广泛使用"舆情"一词。事实上,早在19世纪末,"舆情"便成为中国媒体报道和观察国际事件、进行政治传播的话语用词。"观西班牙,两请别族,再行民政,均无成效。此番迎立故君之子,颇洽舆情,以人意而度天心,太平可望矣。"①而到了20世纪二三十年代,舆情更是频繁出现在国际政治报道中。譬如,《国际公报》1923年的第19期以《美国:蓝石协定取消后之美国舆情》为题报道了美国民众对蓝石协定的态度;《漫画生活》1935年的第11期以《意大利大举动员全国舆情已起反响》为题,介绍了意大利入侵非洲的战争动员;《第二次世界大战画报》以《威尔基氏在伦敦时亦搭坐街车访问民间舆情》为题,报道了"威尔基视察伦敦灾区,回国后主张加紧援助英国;威尔基在伦敦时亦搭坐街车访问民间舆情"的经过;《世说(重庆)》1942年的第2期以《今日英国对于苏联的真正舆情是怎样的》为题,阐述了英国民众对于苏联的政治态度;《国耻》以"五月九日之后日人舆情"为专题,从"日本外交收功后之对华言论"和"日人尚咎交涉之失败"两个方面介绍了日本各界对"二十一条"的反应。②

从话语分析的视角来看,词语与概念的使用蕴含的是观察和分析事物的参照框架与预设。在清末及民国时期,舆情一词不仅用来指代国内民众的政治主张、舆情事件,也是一个观察和了解世界各国政治走势与民众意见的词语。"从天下观念到近代世界观念转变,是晚清以来中国国际秩序观念

① [美]丁韪良、[英]艾约瑟主编:《中西闻见录》第30号,1875年2月,第1版,第22页。
② 上海知耻社编:《国耻》,1915,第101页。

发展变化的主线……西方政治、经济、法律等学说在中国广泛传播,提供给国人理解世界的理论工具,使他们能够以近代的眼光看待整个国际社会。"①近代以来,在由"天下"向"世界"观念的转变中,电报、报纸、书籍等传播媒介是民众"开眼看世界"的主要载体形式。在世界新闻的报道框架中,"舆情"指代不同国家、民族的政治态度、社会情绪。而舆情概念的使用为中国民众以近代的眼光观察、分析、报道国际社会提供了参照坐标和话语概念。同时,作为世界民族国家的一员,在"西强中弱"的国际格局中,"舆情"一词的频繁使用也体现了民众对国家和民族命运的关切和思考。

简而言之,电报、报纸、书籍等现代传播媒介的发展为舆情这一概念注入了新的内涵。在新闻传播领域,舆情在两个层面上进行着话语重构。从国内层面而言,舆情在两个维度上进行着概念重构。其一,在内涵方面,舆情一词超越了传统社会中的民情、民怨的"臣民""顺从"话语色彩,具有了"民主共和"话语下政治主张、政治表达、政治参与的内涵。其二,在外延方面,现代传播媒介的发展为舆情表达、舆情事件的形成提供了空间,在救亡图存的民族主义情绪下,舆情一词很大程度上成为舆情事件的代名词。从国际层面而言,舆情成为报纸等媒介观察和报道国外政治、国际形势走向的词汇。这蕴含了国人由"天下"到"世界"观念的转向,也促进民众将中国置于世界民族国家体系中来观察和分析。

---

① 任云仙:《近代以来中国世界秩序观念的变迁》,《西南大学学报(社会科学版)》2009 年第 2 期。

第三篇
党的群众路线、群众观点
与中国特色舆情制度

第五章　党的群众路线与舆情思想

第一节　党的群众路线与群众观点

1921 至 2021 年,中国共产党走过了百年历史。在过去的百年中,党团结和带领全国各族人民,经过浴血奋战和艰苦奋斗,在世界的东方建立了中国特色社会主义制度,实现了国家富强、民族独立和人民解放。回顾党由小到大、由弱到强、转危为安的历史,始终保持党同人民群众的血肉联系是党领导中国革命、建设和改革的制胜法宝,是党和国家事业兴旺发达的根本所在。而舆情作为民众的政治态度,涵盖了民心、民意、民力和民智,始终是党科学执政、民主执政、依法执政的决策基础。2004 年,党的十六届四中全会通过的《中共中央关于加强党的执政能力建设的决定》提出:"建立社会舆情汇集和分析机制,畅通社情民意反映渠道。"2019 年,党的十九届四中全会通过的《中共中央关于坚持和完善中国特色社会主义制度、推进国家治理体系和治理能力现代化若干重大问题的决定》提出:"坚持立党为公、执政为民,保持党同人民群众的血肉联系,把尊重民意、汇集民智、凝聚民力、改善民生贯穿党治国理政全部工作之中。"还提出:"健全重大舆情和突发事件舆论引导机制。"

"政之所兴在顺民心。"迈入新时代,面对世界百年未有之大变局和中华民族伟大复兴的两个大局,各种风险和压力前所未有。如何巩固党的执政基础、群众基础,密切党和群众的血肉联系,面对"四种考验",克服"四种危险",牢固树立忧患意识、风险意识,实现科学执政、民主执政、依法执政,其根本和前提是要顺民心、知民意、察民情、聚民智、集民力。在革命、建设和改革开放的伟大历史进程中,党的舆情思想与制度不断与时俱进。就舆情思想而言,人民群众是历史的创造者奠定了党的舆情思想的群众史观。"一切为了群众,一切依靠群众。从群众中来,到群众中去"的群众路线为舆情思想提供了价值观、认识论和方法论,并且在革命、建设和改革开放不同的时代注入新的内涵。通过各种渠道了解民情、民意。21 世纪以来,互联网信息技术飞速发展,各种舆情表达与舆情事件此起彼伏,以胡锦涛为总书记的党中央开启了舆情信息制度的建立和完善。党的十八大以来,以习近平同志为核心的党中央把舆情制度作为党的领导制度重要组成部分,通过法律法规进行制度建设,高度重视互联网带来的重大机遇,通过立法、制度改革等方式健全和完善了舆情信息制度。党的舆情思想和舆情信息制度成为中国特色社会主义制度体系的组成部分。

第二节　党的群众路线与舆情思想

舆情,即民心、民意、民智、民力,是一个古已有之的概念。但是在不同的时期,舆情的主体、内涵有着显著差异。在传统社会,舆情多指民隐、民瘼及民众的疾苦,其主体为臣民。清末及民国时期,在民主和民权思潮下,舆情具有了民众政治主张和政治权力的内涵,其主体为由臣民向有一定政治主张和政治权利的人过渡的群体。而在党的革命、建设和改革开放进程中,舆情是党的群众路线的重要组成部分,其主体为党领导下的拥有政治权利的人民。舆情的主体从臣民到公民再到人民,这一过程是历史的逻辑,也是中国人民探索国家独立和民族富强的实践逻辑。自 1840 年鸦片战争以来,中国逐渐沦为半殖民地、半封建社会,无数仁人志士前仆后继进行探索,尝试通过西学东渐来挽救民族危亡和实现国家独立。以洋务派为代表,学习西方先进技术的实践失败了;以孙中山为代表仿效西方,建立资产阶级民主共和国的实践也失败了。技术救国、制度救国都行不通,以文化救国的新文化运动轰轰烈烈地展开,但仍无力改变中国半殖民地半封建的社会性质和中国人民的悲惨命运。直到"十月革命一声炮响,给我们送来了马克思列宁主义"①,中国共产党领导工农群众开启了社会改造和社会革命的伟大进程。

在救亡图存的伟大社会革命实践中,以毛泽东为代表的中国共产党人将人民是历史的创造者这一群众史观与中国革命实践紧密结合,创造性地提出了群众路线这一党的根本政治路线和组织路线。而作为集中体现民心、民意、民智、民力的舆情与党的群众路线有着紧密的关系。毛泽东作为群众路线的主要创立者,更是将正确汇集民意作为党的领导方法。"在我党的一切实际工作中,凡属正确的领导,必须是从群众中来,到群众中去。这就是说,将群众的意见(分散的无系统的意见)集中起来(经过研究,化为集中的系统的意见),又到群众中去做宣传解释,化为群众的意见,使群众坚持下去,见之于行动,并在群众行动中考验这些意见是否正确。然后再从群众中集中起来,再到群众中坚持下去。如此无限循环,一次比一次地更正确、更生动、更丰富。"②总结起来,党和国家的主要领导人的舆情思想集中体现为群众观点,具体包括四个方面:深入调查研究、保持优良作风、充分发扬民主、发展民众权益。

一、深入调查研究

深入调查研究是党的优良传统和基本工作方法。早在 1930 年毛泽东便在《反对本本主义》一文中提出了"没有调查,没有发言权"的著名论断。不同于一般意义上的调查研究,党的调查研究的目的是更好地推进革命、建设、改革任务,尤其重视对不同群体政治态度的收集和归纳。在《中国社会各阶级分析》一文中,毛泽东鲜明地指出:"谁是我们的敌人? 谁是我们的朋友? 这个问题是革命的首要问题。中国过去一切革命斗争成效甚少,其基

---

① 毛泽东:《论人民民主专政》(1949 年 6 月 30 日),《毛泽东选集》(第四卷),人民出版社,1991,第 1471 页。
② 毛泽东:《关于领导方法的若干问题》(1943 年 6 月 1 日),《毛泽东选集》(第三卷),人民出版社,1991,第 899 页。

本原因就是因为不能团结真正的朋友,以攻击真正的敌人……工业无产阶级是我们革命的领导力量。一切半无产阶级、小资产阶级,是我们最接近的朋友。那动摇不定的中产阶级,其右翼可能是我们的敌人,其左翼可能是我们的朋友。"①在革命时期,毛泽东撰写了《湖南农民运动考察报告》《寻乌调查》《才溪乡调查》等一系列调查报告,提出"群众是真正的英雄"的论断。"要了解情况,唯一的方法是向社会作调查,调查社会各阶级的生动情况……使我第一次懂得中国监狱全部腐败情形的,是在湖南衡山县作调查时该县的一个小狱吏……必须明白:群众是真正的英雄,而我们自己则往往是幼稚可笑的,不了解这一点,就不能得到起码的知识。"②

邓小平把调查研究看作贯彻党的思想路线和群众路线的必然要求,十分重视深入调查研究。他指出:"能不能深入下去,工作能不能落实,关键在于领导干部是不是以身作则,深入部队,调查研究,从实际出发,分析问题,解决问题。"③对于作风虚浮,不注重调查研究的现象,邓小平同志提出了尖锐的批判:"过去领导同志到一个单位去,首先到厨房去看看,还要看看厕所,看看洗澡的地方。现在这样做的人还有,但是不多了。许多同志根本不去同群众接触,一个学校的负责人,不去跟学生谈话,甚至于跟教员都不大接触。我们的历史经验是,越是困难的时候,越要关心群众。只要你关心群众,同群众打成一片,不仅不搞特殊化,而且同群众一块吃苦,任何问题都容易解决,任何困难都能够克服。"④

党的十八大以来,以习近平同志为核心的党中央高度重视调查研究。2012 年 12 月 4 日,中共中央政治局审议通过了《十八届中央政治局关于改进工作作风、密切联系群众的八项规定》。"八项规定"第一项就明确要求改进调查研究,"要改进调查研究,到基层调研要深入了解真实情况,总结经

① 毛泽东:《中国社会各阶级的分析》(1925 年 12 月 1 日),《毛泽东选集》(第一卷),人民出版社,1991,第 3~9 页。

② 毛泽东:《〈农村调查〉的序言和跋》(1943 年 3 月、4 月),《毛泽东选集》(第三卷),人民出版社,1991,第 789~790 页。

③ 邓小平:《在全军政治工作会议上的讲话》(1978 年 6 月 2 日),《邓小平文选》(第二卷),人民出版社,1994,第 124 页。

④ 邓小平:《高级干部要带头发扬党的优良传统》(1979 年 11 月 2 日),《邓小平文选》(第二卷),人民出版社,1994,第 228 页。

验、研究问题、解决困难、指导工作,向群众学习、向实践学习,多同群众座谈,多同干部谈心,多商量讨论,多解剖典型"。

习近平将深入调查研究作为贯彻群众路线,保持党和群众血肉联系的重要渠道,在其担任浙江省委书记期间,习近平在《浙江日报》"之江新语"发表《调研工作务求"深、实、细、准、效"》的评论文章,提出了调研工作的"五字诀",即"深、实、细、准、效"。习近平指出:"干部要坚持立党为公、执政为民,虚心向群众学习,真心对群众负责,热心为群众服务,诚心接受群众监督。要拜人民为师、向人民学习,放下架子、扑下身子,接地气、通下情,深入开展调查研究,解剖麻雀,发现典型,真正把群众面临的问题发现出来,把群众的意见反映上来,把群众创造的经验总结出来。"①习近平多次强调,调查研究是谋事之基,成事之道,"各级领导干部要带头调研、经常调研,扑下身子,沉到一线,全面了解情况,深入研究问题,把准事物的本质和规律,找到破解难题的办法和路径"②。

二、保持优良作风

密切联系群众是党的三大优良作风之一。"以马克思列宁主义的理论思想武装起来的中国共产党,在中国人民中产生了新的工作作风,这主要的就是理论和实践相结合的作风,和人民群众紧密地联系在一起的作风以及自我批评的作风。"③而保持谦虚谨慎的工作作风,深入了解民情、民意、民众疾苦是密切联系群众的重要方面。

延安时期,毛泽东反复强调共产党人要善于倾听民众的意见和建议,和群众打成一片。"共产党提出的使各界人民都有说话机会、都有事做、都有饭吃的政策,是真正的革命三民主义的政策……这就是要倾听人民群众的

---

① 习近平:《广大干部特别是年轻干部要做到信念坚、政治强、本领高、作风硬》(2019 年 3 月 1 日),《习近平谈治国理政》(第三卷),外文出版社,2020,第 520 页。
② 习近平:在中央宣传部呈报的《弘扬脱贫攻坚精神,推动农村物质文明和精神文明协调发展——寻乌扶贫调研报告》上的批示(2017 年 12 月 15 日),《习近平谈治国理政》(第三卷),外文出版社,2020,第 500 页。
③ 毛泽东:《论联合政府》(1945 年 4 月 24 日),《毛泽东选集》(第三卷),人民出版社,1991,第 1093～1094 页。

意见,要联系人民群众,而不要脱离人民群众的道理……共产党员必须倾听党外人士的意见,给别人以说话的机会。别人说得对的,我们应该欢迎,并要跟别人的长处学习;别人说得不对,也应该让别人说完,然后慢慢加以解释。"①"教育每一个同志热爱人民群众,细心地倾听群众的呼声;每到一地,就和那里的群众打成一片,不是高踞于群众之上,而是深入于群众之中;根据群众的觉悟程度,去启发和提高群众的觉悟,在群众出于内心自愿的原则之下,帮助群众逐步地组织起来,逐步地展开为当时当地内外环境所许可的一切必要的斗争。"②

邓小平将密切联系群众作为党的作风建设中的重要方面,"为了促进社会风气的进步,首先必须搞好党风……如果党的组织把群众的意见和利害放在一边,不闻不问,怎么能要求群众信任和爱戴这样的党组织的领导呢?"③对于脱离群众的作风,邓小平也提出尖锐批评,"要坚决批评和纠正各种脱离群众、对群众疾苦不闻不问的错误。群众是我们力量的源泉,群众路线和群众观点是我们的传家宝……一定要努力帮助群众解决一切能够解决的困难。暂时无法解决的困难,要耐心恳切地向群众解释清楚"④。

江泽民强调,在改革开放和发展社会主义市场经济的条件下,领导干部要警惕脱离群众的倾向,不能做"官老爷"。"领导干部来自群众,是为群众工作和服务的,如果脱离群众,不关心群众疾苦,做官当老爷,甚至做出种种违背群众意愿、损害群众利益的事情来,那就从根本上丧失了当领导干部的资格。越是在群众有困难的时候,领导干部越是要体贴群众,与群众同甘共苦、共渡难关。"⑤

---

① 毛泽东:《在陕甘宁边区参议会的演说》(1941年11月6日),《毛泽东选集》(第三卷),人民出版社,1991,第808~809页。

② 毛泽东:《论联合政府》(1945年4月24日),《毛泽东选集》(第三卷),人民出版社,1991,第1095页。

③ 邓小平:《坚持四项基本原则》(1979年3月30日),《邓小平文选》(第二卷),人民出版社,1994,第177页。

④ 邓小平:《贯彻调整方针,保证安定团结》(1980年12月25日),《邓小平文选》(第二卷),人民出版社,1994,第368页。

⑤ 江泽民:《领导干部要在思想、作风建设中作出表率》(1998年6月2日),《江泽民文选》(第二卷),人民出版社,2006,第147页。

胡锦涛指出,要牢固树立群众观点和公仆意识,防止脱离人民群众的危险。"在长期执政的条件下,我们党要充分发挥密切联系人民群众这个最大优势,有效防止脱离人民群众这个最大危险,关键在领导干部。是心系群众、服务人民,还是高高在上、脱离群众,是衡量领导干部作风是否端正的试金石……越是职务高了越是要注意同人民群众保持密切联系,越是要深入到基层和群众中去,了解实情、体察疾苦、汲取智慧、获得力量,做到同人民群众心连心……"①

党的十八大以来,以习近平同志为核心的党中央从巩固执政基础、群众基础的高度,尤其重视继承和发扬党的优良作风,保持党同人民群众的血肉联系,坚定推进全面从严治党;制定和落实中央"八项规定",开展党的群众路线教育实践活动,坚决反对形式主义、官僚主义、享乐主义和奢靡之风。习近平指出:"保持党同人民群众的血肉联系是一个永恒课题,作风问题具有反复性和顽固性,不可能一蹴而就、毕其功于一役,更不能一阵风、刮一下就停,必须经常抓、长期抓。我们既要立足当前、切实解决群众反映强烈的突出问题,又要着眼长远、建立健全促进党员、干部坚持为民务实清廉的长效机制。"②

三、充分发扬民主

舆情,就其本质是人民当家作主、进行意见表达的权利。早在新民主主义革命时期,毛泽东就十分注重军队中的民主主义建设。"红军的物质生活如此菲薄,战斗如此频繁,仍能维持不敝,除党的作用外,就是靠实行军队内的民主主义。官长不打士兵,官兵待遇平等,士兵有开会说话的自由……中国不但人民需要民主主义,军队也需要民主主义。"③在延安,毛泽东提出要保障党外人士的发言权,尊重党外人士的意见建议。1941 年,李鼎铭在边区

---

①　胡锦涛:《全面加强新形势下的领导干部作风建设》(2007 年 1 月 9 日),《十六大以来重要文献选编》(下),中央文献出版社,2008,第 873 ~ 874 页。

②　习近平:《准确把握党的群众路线教育实践活动的指导思想和目标要求》(2013 年 6 月 18 日),《习近平谈治国理政》(第一卷),外文出版社,2018,第 378 ~ 379 页。

③　毛泽东:《井冈山的斗争》(1928 年 11 月 25 日),《毛泽东选集》(第一卷),人民出版社,1991,第 65 页。

参议会上提出"精兵简政"的建议,得到了毛泽东的充分肯定和支持。

就人民当家作主和意见表达的民主权利,邓小平强调要以制度化、法制化的建设来保障,把社会主义民主建设和法制建设有机统一起来。"要继续发展社会主义民主,健全社会主义法制。这是三中全会以来中央坚定不移的基本方针,今后也决不允许有任何动摇。我们的民主制度还有不完善的地方,要制定一系列的法律、法令和条例,使民主制度化、法律化。社会主义民主和社会主义法制是不可分的。不要社会主义法制的民主,不要党的领导的民主,不要纪律和秩序的民主,决不是社会主义民主。"①同时,对于群众的意见建议,邓小平强调要"兼听"。"人民群众提出的意见,当然有对的,也有不对的,要进行分析。党的领导就是要善于集中人民群众的正确意见,对不正确的意见给以适当解释。"②

江泽民指出:"我们的权力是人民赋予的,一切干部都是人民的公仆,必须受到人民和法律的监督。要深化改革,完善监督法制,建立健全依法行使权力的制约机制。坚持公平、公正、公开的原则,直接涉及群众切身利益的部门要实行公开办事制度。把党内监督、法律监督、群众监督结合起来,发挥舆论监督的作用。"③

胡锦涛强调要拓宽社情民意的表达渠道,保障民众的意见表达权利。"要拓宽社情民意表达渠道,推行领导干部接待群众制度,完善党政领导干部和党代会代表、人大代表、政协委员联系群众制度,健全信访工作责任制,搭建多种形式的沟通平台,把群众利益诉求纳入制度化、规范化轨道。要建立健全社情民意分析机制,加强群众心理研究,及时了解群众心声和实际需求。"④

习近平多次强调要重视民情、民意、民智、民力。"我们的重大工作和重

---

① 邓小平:《贯彻调整方针,保证安定团结》(1980年12月25日),《邓小平文选》(第二卷),人民出版社,1994,第359页。

② 邓小平:《解放思想,实事求是,团结一致向前看》(1978年12月13日),《邓小平文选》(第二卷),人民出版社,1994,第145页。

③ 江泽民:《高举邓小平理论伟大旗帜,把建设有中国特色社会主义事业全面推向二十一世纪》(1997年9月12日),《江泽民文选》(第二卷),人民出版社,2006,第31页。

④ 胡锦涛:《正确处理新时期人民内部矛盾》(2010年9月29日),《论构建社会主义和谐社会》,中央文献出版社,2013,第203～204页。

大决策必须识民情、接地气。要以人民群众利益为重、以人民群众期盼为念,真诚倾听群众呼声,真实反映群众愿望,真情关心群众疾苦。要坚持工作重心下移,深入实际、深入基层、深入群众,做到知民情、解民忧、纾民怨、暖民心,多干让人民满意的好事实事,充分调动人民群众的积极性、主动性、创造性。"①同时,习近平提出了"商量是人民民主真谛"的论断,"在中国社会主义制度下,有事好商量,众人的事情由众人商量,找到全社会意愿和要求的最大公约数,是人民民主的真谛。涉及人民利益的事情,要在人民内部商量好怎么办,不商量或者商量不够,要想把事情办成办好是很难的。我们要坚持有事多商量,遇事多商量,做事多商量,商量得越多越深入越好"②。

四、发展民众权益

维护权益、发展权益、诉求权益是舆情的重要内容。百年来,中国共产党始终将实现好、维护好、发展好最广大人民的根本利益作为一切工作的出发点和立足点。革命年代,毛泽东就指出,组织革命战争和改良群众生活是党的两大任务,要真心关心群众的生产和日常生活。"我们应该深刻地注意群众生活的问题,从土地、劳动问题,到柴米油盐问题……要得到群众的拥护吗? 要群众拿出他们的全力放到战线上去吗? 那末,就得和群众在一起,就得去发动群众的积极性,就得关心群众的痛痒,就得真心实意地为群众谋利益,解决群众的生产和生活的问题……真正的铜墙铁壁是什么? 是群众,是千百万真心实意地拥护革命的群众。"③

改革开放以来,邓小平提出了"贫穷不是社会主义"的重要论断,十分重视改善人民生活、增加人民收入。"讲社会主义,首先就要使生产力发展,这是主要的。只有这样,才能表明社会主义的优越性。社会主义经济政策对不对,归根到底要看生产力是否发展,人民收入是否增加。这是压倒一些的

①　习近平:《推进协商民主广泛多层制度化发展》(2014 年 9 月 21 日),《习近平谈治国理政》(第二卷),外文出版社,2017,第 296 页。

②　习近平:《推进协商民主广泛多层制度化发展》(2014 年 9 月 21 日),《习近平谈治国理政》(第二卷),外文出版社,2017,第 292 页。

③　毛泽东:《关心群众生活,注意工作方法》(1934 年 1 月 27 日),《毛泽东选集》(第一卷),人民出版社,1991,第 138 ~ 139 页。

标准。"①就"姓资姓社"的问题,邓小平提出了"三个有利于"的标准,"要害是姓'资'还是姓'社'的问题。判断的标准,应该主要是看是否有利于发展社会主义社会的生产力,是否有利于增强社会主义国家的综合国力,是否有利于提高人民的生活水平。"②

就维护和发展人民的利益,江泽民提出了"三个代表"重要思想。为人民谋利益是党的工作的出发点和落脚点。"我们党所以有力量,就是因为我们始终紧紧依靠人民群众,始终诚心诚意为人民谋利益。这个根本问题,任何时候都不能忘记。越是改革攻坚,越是面临困难,越是要更加自觉地坚持党的群众路线。我们的一切工作,都必须以最广大人民群众的根本利益为出发点和落脚点。"③

胡锦涛指出:"要始终把实现好、维护好、发展好最广大人民的根本利益作为党和国家一切工作的出发点和落脚点,尊重人民主体地位,发挥人民首创精神,保障人民各项权益,走共同富裕道路,促进人的全面发展,做到发展为了人民、发展依靠人民、发展成果由人民共享。"④重大政策和决策必须要尊重和维护民众的利益。"要坚持把人民拥护不拥护、赞成不赞成、高兴不高兴、答应不答应作为制定各项方针政策的出发点和落脚点,确定涉及群众利益的重大政策和工作目标任务时充分考虑不同群众的利益和承受能力,有利于群众的就干,不利于群众的就不干,绝不能干劳民伤财、违反群众意愿的事。"⑤

"以人民为中心的发展思想"是习近平新时代中国特色社会主义思想的重要组成部分。习近平就维护人民利益旗帜鲜明地指出:"每个共产党员都

---

① 邓小平:《社会主义首先要发展生产力》(1980 年 4 月—5 月),《邓小平文选》(第二卷),人民出版社 1994 年版,第 314 页。

② 邓小平:《在武昌、深圳、珠海、上海等地的谈话要点》(1992 年 1 月 8 日—2 月 21 日),《邓小平文选》(第三卷),人民出版社,1993,第 372 页。

③ 江泽民:《不断提高领导经济工作的水平》(1998 年 12 月 7 日),《论党的建设》,中央文献出版社,2001,第 305~306 页。

④ 胡锦涛:《高举中国特色社会主义伟大旗帜,为夺取全面建设小康社会新胜利而奋斗》(2007 年 10 月 15 日),《十七大以来重要文献选编》(上),中央文献出版社,2009,第 12 页。

⑤ 胡锦涛:《继续抓住和用好重要战略机遇期,确保实现"十二五"时期发展的目标任务》(2010 年 10 月 18 日),《十七大以来重要文献选编》(中),中央文献出版社,2011,第 1013 页。

要弄明白,党除了人民利益之外没有自己的特殊利益,党的一切工作都是为了实现好、维护好、发展好最广大人民根本利益……"①党的十九大报告指出"我国社会主要矛盾的变化"这一历史性变化,十分重视民生保障。"保障和改善民生没有终点,只有连续不断的新起点,要采取针对性更强、覆盖面更大、作用更直接、效果更明显的举措,实实在在帮群众解难题、为群众增福祉、让群众享公平。"②"不忘初心、牢记使命,说到底是为什么人、靠什么人的问题。以百姓心为心,与人民同呼吸、共命运、心连心,是党的初心,也是党的恒心。想问题、作决策、办事情都要站在群众的立场上……真抓实干解民忧、纾民怨、暖民心,让人民群众获得感、幸福感、安全感更加充实、更有保障、更可持续。"③

---

①　习近平:《人民是我们党执政的最大底气》(2018 年 3 月 1 日—2019 年 12 月 27 日),《习近平谈治国理政》(第三卷),外文出版社,2020,第 137 页。

②　习近平:《保障和改善民生没有终点,只有连续不断的新起点》(2015 年 3 月 9 日—2016 年 5 月 25 日),《习近平谈治国理政》(第二卷),外文出版社,2017,第 362 页。

③　习近平:《在中央政治局"不忘初心,牢记使命"专题民主生活会上的讲话》,求是网:www.qstheory. cn/zhuanqu/2020 – 07/02/c_1126183830. htm。

第六章　中国舆情制度发展路径

　　舆情制度即党和国家围绕着舆情表达、舆情收集、舆情分析、舆情研判和舆情应对而建立起来的制度。回顾舆情制度的发展轨迹，可将其分为三个阶段。第一阶段是舆情制度的起步期。新中国成立之初，毛泽东等党和国家领导人通过内参、信访汇集和收集社会舆情，以大量的内参批示、来信批示来保持党和群众的血肉联系、治国理政。第二阶段是舆情制度的快速发展期。2004年，党的十六届四中全会审议通过的《中共中央关于加强党的执政能力建设的决定》提出："建立社会舆情汇集和分析机制，畅通社情民意反映渠道。"同年，中宣部舆情局成立，以全国舆情信息直报点为骨架的社会舆情汇集和分析机制建设随之启动。这标志着专业化、专门化舆情制度走上快速发展的轨道。第三阶段是舆情制度的制度化建设时期。党的十八大以来，以习近平同志为核心的党中央高度重视舆情制度建设，以党内法规等形式加强舆情制度建设。党的十九届四中全会审议通过的《中共中央关于坚持和完善中国特色社会主义制度　推进国家治理体系和治理能力现代化若干重大问题的决定》明确提出："健全重大舆情和突发事件舆论引导机制。"回顾舆情制度发展的三个阶段可发现，舆情制度已成为中国特色社会主义制度的有机组成部分，是党和国家正确决策的重要信息机制和信息基础。而对中国舆情制度的历史逻辑、理论逻辑、实践逻辑和文化逻辑的研究有着重要的价值。正如习近平总书记所提出的："要加强对中国特色社会主义国家制度和法律制度的理论研究，总结七十年来我国制度建设的成功经验，构筑中国制度建设理论的学术体系、理论体系、话语体系，为坚定制度自信提供理论支撑。"①

第一节　舆情机制与舆情制度研究回顾

从功能来看,内参制度、信访制度都可以看作早期的舆情制度。陈克生较早地把党的十六大提出的"深入了解民情,充分反映民意,广泛集中民智,切实珍惜民力"的决策机制称为国家决策的舆情机制。② 而专门化、专业化,以"舆情"来命名的舆情制度设计,开始于十六届四中全会《中共中央关于加强党的执政能力建设的决定》提出的"建立社会舆情汇集和分析机制"。也就是说,我国的舆情制度建设始于舆情汇集和分析机制建设。就舆情汇集和分析机制,中宣部舆情局较早地提出了定义:"舆情信息汇集和分析机制是指,根据舆情信息在党和国家决策中的地位和作用,依照舆情发生、变动、结束和残留等变动规律,通过直接或间接从事舆情信息工作的机构和个人,运用舆情信息直报点、信访、内参、网络论坛以及专门社会调查等各类信息搜集渠道和手段,采用社会统计等各类科学方法,并依靠有关制度保障,对舆情信息进行汇集、加工、分析、报送和反馈的比较稳定的工作方式。"③通过专门化的舆情信息机制,舆情信息工作的成效也较为显著。"从报送到中宣部舆情局的舆情信息来看,2004 年是 4 万多条;2005 年是 9 万多条;2006 年共计 19 万多条。"④

在互联网信息技术飞速发展、民众通过网络舆情表达日益活跃的背景下,党委、政府、人大、政协等党和国家机构不断完善自身的舆情机制建设,舆情机制成为践行群众路线、提升治理能力的重要渠道。随之,党政领导机

---

① 习近平:《坚持、完善和发展中国特色社会主义国家制度与法律制度》,《求是》2019 年第 23 期。

② 张克生:《舆情机制是国家决策的根本机制》,《理论与现代化》2004 年第 4 期。

③ 中宣部舆情信息局:《舆情信息汇集分析机制研究》,学习出版社,2006,第 15 页。

④ 于家琦:《论我国舆情信息机制的完善路径》,《天津大学学报(社会科学版)》2010 年第 3 期。

构的舆情机制体系日益成熟,舆情制度也逐渐成形。就舆情制度,叶国平等开展了较为全面的研究,将舆情制度定义为:"党和政府围绕舆情的表达、汇集、回应、监督、引导等工作形成的管理制度和工作机制,是有关舆情反映、管理与调控的整体机制和制度规范。从我国舆情工作的实践看,舆情制度主要包含五类机制:舆情表达机制、舆情汇集分析机制、舆情回应机制、舆论监督机制和舆情引导机制。"①

而就舆情表达制度的建设,叶国平认为:改革开放以来,我国在舆情表达的制度安排上不断完善人民代表大会制度、中国共产党领导下的多党合作和政治协商制度等基本制度表达架构,不断健全以司法制度、信访制度等为主要形式的直接性的舆情表达途径,不断拓展基层民主、社会团体、新闻媒体、网络表达等多样化的社会表达方式。②

就舆情机制的功能,张克生认为舆情机制是隐含了民众的"三位一体"的主体地位的决策机制,是全面反映国家决策的民众利益优化和决策结果客观可行的价值取向,是决策民主化和科学化的统一。③ 王来华等认为,建立舆情信息汇集和分析机制,是实现中国共产党执政能力建设目标的重要基础,是构建社会主义和谐社会的重要手段,是维护国家文化安全的重要渠道,是推进宣传思想工作创新的重要举措。④于家琦提出,建立舆情信息机制是加强党执政能力建设的一项重要任务,是掌握社会动态、促进社会和谐的重要基础。⑤

通过文献梳理可发现,学者对舆情机制、舆情制度的定义、功能与发展脉络有了较为全面的研究。同时,也存在着一些亟待完善的空间。其一,已有研究对于新中国成立以来尤其是党的十六届四中全会以来舆情机制和舆情制度的发展过程、脉络梳理仍有待完善。譬如,对于人大、政协、司法等领

---

① 叶国平:《从民主发展的视角看舆情制度建设的实践价值与发展要求》,《天津社会科学》2013 年第 6 期。

② 叶国平:《舆情制度建设论》,天津社会科学院出版社,2013,第 121 页。

③ 张克生:《舆情机制是国家决策的根本机制》,《理论与现代化》2004 年第 4 期。

④ 王来华、温淑春:《舆情信息汇集和分析机制刍议》,《天津大学学报(社会科学版)》2007 年第 5 期。

⑤ 于家琦:《论我国舆情信息机制的完善路径》,《天津大学学报(社会科学版)》2010 年第 3 期。

域中舆情机制的建立和推广尚未涉及，对于党的十八大以来党内法规中舆情机制的论述也未涵盖。其二，已有研究对于舆情制度的功能、完善已有论述，但对其衍变和发展的整体脉络尚未有清晰的论述。在健全和完善中国特色社会主义制度，推动国家治理体系和能力现代化的进程中，阐述和梳理舆情制度的理论逻辑、实践逻辑、历史逻辑及文化逻辑，对夯实中国特色社会主义制度自信的学理基础有着重要的理论和现实意义。

第二节　舆情制度的发展与演进路径

2004 年党的十六届四中全会审议通过《中共中央关于加强党的执政能力建设的决定》提出："建立社会舆情汇集和分析机制。"2019 年，党的十九届四中全会通过的《中共中央关于坚持和完善中国特色社会主义制度　推进国家治理体系和治理能力现代化若干重大问题的决定》提出："健全重大舆情和突发事件舆论引导机制。"经过多年的完善与发展，舆情制度已经取得了长足的进步，成为党和国家的重要决策机制。梳理舆情制度的演进可发现，其主要路径包括三个方面：一是将舆情机制作为加强党的执政能力、健全党的领导制度的重要方式和方法；二是在互联网和新媒体飞速发展的条件下推进国家治理现代化，妥善应对舆情事件尤其是网络舆情事件；三是将舆情作为发展社会主义民主的重要手段，推进社会主义协商民主发展。简而言之，党的领导、国家治理现代化、社会主义民主建设构成了舆情制度演进的三重路径。

一、加强党的领导的舆情制度建设路径

1. 作为党的领导和工作机制的舆情机制

舆情作为民众的政治态度，是密切党和群众的血肉联系、巩固党的执政基础和群众基础的重要立足点和出发点。党中央一直对舆情高度重视，而建立适应市场经济条件、互联网信息技术下的专业化、专门化舆情机制，可

以追溯到 1999 年的《中共中央关于加强和改进思想政治工作的若干意见》（简称《若干意见》）。

在改革开放的过程中，由于市场经济带来的利益多元化、社会生活方式多样化、社会组织形式多样化，所以思想政治工作面临严峻挑战。《若干意见》指出："'一手硬、一手软'的问题在相当一些地方和部门还没有根本解决，一些领导干部埋头业务工作，不注意研究社会思想政治动向；一些基层党组织处于软弱涣散状态，在思想教育方面没有发挥应有的作用；思想政治工作也存在着不适应社会生活新变化，覆盖不到位，针对性不强以及方法手段滞后的问题。"①

为了在新环境、新条件下做好思想政治工作，《若干意见》明确提出："加强思想政治工作，必须既讲道理，又办实事，倾听群众呼声，了解群众情绪，关心群众疾苦。"②"加强互联网上的信息分析，有针对性地加大网上宣传力度，提高宣传质量。"③《若干意见》发布后，广泛调研和了解舆情的行动在全国各地展开。2000 年 6 月 19 日，新华社在《全国各地认真贯彻中央精神思想政治工作呈现良好态势》一文中报道称："四川省委派出 400 多个调研组，对全省 180 多个县区的思想政治工作情况进行调研。通过调研，把握了群众思想脉搏，掌握了社会舆情。"2000 年 6 月 29 日，《人民日报》第 10 版《做好思想政治工作的创新文章》一文提出"通过网络技术，可以建立思想政治工作调研网络和信息网络，加强对社会心理和社会舆情的动态分析"。从新华社、《人民日报》等对"社会舆情"的频繁使用来看，舆情已在官方话语中成为民心、民意的代名词，是新环境下尤其是互联网信息条件下做好思想政治工作的基础。

2004 年，党的十六届四中全会审议通过的《中共中央关于加强党的执政能力建设的决定》指出："面对新形势新任务，党的领导方式和执政方式、领

---

① 《中共中央关于加强和改进思想政治工作的若干意见》，《十五大以来重要文献选编》（中），人民出版社，2001，第 1038 页。

② 《中共中央关于加强和改进思想政治工作的若干意见》，《十五大以来重要文献选编》（中），人民出版社，2001，第 1039~1040 页。

③ 《中共中央关于加强和改进思想政治工作的若干意见》，《十五大以来重要文献选编》（中），人民出版社，2001，第 1043 页。

导体制和工作机制还不完善",同时将"以保持党同人民群众的血肉联系为核心,以建设高素质干部队伍为关键,以改革和完善党的领导体制和工作机制为重点",将《中共中央关于加强党的执政能力建设的决定》作为加强执政能力的指导思想。从《中共中央关于加强党的执政能力建设的决定》出台的背景和语境分析,"建立社会舆情汇集和分析机制,畅通社情民意反映渠道"显然是完善党的领导体制和工作机制的重要方面,其制度设计是为了提升党的执政能力,完善党的领导方式和执政方式。2006 年,中国共产党第十六届中央委员会第六次全体会议通过了《中共中央关于构建社会主义和谐社会若干重大问题的决定》,重申要"健全社会舆情汇集和分析机制,完善矛盾纠纷排查调处工作制度,建立党和政府主导的维护群众权益机制,实现人民调解、行政调解、司法调解有机结合……"①自 2004 年党中央提出"建立社会舆情汇集和分析机制"到 2006 年重申"健全社会舆情汇集和分析机制",舆情机制作为党的领导机制和工作机制进入迅速发展的阶段。

党的十八大以来,以习近平同志为核心的党中央高度重视党的制度建设,通过党内法规的形式将舆情机制这一党的领导和工作机制进行固定化和制度化。目前,以中央党内法规形式明确"舆情"机制的共有九部,包括《省、自治区、直辖市党委对县(市、区、旗)巡视工作实施办法》《中国共产党宣传工作条例》《中国共产党重大事项请示报告条例》《党政领导干部考核工作条例》《中国共产党政法工作条例》《中国共产党党务公开条例(试行)》《党政机关厉行节约反对浪费条例》《信访工作责任制实施办法》《信访工作条例》。其中,《中国共产党宣传工作条例》明确规定:党委的宣传工作职责包括"统筹指导舆情信息工作"。《中国共产党重大事项请示报告条例》明确把"经济社会发展中出现的重要情况和重大舆情"列入党组织应当向上级党组织报告的事项。《中国共产党政法工作条例》把"掌握分析政法舆情动态,指导和协调政法单位和有关部门做好依法办理、宣传报道和舆论引导等相关工作"作为党委政法委的主要职责任务之一。《信访工作条例》把"对规模性集体访、负面舆情等处置不力"作为失职行为。通过党内立法的制度化建

---

① 《中共中央关于构建社会主义和谐社会若干重大问题的决定》,人民出版社,2006,第28 页。

设,舆情机制作为党的领导和工作机制得到了巩固和发展。

2. 党风廉政与监察体系舆情机制的建立

2008 年以来,涉及党风廉政的舆情事件陡然增加,网络曝光等网络"反腐"手段出现,对形式主义、官僚主义、享乐主义、奢靡之风等现象的举报在网络论坛、社交媒体中连续出现。在这一背景下,舆情尤其是网络舆情成为党风廉政建设的重要信息渠道。面对世情、国情、党情的深刻变化,党的十七届四中全会通过了《中共中央关于加强和改进新形势下党的建设若干重大问题的决定》。上述《决定》指出了党面临的"四大考验",即执政考验、改革开放考验、市场经济考验、外部环境考验,要求全党必须居安思危,增强忧患意识。同时,上述《决定》要求党的建设要大兴密切联系群众之风,"坚持领导干部定期下访、定期接访、及时阅处群众来信,注重分析网络舆情"。党的十七届四中全会同时提出,要深入推进党风廉政建设和反腐败斗争,舆情机制也随之纳入党的纪检监察工作。

2010 年 1 月发布的《中国共产党第十七届中央纪律检查委员会第五次全体会议公报》,提出要"拓宽群众参与反腐倡廉工作渠道,加强反腐倡廉舆情网络信息的收集、研判和处置,积极回应社会关切"。2010 年 3 月,《最高人民检察院工作报告》明确提出:"把互联网等媒体作为听民声、察民意的重要渠道,建立涉检舆情收集、研判机制,主动回应社会关切。"2012 年 11 月,《中共中央纪律检查委员会向党的第十八次全国代表大会的工作报告》明确提出:"建立完善反腐倡廉网络舆情收集、研判、处置、引导机制。"

党的十八大以来,以习近平同志为核心的党中央推动"全面从严治党"向纵深发展,布局无禁区、全覆盖、零容忍的党和国家监察体制改革,把权力关进制度的笼子。2013 年 12 月,中共中央印发《建立健全惩治和预防腐败体系 2013—2017 年工作规划》,提出:"坚持正确舆论导向,完善反腐倡廉网络舆情信息工作机制。"党的十九大以来,国家监察体制改革取得战略性成果,涉及党风廉政问题的舆情纳入制度性表达框架内。《纪检监察机关处理检举控告工作规则》明确提出:"建设覆盖纪检监察系统的检举举报平台,运用互联网技术和信息化手段,畅通检举控告渠道,规范处理检举控告工作,及时发现问题线索,科学研判政治生态,更好服务群众。"而自 2021 年 9 月起实施的《中华人民共和国监察法实施条例》将舆情研判作为监察机构的重要工作内容。譬如,《中华人民共和国监察法实施条例》第十七条规定:监察机关应当结合公职人员的职责加强日常监督,通过收集群众反映、座谈走访、查阅资料、召集或者列席会议、听取工作汇报和述责述廉、开展监督检查等方式,促进公职人员依法用权、秉公用权、廉洁用权;第十九条规定:监察机关对于发现的系统性、行业性的突出问题,以及群众反映强烈的问题,可以通过专项检查进行深入了解,督促有关机关、单位强化治理,促进公职人员履职尽责。从《中华人民共和国监察法实施条例》的法条来看,监察机构主动收集和了解舆情是其开展监察工作的重要内容,而重要和重大舆情事件是监察工作专项检查的重要线索。从党和国家的监察体制改革来看,目前,党和国家纪检监察制度已经建立了完善的舆情信息收集、处置、调查和回应机制,反腐倡廉网络舆情信息工作机制以制度化的形式得以明确确立。

二、服务国家治理现代化的舆情制度建设

重视民意、获取民意、政民互动是国家治理现代化的重要内容。[①] 而互联网、新媒体技术的迅速发展也为国家治理现代化提供了全新的信息技术手段。在国家治理体系和治理能力现代化进程中,舆情机制发挥着不可或缺的功能。

第一,政务舆情机制是互联网时代国家治理的"神经系统"。为适应互联网、新媒体技术的发展,我国在政府决策、施政中已逐渐建立完善的政务舆情机制。2010 年 11 月,《国务院关于加强法治政府建设的意见》提出:"建立完善部门论证、专家咨询、公众参与、专业机构测评相结合的风险评估工作机制,通过舆情跟踪、抽样调查、重点走访、会商分析等方式,对决策可能引发的各种风险进行科学预测、综合研判,确定风险。"自 2010 年以来,随着政务微博、微信等政务新媒体的迅速发展,各类政务舆情此起彼伏,对政府治理能力提出了挑战。在新媒体环境下,国务院办公厅于 2016 年发布了《关于在政务公开工作中进一步做好政务舆情回应的通知》。《通知》明确提

---

① 萧鸣政、郭晟豪:《国家治理现代化建设中网络民意与政务微博的作用》,《行政论坛》2014年第 4 期。

出"随着互联网的迅猛发展,新型传播方式不断涌现,政府的施政环境发生深刻变化,舆情事件频发多发,加强政务公开、做好政务舆情回应日益成为政府提升治理能力的内在要求",要求"各级政府及其部门要高度重视政务舆情回应工作,切实增强舆情意识,建立健全政务舆情的监测、研判、回应机制,落实回应责任,避免反应迟缓、被动应对现象"。这标志着我国政务舆情应对作为国家治理的重要机制已在制度设计上得到了确立。

第二,舆情机制是重大突发事件等应急管理中的风险沟通机制。自 2003 年"非典"以来,重大疫情、地震等公共危机事件连续出现。在重大突发事件中,及时了解舆情、回应舆情、引导舆情的舆情机制是国家治理现代化的重要组成部分。2006 年 7 月,《国务院关于全面加强应急管理工作的意见》第 23 条提出:"要高度重视突发公共事件的信息发布、舆论引导和舆情分析工作,加强对相关信息的核实、审查和管理,为积极稳妥地处置突发公共事件营造良好的舆论环境。"2008 年 5 月,国务院发布《关于国务院抗震救灾总指挥部工作组组成的通知》,提出:"做好向国外和港澳台地区通报情况,及时准确发布灾情,加强舆情收集分析,正确引导国内外舆论。"

2019 年岁末,新冠肺炎疫情肆虐。面对这一新中国成立以来在我国传播速度最快、感染范围最广、防控难度最大的重大疫情,举国上下在党中央的坚强领导下,开展了一场群防群治、众志成城的人民战争、总体战、阻击战。在抗击新冠肺炎疫情的过程中,舆情制度的建设尤为重要和必要。回顾新冠肺炎疫情中的舆情事件、舆情危机,其发生频次之高、持续时间之长、公众关注度之高、社会讨论之激烈都是前所未有的。而从舆情支持的视角来看,舆情危机虽然有着强烈的情绪性、情感性、宣泄性,但在社会主义制度下,国家与人民在维护社会长治久安、国家繁荣发展的根本利益上高度一致,舆情危机的实质是问题导向和建设性的。因而,媒体如何发挥舆情支持的功能,实现舆情危机"转危为机",则事关疫情防控和经济社会稳定的大局。

2020 年 2 月,习近平总书记在中央政治局常委会会议研究应对新型冠状病毒肺炎疫情工作时的讲话中指出:"要加强舆情跟踪研判,主动发声、正面引导,强化融合传播和交流互动,让正能量始终充盈网络空间。"纵观新冠肺炎疫情防控中的媒体报道,以人民日报、新华社、中央电视总台等央媒为代表的主流媒体,在舆情危机中发挥了以回应关切提升民众信心、舆论监督推动"堵点"疏通、舆情研判提升应急管理效率等良好舆情支持功能,凝聚起了众志成城的强大精神力量,发挥了强信心、暖人心、聚民心的良好效果。《中共中央关于坚持和完善中国特色社会主义制度　推进国家治理体系和治理能力现代化若干重大问题的决定》提出:"改进和创新正面宣传,完善舆论监督制度,健全重大舆情和突发事件舆论引导机制。"总结和提炼新冠肺炎疫情防控中媒体在舆情危机中的舆情支持和舆论引导经验,完善舆论监督制度,也将为国家治理体系和治理能力现代化注入强大的动力和助力。

三、社会主义协商民主的舆情制度建设路径

舆情作为民众的政治态度,与社会主义协商民主天然有着亲密的关系。党的十八大报告将协商民主作为政治体制改革的重要方面,提出:"社会主义协商民主是我国人民民主的重要形式。要完善协商民主制度和工作机制,推进协商民主广泛、多层、制度化发展。通过国家政权机关、政协组织、党派团体等渠道,就经济社会发展重大问题和涉及群众切身利益的实际问题广泛协商,广纳群言、广集民智,增进共识、增强合力。"①就舆情与协商民主建设,学者也从不同的层面提出了建议。王来华提出,舆情工作与协商民主相互结合的连接点,在于协商民主工作在解决具体协商问题的同时,也解决了相关的舆情问题。舆情工作促进了协商民主的进一步发展,有助于明确协商民主工作的目标,扩大协商议题的范围等。② 童兵等认为,正确研判舆情贯穿于协商民主的全过程:选择确立协商议题、具体协商活动、达成协商民主结果。③ 于家琦认为,协商民主是一种多元参与、透明决策和应对经济社会快速发展的有效治理形式,其实现需要一系列支撑其良性运转的实践条件,而良好的舆情表达机制是激活协商民主充分发挥作用的重要

---

① 胡锦涛:《坚定不移沿着中国特色社会主义道路前进　为全面建成小康社会而奋斗——在中国共产党第十八次全国代表大会上的报告》(2012 年 11 月 8 日),人民出版社,2012,第 26 页。
② 王来华:《论舆情工作与协商民主的结合与相互促进》,《天津社会科学》2017 年第 5 期。
③ 童兵、傅海:《正确研判舆情是协商民主成功的基础》,《当代传播》2014 年第 4 期。

一环。①

从舆情制度建设的视角来看,舆情汇集和分析机制已成为社会主义协商民主的重要渠道。2007年,全国政协反映社情民意信息工作座谈会上,贾庆林指出:"人民政协反映社情民意信息工作是发扬社会主义民主、促进科学民主决策的重要形式,是党和国家舆情汇集和分析机制的重要组成部分,是政协进行政治协商、民主监督、参政议政的重要基础。"②2011年,《中国人民政治协商会议全国委员会常务委员会工作报告》提出:把握全局性、苗头性、倾向性问题,努力成为密切联系人民群众、反映群众意见诉求的重要渠道,成为党和政府舆情汇集和分析机制的重要方面。2012年,《中国人民政治协商会议全国委员会常务委员会工作报告》从舆情信息的角度再次强调:完善党派团体、专门委员会和地方政协协调联动的信息工作格局,进一步发挥政协信息在党和国家舆情汇集和分析机制中的作用。2012年8月,中共中央办公厅转发《中共政协全国委员会党组关于〈中共中央关于加强人民政协工作的意见〉贯彻落实情况的报告》,将政协的舆情机制建设作为党和政府舆情汇集和分析机制的重要方面,"努力成为密切联系群众、反映群众意见诉求的重要渠道,成为党和政府舆情汇集和分析机制的重要方面,发挥政协在加强和创新社会管理方面的作用"。可见,舆情机制不但在学理上成为社会主义协商民主的重要方面,在实践中也日益成为党的群众路线在社会主义民主政治中的具体实践。

舆情制度作为政治协商制度的重要组成部分,体现在《中国人民政治协商会议章程》《中国人民政治协商会议全国委员会反映社情民意信息工作条例》等制度设计中。《中国人民政治协商会议章程》第十一条提出:"中国人民政治协商会议全国委员会和地方委员会组织委员视察、考察和调查,了解情况,就各项事业和群众生活的重要问题进行研究,通过建议案、提案、社情民意信息和其他形式向国家机关和其他有关组织提出建议和批评。"而《中国人民政治协商会议全国委员会反映社情民意信息工作

---

① 于家琦:《舆情表达机制与协商民主实践》,《新视野》2015年第4期。

② 《贾庆林出席全国政协反映社情民意信息工作座谈会》,来源:新华网,2007年11月26日,www.gov.cn/govweb/ldhd/2007 - 11/26/content_816018.htm。

条例》则将反映社情民意的舆情汇集分析机制规范化、程序化。《中国人民政治协商会议全国委员会反映社情民意信息工作条例》第二条明确提出："反映社情民意信息是人民政协重要的经常性、基础性工作,是履行政治协商、民主监督、参政议政职能的重要方式,是社会舆情汇集和分析机制的重要组成部分。"同时,《中国人民政治协商会议全国委员会反映社情民意信息工作条例》就反映社情民意的工作机构、联系点制度、分析机制、工作队伍建设给予明确定位,对于建设专业、有效、协调、科学的舆情汇集分析机制提供了制度保障。

第七章　党内法规制度体系中
舆情机制的路径、逻辑与治理效能

去中心、扁平化、信息传播便捷等特性使互联网一度被视为民主政治、沟通政治的象征物。但近年来，互联网尤其是新媒体的发展和普及对世界范围内的政治制度与政府治理提出了挑战。就中国而言，伴随着互联网信息技术的迅猛发展，网络空间成为民意表达、维权维安的重要渠道。与之相应的是，社会舆论与网络舆论互相作用与推动，各类舆情事件进入高发和多发期。近来，随着微博、微信等新媒体和自媒体应用的普及，现实世界与网络空间的相互渗透与互动愈发紧密，舆情事件呈现出主题多元、全民关注、瞬间传播、情感共振等"新常态"。

舆情事件的常态化对党的领导制度和国家治理体系提出了新挑战。作为高度重视群众路线和思想政治工作的执政党，中国共产党于 21 世纪初就开展了舆情机制建设。2004 年，党的十六届四中全会审议通过的《中共中央关于加强党的执政能力建设的决定》正式提出"建立社会舆情汇集和分析机制"。接着，各党政机关和部门包括人大、政协、司法、信访、监察等开展了舆情机制建设。2012 年，党的十八大以来，舆情机制在政府管理、司法、监察等多个领域不断完善。尤其需要强调的是，党的十八大以来，党内法规制度体系建设进入"快车道"。有八部党内法规明确将舆情应对和舆情处置纳入其中，有多部党内法规明确将社情民意的吸纳和研判作为重要组成部分。党内法规制度体系中的舆情机制涉及舆情治理的主体、目标、程序、重点等。通过党内法规制度体系的舆情机制建设，党的领导和中国特色社会主义制度优势得以充分彰显、发挥,为全球治理尤其是舆情治理提供了"中国方案"。在全球治理困境背景下,探究党内制度法规体系中舆情机制的内在逻辑与治理效能,对于坚持和完善党的领导制度、发挥中国特色社会主义制度优势具有重要的理论和现实价值。

第一节　党内法规制度体系中的舆情机制建设路径

党的领导是中国特色社会主义制度的本质特征和最大优势。而党内法规制度体系则是党的领导法治化、制度化和规范化的保障。党内法规制度体系指的是"以党章为根本,以民主集中制为核心,以准则、条例等中央党内法规为主干,以部委党内法规、地方党内法规为重要组成部分,由各领域各层级党内法规组成的有机统一整体"①。党的十八大以来,在全面依法治国和全面从严治党的背景下,党内法规制度体系建设承担着全面从严治党和国家治理现代化的双重目标、功能。"以习近平同志为核心的党中央坚持思想建党和制度治党紧密结合,明确提出党内法规制度体系的建设目标,为党在新时代全面从严治党、实现国家治理现代化提供了有力指引。"②党内法规制度体系内涵丰富,从位阶的维度来看,党内法规制度体系既包括党章、准则、条例、规则、规定、办法、细则,也包括不可忽视的党内规范性文件。③ 党内法规制度体系为依法治国和依规治党提供了依据,也为党的领导和中国特色社会主义制度有机契合奠定了规则基础。因而,党内法规制度体系是研究中国制度、中国之治的重要"窗口"。在全球政府治理和舆情应对面临挑战的背景下,其中的舆情机制尤其值得关注。

---

① 中共中央办公厅法规局:《中国共产党党内法规体系》,人民出版社,2021,第24页。

② 王伟国:《国家治理体系视角下党内法规研究的基础概念辨析》,《中国法学》2018年第2期。

③ 冯晓畅:《党内法规制度体系构建原则与进路——一个基本框架建构的视角》,《中共天津市委党校学报》2020年第1期。

就党的舆情机制,有学者将其定义为"机制"。如刘保位认为,"所谓党的社会舆情机制,就是在党的领导下,党的宣传部门具体负责和指导,党委、人大、政府、政协的有关部门和社团、大众传媒等共同参与,围绕社会舆情的表达沟通、汇集分析、引导控制形成的协调一致、灵敏高效的工作机制。它主要包括表达机制、汇集分析机制和引导机制三个要件"①。同时,也有学者将舆情机制体系称之为"制度"。如叶国平提出,舆情制度指的是"党和政府围绕舆情的表达、汇集、回应、监督、引导等工作形成的管理制度和工作机制,是有关舆情反映、管理与调控的整体机制和制度规范。从我国舆情工作的实践看,舆情制度主要包含五类机制:舆情表达机制、舆情汇集分析机制、舆情回应机制、舆论监督机制和舆情引导机制"②。值得关注的是,自 2004年《中共中央关于加强党的执政能力建设的决定》正式提出"建立社会舆情汇集和分析机制"以来,党内法规制度体系中的舆情机制建设不断推进。基于党内法规制度体系中舆情机制的发展特征、速度,可将其分为两个阶段:第一个阶段是 2002—2011 年的形成和发展阶段,其特征是以党内规范性文件的形式建设和完善舆情机制;第二个阶段为 2012 年至今的纵深化阶段,其特征是以党内法规形式将舆情机制制度化、纵深化。③

一、党内规范性文件中的舆情机制建设

21 世纪以来,在社会急剧转型和社会矛盾多发背景下,伴随互联网技术的发展和普及,民意、民智、民情通过网络空间在社会各个层面涌现,建立专业、高效、科学的舆情机制成为当务之急。在这一背景下,执政党通过党内规范性文件的形式开展了舆情机制建设。自 2002 年至 2011 年,共有三份党内规范性文件对舆情机制建设提出了明确要求(见表1)。

---

① 刘保位:《中国共产党社会舆情机制研究》,硕士学位论文,中共中央党校,2006,第9页。
② 叶国平:《从民主发展的视角看舆情制度建设的实践价值与发展要求》,《天津社会科学》2013 年第 6 期。
③ 党内法规与党内规范性文件都是党内法规制度体系的重要组成部分。党内规范性文件虽不属于党内法规,但也是党内法规制度体系的重要组成部分,指党组织在履行职责过程中形成的具有普遍约束力、在一定时期内可以反复适用的文件,一般使用决议、决定、意见、通知等名称。

表1 党内规范性文件中舆情机制的建立和发展

党内规范性文件名称	涉及舆情的表述内容	通过时间
《中共中央关于加强党的执政能力建设的决定》	建立社会舆情汇集和分析机制	2004 年
《中共中央关于构建社会主义和谐社会若干重大问题的决定》	健全社会舆情汇集和分析机制,完善矛盾纠纷排查调处工作制度	2006 年
《中共中央关于加强和改进新形势下党的建设若干重大问题的决定》	坚持领导干部定期下访、定期接访、及时阅处群众来信,注重分析网络舆情	2009 年

2002 年,党的十六大报告从政治体制改革的高度提出改革和完善决策机制,建立社情民意反映制度,提出"完善深入了解民情、充分反映民意、广泛集中民智、切实珍惜民力的决策机制,推进决策科学化民主化。各级决策机关都要完善重大决策的规则和程序,建立社情民意反映制度"。2004 年,十六届四中全会作出《中共中央关于加强党的执政能力建设的决定》,明确提出"建立社会舆情汇集和分析机制",这是"舆情机制"首次出现于党内规范性文件中。同时,这一《决定》提出"以保持党同人民群众的血肉联系为核心,以建设高素质干部队伍为关键,以改革和完善党的领导体制和工作机制为重点"作为加强执政能力的指导思想。

在 2004 年《中共中央关于加强党的执政能力建设的决定》作出"建立社会舆情汇集和分析机制"决定的背景下,中宣部舆情局随即成立,以全国舆情信息直报点为骨架的社会舆情汇集和分析机制建设也随之启动。中宣部舆情局成立有着深刻的现实需求。在互联网迅速发展、网络舆情事件高发、各种思潮通过网络传播的背景下,建设高效、专业、科学化的舆情分析研判队伍和机制成为大势所趋。而从实践来看,中宣部舆情局的成立从理论与实践两个方面推进了舆情工作。在理论层面,科学而专业的舆情信息工作必然要求基础理论的支撑,《舆情研究概论》(王来华著)等一批开拓性的舆情理论专著不断推进舆情理论研究。在实践层面,中宣部舆情局及直报点报送信息的数量、质量以指数级别增长,培养了一大批相关领域学者、专家和工作人员。

自 2004 年《中共中央关于加强党的执政能力建设的决定》这一党内规范性文件提出建立舆情机制以来,2006 年通过的《中共中央关于构建社会主义和谐社会若干重大问题的决定》再次强调了舆情机制的健全和完善,"健全社会舆情汇集和分析机制,完善矛盾纠纷排查调处工作制度,建立党和政府主导的维护群众权益机制,实现人民调解、行政调解、司法调解有机结合"。而 2009 年通过的《中共中央关于加强和改进新形势下党的建设若干重大问题的决定》则将网络舆情作为舆情机制的重点,要求党的建设要密切联系群众,"坚持领导干部定期下访、定期接访、及时阅处群众来信,注重分析网络舆情"。

党内规范性文件的舆情机制建设起到了"纲举目张"的效果,政府、司法、监察等各个领域也相应进行了舆情机制建设。2010 年 11 月,《国务院关于加强法治政府建设的意见》提出:"建立完善部门论证、专家咨询、公众参与、专业机构测评相结合的风险评估工作机制,通过舆情跟踪、抽样调查、重点走访、会商分析等方式,对决策可能引发的各种风险进行科学预测、综合研判,确定风险。"2010 年 1 月发布的《中国共产党第十七届中央纪律检查委员会第五次全体会议公报》,提出要"拓宽群众参与反腐倡廉工作渠道,加强反腐倡廉舆情网络信息的收集、研判和处置,积极回应社会关切"。2010 年 3 月,《最高人民检察院工作报告》明确提出:"把互联网等媒体作为听民声、察民意的重要渠道,建立涉检舆情收集、研判机制,主动回应社会关切。"2012 年 11 月,《中共中央纪律检查委员会向党的第十八次全国代表大会的工作报告》明确提出:"建立完善反腐倡廉网络舆情收集、研判、处置、引导机制。"可见,在党内规范性文件对舆情机制作出明确规定的背景下,舆情机制得以迅速建立和发展,并成为党政、司法、监察机关听取社情民意、回应民众关切的重要制度设计。

二、党内法规中的舆情机制建设

党内法规①是党内法规制度体系的骨干和支撑,是依法治国和依规治党的运行基础。党的十八大以来,党内法规建设走上"快车道"。"党的十八大以来……5 年多来共制定修订 140 多部法规,约占 220 多部现行有效中央党内法规的 60%。"②而在党内法规制度体系的快速发展和完善进程中,舆情机制也纳入党内法规。

在党内法规中,明确"舆情"应对的主体、责任、目标等内容的共有八部。③（详见表 2）

表 2　党内法规中的舆情机制

党内法规名称	涉及舆情的表述内容	印发时间
《省、自治区、直辖市党委对县(市、区、旗)巡视工作实施办法》	第八条　巡视组……拓宽信息来源,广泛收集相关社会舆论、网络舆情和新闻媒体报道等;高度重视群众来信来访	2012 年 8 月
《党政机关厉行节约反对浪费条例》	第五十六条　重视各级各类媒体在厉行节约反对浪费方面的舆论监督作用。建立舆情反馈机制,及时调查处理媒体曝光的违规违纪违法问题	2013 年 11 月
《信访工作责任制实施办法》	第十一条　各级党政机关及其领导干部、工作人员有下列情形之一的,应当追究责任:(四)对发生的集体访或者信访负面舆情处置不力,导致事态扩大,造成不良影响的	2016 年 11 月

①　根据《中国共产党党内法规制定条例》,党内法规指的是党的中央组织,中央纪律检查委员会以及党中央工作机关和省、自治区、直辖市党委制定的体现党的统一意志、规范党的领导和党的建设活动、依靠党的纪律保证实施的专门规章制度。

②　宋功德:《全方位推进党内法规制度体系建设》,《人民日报》2018 年 9 月 27 日。

③　涉舆情机制的党内法规分析文本为中共中央办公厅党内法规局编纂的《中国共产党党内法规汇编》,法律出版社,2021。

党内法规名称	涉舆情表述内容	印发时间
《中国共产党党务公开条例(试行)》	第六条 党的组织应当建立健全党务公开的保密审查、风险评估、信息发布、政策解读、舆论引导、舆情分析、应急处置等工作机制	2017 年 12 月
《中国共产党政法工作条例》	第十二条 党委政法委员会主要职责任务是:(九)掌握分析政法舆情动态,指导和协调政法单位和有关部门做好依法办理、宣传报道和舆论引导等相关工作	2019 年 1 月
《中国共产党重大事项请示报告条例》	第十四条 党组织应当向上级党组织报告下列事项:(七)经济社会发展中出现的重要情况和重大舆情	2019 年 2 月
《中国共产党宣传工作条例》	统筹指导舆情信息工作	2019 年 8 月
《党政领导干部考核工作条例》	第二十四条 专项考核一般应当按照下列程序进行……(三)了解核实。采取查阅资料、实地调研、舆情分析、个别谈话、民主测评等方式,核实印证有关情况,必要时可以向纪检监察机关或者审计、信访等部门了解情况	2019 年 4 月
《信访工作条例》	第四十六条(三) 对规模性集体信访、负面舆情等处置不力,导致事态扩大	2022 年 2 月

由表 2 可以看出,"舆情"于 2012 年首先出现于《省、自治区、直辖市党委对县(市、区、旗)巡视工作实施办法》。自党的十九大以来,"舆情"在党内法规中出现的频次显著增加,尤其是在 2019 年,共有四部党内法规明确出现"舆情",包括《中国共产党政法工作条例》《中国共产党重大事项请示报告条例》《中国共产党宣传工作条例》《党政领导干部考核工作条例》。从党

内法规制度体系框架的角度来看,舆情机制的覆盖范围较广。根据中共中央印发的《关于加强党内法规制度建设的意见》,党内法规制度体系框架由"1+4"构成,即在党章之下分为党的组织法规制度、党的领导法规制度、党的自身建设法规制度、党的监督保障法规制度四大板块。在党的领导、党的自身建设和党的监督保障三大板块中,对于舆情机制都有明确规定。譬如,《中国共产党党务公开条例(试行)》作为党的自身建设法规,将舆情分析作为党务公开的工作内容;《中国共产党政法工作条例》作为党的领导法规,将掌握分析政法舆情动态作为党委、政法委工作的重要内容;《省、自治区、直辖市党委对县(市、区、旗)巡视工作实施办法》作为党的监督保障法规,将舆情研判作为纪检机关巡视的重要内容。

同时,党内法规中的舆情机制设计还有着覆盖严密、责任明确、重点突出三个明显特征。首先,《中国共产党重大事项请示报告条例》明确提出,"经济社会发展中出现的重要情况和重大舆情"是下级党组织向上级党组织报告的事项内容。各级党组织是党领导和执政的根本力量。党内法规将报告重大舆情作为党组织请示报告的事项,这就为舆情应对和处置建立了覆盖严密的组织力量体系,有着横向到边、纵向到底的全覆盖特征。其次,党内法规明确了舆情信息工作的统筹指导机构。《中国共产党宣传工作条例》中,将"统筹指导舆情信息工作"作为党委宣传部的工作职责,以党内法规的形式明确了舆情信息工作的责任和指导机构,有利于构建高效和一体化的舆情应对和舆论引导工作机制。最后,党内法规的舆情制度设计重点突出,将政法舆情作为重要关注对象。在涉及"舆情"的八部党内法规中,《中国共产党政法工作条例》明确规定,党委、政法委的重要工作职责包括"掌握分析政法舆情动态,指导和协调政法单位和有关部门做好依法办理、宣传报道和舆论引导等相关工作"。这就以党内法规的形式将政法舆情处置作为舆情领域中的重点内容。

第二节　党内法规制度体系中舆情机制的内在逻辑

梳理党内法规制度体系中舆情机制的发展路径,自2002年至2011年,《中共中央关于加强党的执政能力建设的决定》等三份党内规范性文件推进了舆情机制的建立和迅速发展。自2012年以来,党内法规建设迅速推进,舆情机制纳入八部党内法规,舆情机制发展进入制度化和纵深化发展阶段。可以说,党内法规制度体系中的舆情机制经过二十多年的发展,已经较为成熟、完备。而这一发展过程蕴含着丰富的内涵,其内在逻辑可归纳为如下方面。

一、保持党和群众血肉联系的制度设计

群众路线是党的根本政治路线和组织路线,舆情作为社情民意,本身就是党密切联系群众的着眼点和立足点。从党内法规制度体系中舆情机制的建立和发展来看,健全舆情机制、完善舆情应对和处置,其核心与主线就是坚持和发展群众路线。同时,党内法规制度体系还以"上位法"的形式对密切党和群众联系、畅通社情民意做出明确规定。《中国共产党章程》这一党内法规制度体系的"母法"将保持党和群众的血肉联系提到极其重要的位置,"我们党的最大政治优势是密切联系群众,党执政后的最大危险是脱离群众。党风问题、党同人民群众联系问题是关系党生死存亡的问题"。《关于新形势下党内政治生活的若干准则》在第五章"保持党同人民群众的血肉联系"中,将了解社情民意和倾听群众呼声作为党内的政治生活准则,强调:"必须把坚持全心全意为人民服务的根本宗旨、保持党同人民群众的血肉联系作为加强和规范党内政治生活的根本要求"。就发挥密切联系群众的优良作风,《关于新形势下党内政治生活的若干准则》将畅通社情民意、倾听群众呼声作为重要内容,明确提出:"坚持问政于民、问需于民、问计于民……

改进和创新联系群众方法,建立和完善民意调查等制度,利用传统媒体和互联网等各种渠道了解社情民意,倾听群众呼声,密切党群干群关系。"《中国共产党章程》《关于新形势下党内政治生活的若干准则》作为位阶最高的党内法规,为舆情制度建设提供了顶层设计遵循。而八部明确涉及舆情应对和舆情处置的中央党内法规,则为党倾听民声、了解民意、汇集民智提供了体制机制保障。

二、中国特色社会主义制度的自我完善

党的领导是中国特色社会主义制度的本质特征,而党内法规制度体系是党的领导规范化、法治化的运行保障。从党内法规制度体系中舆情机制的发展路径来看,其核心要义正是实现党的领导、人民当家作主和依法治国有机统一的制度化、法治化,从而健全和完善中国特色社会主义制度。十九届四中全会通过了《中共中央关于坚持和完善中国特色社会主义制度、推进国家治理体系和治理能力现代化若干重大问题的决定》。《决定》提出"突出坚持和完善支撑中国特色社会主义制度的根本制度、基本制度、重要制度"。就完善党的领导制度这一中国特色社会主义制度的根本制度,《决定》明确提出要"健全为人民执政、靠人民执政各项制度。坚持立党为公、执政为民,保持党同人民群众的血肉联系,把尊重民意、汇集民智、凝聚民力、改善民生贯穿党治国理政全部工作之中"。舆情作为民众的政治社会态度,是民意、民智的集中体现。从党内规范性文件尤其是党内法规中舆情机制的建立和完善来看,舆情机制已经成为党内法规制度体系的重要和有机构成,在党的领导、党的自身建设和党的监督保障三大重要"板块"都有明确设置,进而成为党的领导制度体系的一部分,成为党为人民执政、靠人民执政的重要制度成分。

三、全面从严治党的内在要求

依规治党、从严治党是党内法规制度体系建设的鲜明主线。舆情作为民众的政治态度,其主体是民众,客体则是党和政府以及国家公职人员。①

---

① 　王来华主编:《舆情研究概论》,天津社会科学院出版社,2003,第66～68页。

在党的全面领导下,舆情的走向、动态是党风、政风的"晴雨表"。从历史和实践经验来看,舆情与相应地区、部门的政治生态、政治环境息息相关,尤其是在互联网、新媒体迅速发展的背景下。自中国共产党成立以来,就将密切联系群众、倾听民众心声作为党的作风建设的重要方面。因而,将舆情机制纳入党内法规制度体系建设,是依规治党、全面从严治党的内在要求和必然要求。在全面从严治党的战略部署下,舆情成为整饬和改善党风、政风以及党政工作作风的重要推动力与参照系。《中国共产党纪律处分条例》将群众纪律作为重要组成内容。党的十八大以来,党中央推进党和国家监察体制改革,舆情机制在监察、巡视、巡察中发挥着日益重要的作用。譬如,2012 年印发的《省、自治区、直辖市党委对县(市、区、旗)巡视工作实施办法》就明确将舆情收集研判纳入巡视工作内容,规定"巡视组……拓宽信息来源,广泛收集相关社会舆论、网络舆情和新闻媒体报道等;高度重视群众来信来访"。而中央办公厅 2020 年印发的《纪检监察机关处理检举控告工作规则》把舆情机制作为纪检监察的日常工作,提出"纪检监察机关在开展日常监督工作中应当对检举控告情况进行收集、研判,综合各方面信息,全面掌握被监督单位政治生态情况和被监督对象的思想、工作、作风、生活情况,提高监督的针对性和实效性"。可见,在党和国家监察体制改革进程中,舆情机制已纳入国家监察体系,成为全面从严治党的重要工作手段和工作方式。

四、对社会主要矛盾转化的积极回应

党内法规制度体系中的舆情机制建设始于 21 世纪初,其驱动力主要来自互联网信息环境下社会转型期矛盾的多发和常态化。譬如,2006 年通过的《中共中央关于构建社会主义和谐社会若干重大问题的决定》就明确提出"健全社会舆情汇集和分析机制,完善矛盾纠纷排查调处工作制度"。进入新时代,党的十九大报告明确提出,我国社会主要矛盾已经转化为人民日益增长的美好生活需要和不平衡不充分的发展之间的矛盾。伴随社会主要矛盾的转化,人民在民主、法治、公平、正义、安全、环境等方面的要求日益增长。而上述发展不平衡不充分的"痛点"和"短板",恰是民众关心和关切的焦点,也是舆情表达和舆情应对的重点、难点,更是舆情事件的多发和高发领域。例如,政法工作与社会的民主法治、公平正义有直接关系。与之相应的是,党内法规制度体系中的舆情机制将政法领域作为重点,《中国共产党政法工作条例》明确把研判和处置政法舆情作为党委、政法委的重要工作职责,提出要"掌握分析政法舆情动态,指导和协调政法单位和有关部门做好依法办理、宣传报道和舆论引导等相关工作"。同时,环境、健康也是社会主要矛盾转化下民众关切的重要领域。2019 年通过的《中央生态环境保护督察工作规定》就明确把"人民群众反映的生态环境问题立行立改情况"作为中央生态环境保护例行督察的内容。可以说,回应和解决社会矛盾是党内法规制度体系舆情机制的重要驱动力。进入新时代,社会主要矛盾转化这一重大历史判断成为党内法规中舆情机制建设的重要关切,政法、环保等领域成为舆情机制建设的重点。

第三节 党内法规制度体系中舆情机制的治理效能

治国必先治党,治党务必从严,从严必依法度。党内法规制度体系建设是党科学执政、民主执政、依法执政的制度保障。"加强党内法规制度体系建设……是建设中国特色社会主义法治体系的重要内容,是推进国家治理体系和治理能力现代化的重要保障,事关党长期执政和国家长治久安。"①党的十八大以来,党内法规制度体系中舆情机制建设在党内法规制度体系中有着高位阶、密覆盖的鲜明特征,既将保持党和群众的血肉联系、畅达社情民意、倾听群众心声作为全体党员的政治生活准则,又将舆情应对、舆情处置囊括在党的领导、党的自身建设、党的监督保障等多"板块"法规中,明确了舆情处置和应对的主体、程序、重点和风险点。从中国特色社会主义制度建设和国家治理体系和治理能力现代化的角度来看,党内法规制度体系中的舆情机制建设有着丰富的治理效能。

---

① 中共中央印发《关于加强党内法规制度建设的意见》,2017 年 6 月 25 日,新华网,http://www. xinhuanet. com/politics/2017－06/25/c_1121206814. htm。

一、促进制度优势转为效能优势

舆情制度是党的领导制度优势向治理效能转化的重要制度设计。从根本制度、基本制度和重要制度分析,党的领导制度是中国特色社会主义制度的根本制度,而舆情制度则是党的领导制度的"子制度"。中国共产党的领导是中国特色社会主义最本质的特征,是中国特色社会主义制度的最大优势。党的十九届四中全会审议通过的《中共中央关于坚持和完善中国特色社会主义制度、推进国家治理体系和治理能力现代化若干重大问题的决定》提出:"坚决维护党中央权威,健全总揽全局、协调各方的党的领导制度体系,把党的领导落实到国家治理各领域各方面各环节。"在中国特色社会主义制度优势向治理效能转化过程中,坚持和完善党的领导是关键。"只有坚持党的领导,才能把制度优势和国家治理有机结合起来,把制度优势转化为治理效能。坚持党的领导是把制度优势转化为治理效能的关键和总枢纽。"①在互联网和新媒体技术迅猛发展的背景下,舆情事件的多发、高发已成为"新常态",舆情应对和处置的主体多元化、多样化,舆情蕴含的思想问题和现实问题交织。在上述背景下,舆情制度成为党的领导制度优势转化为治理效能的重要实践。党的科学执政、民主执政、依法执政与舆情制度呈现出"共生""互洽"的态势。一方面,党内法规制度体系中的舆情机制建设明确了舆情处置的主体、责任、重点、风险点,为党的领导制度优势转化为治理效能提供了制度保障,使得党总揽全局、协调各方的优势得以有效发挥。另一方面,舆情事件尤其是重大舆情事件处置关系着党和政府的公信力,党内法规制度体系中的舆情机制建设直接推动了一系列艰难险阻、沉疴顽疾问题的解决,进一步巩固了党的执政基础和群众基础,有效提升了中国特色社会主义制度的自信。

二、破解治理难题 推进国家治理现代化

互联网、新媒体技术环境下,舆情尤其是网络舆情治理成为世界性的政

---

① 李景治:《积极促进我国制度优势转化为治理效能》,《理论与改革》2020 年第 1 期。

府治理难题。不少国外政府在舆情治理过程中进退失当,使得政府公信力陷入"塔西佗陷阱"困境。就中国而言,现行网络舆情的政府治理模式一度延续了革命传统下的对抗逻辑和现行体制下的维稳逻辑。[①] 在舆情事件常态化,尤其是社会主要矛盾转化的背景下,如何调整舆情治理的思路与逻辑,实现对舆情的"善治",既是破解治理困境的必然要求,也是推进国家治理现代化的题中之义。党内法规制度体系中舆情机制建设为舆情治理的现代化提供了思想保障、法理基础。一方面,党内法规制度体系中的舆情机制为政府机构在治理过程中提供了思想保障。通过党内规范性文件、党内法规对舆情应对和处置的明确规定,舆情在政府治理过程中得以"脱敏",舆情成为社情民意的特殊表达方式而非对抗和维稳逻辑下的"敌情",这就为舆情治理的公开性、参与性、协商性提供了思想基础。另一方面,党内法规制度体系中的舆情机制为政府机构的舆情应对提供了法理基础和参照。

在党内法规制度体系中舆情机制不断完善的背景下,以政府为主体的政务舆情应对机制建设也驶入了"快车道"。2016 年,国务院办公厅发布了《关于在政务公开工作中进一步做好政务舆情回应的通知》,明确要求"各级政府及其部门要高度重视政务舆情回应工作,切实增强舆情意识,建立健全政务舆情的监测、研判、回应机制,落实回应责任,避免反应迟缓、被动应对现象"。这标志着我国政务舆情应对作为国家治理的重要机制已在制度设计上得到了确立。

三、维护意识形态安全和国家安全

党内法规制度体系中的舆情机制既是推进国家治理现代化的保障,也是维护总体国家安全和意识形态安全的支撑。当前,互联网和新媒体技术手段成为舆情表达的重要渠道,也成为意识形态领域斗争的主战场,舆情事件的泛政治化、泛意识形态化特征明显。在这一背景下,八部党内法规明确将舆情应对和处置纳入制度设计。同时,《党委(党组)意识形态工作责任制实施办法》将分析和研判意识形态领域情况、重大事件、重要社情民意,维

---

① 韩舒立、张晨:《网络舆情治理中的政府逻辑:困境与重塑》,《电子政务》2013 年第 5 期。

护意识形态安全作为党委(党组)的主体责任。党的十八大以来,党中央高度重视意识形态工作。《中共中央关于坚持和完善中国特色社会主义制度、推进国家治理体系和治理能力现代化若干重大问题的决定》明确将马克思主义在意识形态领域指导地位作为根本制度。舆情作为民众政治表达和政治参与的渠道和手段,与意识形态有着天然的密切联系,尤其在互联网和新媒体技术普及和下沉的当下。同时,舆论生态出现显著的"后真相时代"现象,即人们将情感与信念置于理性与事实之前、之上,网络舆情事件与意识形态论争背后的情感动员、情绪宣泄越来越多,增加了网络社会治理的难度。此外,人工智能、大数据技术的迅猛发展极大提升了操纵、煽动网络舆情事件,制造不同群体的对立与隔阂进而操纵民众政治态度的风险。这些因素都使得舆情表达、舆情事件对意识形态安全、总体国家安全构成了冲击和挑战。正是在上述背景下,党内法规制度体系将舆情研判、意识形态领域情况分析作为重点领域和重要内容。而中共中央印发的《关于加强和改进中央和国家机关党的建设的意见》明确提出:"加强舆情研判,敢于发声亮剑,引导党员、干部明辨是非、澄清模糊认识,坚决反对和抵制各种错误思潮和负面言论;积极稳妥做好重大突发事件和热点敏感问题的舆论引导。"从治国理政实践来看,党内法规制度体系中的舆情机制建设在维护意识形态安全方面成效明显,持续巩固了马克思主义在意识形态领域的指导地位。

中国特色社会主义制度是党和人民在长期实践探索中形成的科学制度体系,而党内法规制度是党的领导的制度化、规范化的体现,是极具"中国味"的制度形态,必须基于中国特色社会主义建设的世情、国情、党情,在中国共产党执政兴国所依据的整体制度体系中予以把握。① 党内法规制度体系中的舆情机制建设,是中国特色社会主义制度建设的重要实践成果。从根本制度、基本制度和重要制度的角度来分析,舆情机制通过党内法规制度体系建设成为党的领导制度这一根本制度的有机组成部分。从内在逻辑分析,党内法规制度体系中的舆情机制是保持党和群众血肉联系的制度设计、中国特色社会主义制度的自我完善、全面从严治党的内在要求,也是对社会

---

① 王伟国:《国家治理体系视角下党内法规研究的基础概念辨析》,《中国法学》2018 年第 2期。

主要矛盾转化的积极回应。就治理效能而言,党内法规制度体系中的舆情机制至少在三个方面发挥着重要功用:一是促进党的领导制度优势转化为效能优势;二是破解互联网时代的治理难题,推进国家治理现代化水平;三是维护意识形态安全和总体国家安全。尤其是在世界面临百年未有之大变局、全球治理面临多重难题的背景下,舆情机制已成为"中国之治"的重要构成要素。譬如,在抗击新冠肺炎疫情这场大考中,舆情机制在密切党和群众的血肉联系、促进政府和公众的风险沟通、动员全民防疫等方面发挥了巨大效能,极大地提升了中国特色社会主义制度的自信,持续巩固党的执政基础和群众基础。因而,舆情机制既是中国特色社会主义制度的有机构成,也是促进中国特色社会主义制度优势转化为治理效能的"动能",是党和人民经过长期探索形成的"良政善治",必将在党和政府治国理政的实践中不断得到完善和发展。

第四篇
中国舆情理论
与新范式探析

第八章　社会主要矛盾转化下 舆情研究新范式探析

　　党的十九大报告中指出:中国特色社会主义进入新时代,我国社会主要矛盾已经转化为人民日益增长的美好生活需要和不平衡不充分的发展之间的矛盾。社会主要矛盾的转变这一重大判断,为舆情研究提供了新的理论指导和视角——从唯物辩证主义来看,社会主要矛盾属于社会存在的范畴,而舆情属于社会意识的范畴。因而,社会存在与社会意识的辩证作用关系,也适用于社会主要矛盾转化与舆情之间。在上述理论视角指导下,认真研判近年来舆情出现的新态势,把握新时代下的社情民意、社会心态、社会情绪,既能深化对社会主要矛盾转化这一重大判断的认识,更能开拓舆情研究的空间与视野。

　　范式概念,由美国科学哲学家托马斯·库恩于20世纪70年代提出,指从事某一科学的研究者群体所共同遵从的理论假设、研究方法与研究准则。就舆情研究而言,历经十余年的发展,其已形成了相对稳定的范式,可以称为舆情研究的传统范式或经典范式。这一范式可概括为三个方面,即行为主义取向的概念定义、传播传递观色彩的理论基础、实证主义倾向的研究路径。伴随我国社会主要矛盾的转化、舆论生态与传播环境的变革,舆情研究的传统范式在概念定义、理论框架、研究方法等方面都需要做出回应、调整,在此基础上探析舆情研究的新范式。

第一节　舆情研究传统范式的基本构成

关于舆情概念,学者王来华曾较早地对其做出了学术阐释。① 此后,伴随互联网信息技术的发展,舆情事件的高发、多发,舆情尤其是网络舆情研究的学术成果纷纷涌现。同时,党和政府对舆情回应、舆情应对的重视程度日益提高,极大地推动了舆情研究的发展。舆情研究历经十余年的发展,在概念定义、理论框架、研究方法等方面已形成了相对稳定的传统范式。

一、行为主义取向的概念定义

舆情概念定义的提出是舆情研究产生的起点。当下,舆情可分为"狭义舆情"和"广义舆情"。"狭义舆情"指在一定的社会空间内,围绕中介性社会事项的发生、发展和变化,作为主体的民众对作为客体的国家管理者产生和持有的社会政治态度。② 这一概念吸收了国内外民意研究,同时契合了中国本土文化,具有较强的理论性和实践性,对于舆情基础研究及舆情信息工作实践产生了巨大的推动作用和深远影响。③ 直到今天,这一概念依然在很大程度上指导着舆情尤其是网络舆情的研究。

伴随互联网信息技术的发展,舆情事件的外延不断扩大,"狭义舆情"已难以涵盖舆情外延的全部,在此基础上又有学者提出"广义舆情"——社会民众在一定的历史阶段和社会空间内,对关乎自己切身利益的公共事务(事项)或自己关心的特定事件所持有的群体性情绪、意愿、态度、意见和要求的总和及其表现。④ "广义舆情"扩大了舆情概念的外延,契合了网络舆情发展的态势,在一定程度上推进了舆情概念定义的研究。

---

① 王来华主编:《舆情研究概论》,天津社会科学院出版社,2003,第 32 页。
② 王来华主编:《舆情研究概论》,天津社会科学院出版社,2003,第 32 页。
③ 叶国平:《舆情内涵发展演变探析》,《理论与现代化》2013 年第 4 期。
④ 张元龙:《关于"舆情"及相关概念的界定与辨析》,《浙江学刊》2009 年第 3 期。

　　总体来看,"狭义舆情""广义舆情"的概念定义已成为当下舆情研究领域的共识,学者根据研究视角、研究目标、研究目的不同而使用不同层次的舆情概念。但是,无论是"狭义舆情"还是"广义舆情",其对舆情概念的定义都有着明显的行为主义取向,即把舆情尤其是网络舆情作为民众对中介性事项刺激的反应,"多数学者认为网络舆情的形成总体上是'刺激—反应'过程"。区别在于,"狭义舆情"将民众的"刺激—反应"限定在社会政治态度方面,"广义舆情"则将"刺激—反应"的范围扩大,概括为一系列情绪、意愿、态度的总和。此外,"广义舆情"虽然在某种程度上突出了民众的主体性,但这一概念主要突出了中介性事项的利益诉求性,实质上依然是行为主义取向的定义。

　　行为主义取向的舆情概念极大地推动了舆情基础理论研究的进展,但也在两个方面模糊了舆情概念的边界。其一,在概念定义上,以描述舆情的"刺激—反应"生成机制替代舆情内涵本身,淡化了舆情的自身属性与自有特性。这一特征在"广义舆情"上表现得尤为突出,其对舆情的概念定义很大程度上是对舆情"刺激—反应"生成机制的描述,虽然外延甚广,包括了情绪、意愿、态度等,但对舆情的内核是什么则言之不详。其二,在"刺激—反应"模式主导下,学者对舆情概念的辨析多采用要素分析法,即把舆情分解为主体、客体、本体、载体等要素。有学者总结,对舆情尤其是网络舆情按照不同的标准和主观理解可分为三要素、四要素、五要素、六要素四种。[1]　要素分析法有助于我们理解舆情的生成、动力机制,但要素分析法将重点放在引发舆情的中介性事项上,不仅淡化了舆情的本体,也破坏了舆情的完整性与独立性,使舆情的概念定义碎片化。

二、传播传递观的理论基础

　　舆情研究作为新兴领域,在诞生之初尚无独立的基础理论,而是充分借鉴了传播学、社会学、政治学等学科理论。由于舆情与信息、传播的天然亲近性,传播学理论为舆情研究提供了主要的学科背景与理论基础,同时也深

---

[1]　左蒙、李昌祖:《网络舆情研究综述:从理论研究到实践应用》,《情报杂志》2017 年第 10 期。

刻形塑了舆情研究。其中,最鲜明的表现就是,舆情研究的理论基础充满了传播传递观①的色彩,主要表现在以下两个方面。

第一,传播传递观的经典理论已成为舆情研究的"理论库"。舆情作为新兴领域,已成为众多学科的研究对象。其中,传播学对舆情的研究成果最为丰硕。在中国知网数据库以"舆情"为关键词对文献进行检索②,可发现舆情研究成果分布在"新闻与传媒""行政学及国家行政管理""高等教育""中国政治与国际政治""公安""中国共产党"等30个学科领域中。其中,"新闻与传媒"学科背景的舆情研究文献数量最多,为10795篇,占文献总量的33.62%。③"新闻与传媒"学科成为舆情研究主要的学术背景。与之相应的是,传播传递规范式的经典理论成为舆情分析的重要理论框架,甚至成为舆情研究的"理论库"。在实际研究中,学者广泛引用"议程设置""沉默陀螺""把关人"等理论,为舆情突发事件、网络舆情等事件建立分析的参照系和坐标系。

第二,传播传递观主张以信息传播规律、信息对人的影响为研究对象,这对舆情研究影响深远。当下的舆情基础理论研究在三个维度上强调信息机制。其一,将舆情信息变动规律作为基础理论的核心。④ 已有学者总结出"舆情沿若干级差递进或消减规律","舆情的起始、扩散和整合三阶段论""舆情的涨落、序变、冲突和衰变规律","网络舆情与舆论的相互转换原理"等。⑤ 其二,将媒体尤其是新媒体的信息传播机制作为舆情的动力机制,侧重建立模型进行舆情推演。如基于德芙思特(Deffuant)模型的舆情演化研究⑥、基于多关系社交网络的舆情传播模型⑦、基于SIR传染病模型的社交网

---

① 当下,传播学主要分为两大范式:传播传递观与传播仪式观,前者将传播过程看作信息的搬运过程,主张研究信息对个人的影响,后者将传播过程看作仪式,主张研究传播中的文化建构、共识维系。

② 检索时间为2018年7月12日。

③ 排在第二位的是"行政学及国家行政管理"学科,文献量为4259篇,占13.26%。

④ 刘毅:《简析舆情变动规律》,《天津社会科学》2007年第3期。

⑤ 毕宏音:《近十年现代舆情研究的回顾与反思》,《天津社会科学》2013年第4期。

⑥ 马永军、杜禹阳:《基于复杂网络Deffuant模型的舆情演化规律研究》,《情报杂志》2018年第6期。

⑦ 崔树娟、宾晟、孙更新、高冬梅:《基于大数据分析的多关系社交网络舆情传播模型研究》,《中南民族大学学报(自然科学版)》2018年第2期。

络舆情传播动力学模型①等。其三,将舆情信息对人的认知、行为影响作为研究重点,这在一些舆情突发事件、舆情危机事件中的表现尤为突出,恰是传播传递观潜移默化的表现所在。

三、实证主义倾向的研究路径

回顾舆情研究十余年的发展历程,理论研究与应用性研究呈现齐头并进、互相促进的态势。舆情理论范畴的深入发掘为舆情尤其是网络舆情研究提供了理论构建框架②,舆情信息工作、舆情应对、互联网治理等现实需要为网络舆情研究提供驱动力。伴随着舆情研究范式的形成,理论研究与应用性研究的互动有减弱趋势,舆情研究的路径呈现实证主义倾向,主要体现在两个维度。

一是把舆情研究学术成果作为研究对象,以实证主义方法进行回顾反思、述评的研究日益增多。譬如,曹树金使用文献计量法、对数透视理论对2005—2015 年国内网络舆情研究的知识增长趋势进行研究。③ 李永忠、胡洪宇基于共词网络分析法,对国内外网络舆情研究进行了文献计量分析。④ 刘波维、曾润喜运用扎根理论对网络舆情研究的视角进行研究。⑤

二是大数据技术广泛应用,舆情研究方法日益呈现明显的实证主义倾向。在社交媒体渗透生活、大数据技术的合力下,大数据与舆情的关系日益密切,如在近来的国家社科基金项目中,"大数据"与"舆情"同时出现的频次在舆情研究课题中的比例日益提高。同时,情报学、计算机科学等学科背景的舆情研究发展迅猛,主张采用实证主义方法对舆情进行研究。这一倾向在网络舆情预测方向表现得尤为明显,基于灰色系统理论、混沌理论、径向基函数神经网络、EM 聚类、改进粒子群、BP 神经网络、逻辑(Logistic)曲线理

① 赵剑华、万克文:《基于信息传播模型 – SIR 传染病模型的社交网络舆情传播动力学模型研究》,《情报科学》2017 年第 12 期。

② 王来华:《论舆情研究的两个需要》,《天津社会科学》2010 年第 4 期。

③ 曹树金:《我国网络舆情研究现状及其知识增长趋势分析》,《情报资料工作》2016 年第 6 期。

④ 李永忠、胡洪宇:《网络舆情的知识网络结构、趋势与演化分析》,《现代情报》2016 年第 6 期。

⑤ 刘波维、曾润喜:《网络舆情研究视角分析》,《情报杂志》2017 年第 2 期。

论、指数平滑法、灰色系统理论、贝叶斯网络、马尔科夫链等理论的网络舆情预测方法不断涌现。①

研究路径的实证主义倾向,既反映出舆情研究对学科发展的不断反思与总结,也反映出舆情研究传统范式的成熟与稳定。自然科学实证主义方法的引入,使舆情研究的传统范式不断得到强化,同质化、内卷化倾向渐趋抬头,舆情研究的范式突破也变得尤为迫切。而伴随着我国社会主要矛盾的转化,舆情出现重大变化,这为舆情研究范式的突破提供了现实和实践基础。

第二节　社会主要矛盾转化与舆情重大变化

舆情研究具有极强的实践性和应用性,其理论逻辑与现实逻辑密切统一。因此,舆情研究的理论逻辑必然要跟随现实逻辑的变化而做出回应、调整。当下,我国社会主要矛盾已转化为人民日益增长的美好生活需要与不平衡不充分的发展之间的矛盾,舆论生态、传播环境也发生着变化,舆情出现重大变化,这迫切需要舆情研究进行审视与深入探究。

一、舆情主体心态出现显著变化

舆情作为政治指向性很强的心理活动,其表达、诉求与民众的社会心态紧密相关。伴随着我国社会主要矛盾的转化,人民在民主、法治、公平、正义、安全、环境等方面的要求日益增长,民众对更加美好生活的需要在社会心态方面有了四个显著转变:从实现基本物质文化需要向同步追求高品位物质文化生活转变;从实现外在物质文化需要向同步追求精神心理满足转变;从注重现实安全向同步追求长远安宁转变;从单纯个体受益向同步追求

---

① 左蒙、李昌祖:《网络舆情研究综述——从理论研究到实践应用》,《情报杂志》2017 年第 10 期。

参与社会事务转变。①

民众作为舆情的主体,其社会心态的转变使得舆情表达的领域、特征有了新情况。就舆情表达领域来看,舆情诉求的热点从维权事件向"维安"事件转变,政法、司法领域成为舆情诉求的集中领域;从舆情表达主体来看,提出诉求的主要群体已不再局限于利益诉求者,而是向城市居民、中间阶层和社会主体人群转移;从舆情表达对象来看,公平正义、社会长治久安等公共事务,个体尊严、隐私、名誉、荣誉等精神心理需求成为新的诉求对象;从舆情表达的目的来看,民众对维护公平正义,参与社会事务的重视已渐超过了对个体利益的追求。

二、舆情内涵有重大变化

舆情的概念定义是舆情研究的坐标原点。当下,"狭义舆情"将舆情的概念定义为社会政治态度,"广义舆情"将舆情的概念定义为一系列情绪、意愿、态度的总和。而在舆情主体心态、舆论生态、传播环境都发生变革的条件下,无论是"狭义舆情"还是"广义舆情",其内涵都有显著变化。

就"狭义舆情"概念来说,舆情的内涵渐由社会政治态度向文化政治转化,这在网络舆情中表现得尤为明显。在网络论坛、博客主导的互联网1.0时代,网络舆情往往与维权、利益诉求紧密相关,舆情主体对国家、政党、政权、阶级的社会政治态度十分鲜明。而在微博、微信等社交媒体主导的互联网2.0时代,网络舆情事件中的利益诉求取向减弱,社会价值观、公共事务、阶层流动、个体尊严等取代国家、政党成为显著话题。网络舆情事件中宏大的社会政治态度表达趋弱,从微观上关注不同群体文化权力关系、文化冲突的文化政治渐成主流。②

就"广义舆情"概念来说,舆情从情绪、意愿、态度集合到呈现结构、规律。广义的舆情概念将舆情归纳为一系列情绪、态度的"大拼盘",这一概念

---

① 刘奕湛、罗沙、白阳、丁小溪:《推动新时代政法工作有新气象新作为——十九大后首次中央政法工作会议传递六大新信号》,来源:新华网,2018 年 1 月 23 日,http://www.xinhuanet.com/polic-its/2018-01/23/c_1122303911.htm。

② 张爱凤:《网络舆情中的文化政治》,《新闻与传播研究》2017 年第 2 期。

虽然拓展了舆情的外延,但存在着迪尔凯姆所批评的社会还原论倾向,对于从本质上辨析舆情是不利的。在舆情由宏大的社会政治态度向微观的文化政治转向趋势下,不同群体的文化权力关系、文化冲突成为显著话题。与之相应的是,舆情事件中的情绪、意愿、态度在不同群体中呈现不同的特性、结构、形态,有着其本身的属性和规律,需要对其进行深入探析。

三、舆情出现新态势、新风险

根据中国互联网络信息中心(CNNIC)的统计,我国网民规模已达7.72亿。庞大的网民规模使得社情民意充分表达,网络成为舆情表达的主要渠道。近年来,在社会主要矛盾转化的同时,互联网传播形态也发生了变革,出现了三个新的态势:第一,互联网传播形态正在向以网络化、个性化为特征的 Web3.0 时代过渡,知乎、分答社区、悟空问答等知识性社群成为新的网络舆情发源地。第二,社交媒体如微博、微信作为平台级产品,将网民链接入整个互联网。在此基础上,围绕着不同的兴趣、特长、行业,各种网络社群迅猛发展。这使得互联网呈现圈层化特征。第三,互联网对生活全面渗透,使得现实世界与虚拟世界高度融合,互联网生态呈现"拟态化"特征。

互联网生态的社群化、圈层化、拟态化使得网络舆情出现了新的风险:由于同一网络社群有着共同的符号、兴趣、关注点乃至价值观,在意见表达过程中较难接受不同意见,舆情表达的"群体极化"现象比较常见,易滋生民粹主义等极端思想。同时,互联网的拟态化使得舆情事件的引爆点多元化,文学作品、影视作品等都易引发不同社会思潮的碰撞、争论。更重要的是,互联网的个性化特征日益明显,个体情绪通过互联网得到充分放大,网络舆情的"后真相时代"特征日益明显,网络事件的泛政治化、泛意识形态化现象较为严重。这些网络舆情的新特征、新风险为舆情研究提供了新的课题。

第三节　舆情研究的新范式探析

伴随着社会主要矛盾的转化与舆论生态的变革,舆情主体诉求、舆情特征出现了重大变化,舆情事件也有了新态势、新风险。这些变化对舆情研究的理论范式提出了新课题,也要求对传统的舆情研究范式进行突破,探析舆情研究的新范式。这一新范式可总结为三个方面,即人本主义取向的概念定义、传播仪式观的理论基础、解释主义的研究方法(见表1)。

表1　舆情研究传统范式与新范式比较

	概念定义	理论基础	研究方法
传统范式	行为主义取向	传播信息观	实证主义
新范式	人本主义取向	传播仪式观	解释主义

一、人本主义取向的概念定义

在概念定义方面,传统舆情研究范式有着鲜明的行为主义取向,无论是"狭义舆情"还是"广义舆情",多将舆情作为民众"刺激—反应"的产物,将利益诉求作为舆情表达的中心。伴随着社会主要矛盾的转化,民众诉求表达的主动性、主导性都在显著增强,其透过微观、个别现象透视制度性因素的"社会学想象力"也在日益提升。舆情由传统的"维权"向"维安"转化,民众对社会公平正义、公共事务的关心日益超过利益诉求。同时,新媒体深度渗透生活也使得舆情表达的方式、渠道、话语呈现诸多新特征。因而,舆情概念定义应跳出传统的行为主义取向,契合舆情主体心态、舆论生态的重大变化,突出民众的主体性、主动性,转向人本主义取向。

首先,舆情概念的"感情色彩"要重新定位。我国正处于社会转型期,各种社会矛盾、问题交织,舆情尤其是网络舆情成为矛盾的"爆发点",这也产生了一种刻板印象,即往往把舆情与负面事件、负面情绪联系在一起。事实上,伴随着社会主要矛盾的转化,舆情已成为民众参与公共事务、表达美好生活需要的重要方式和途径。① 舆情不仅是民众对国家管理者、社会事务刺激的一种反应,更是对社会公平、正义、民主、法治的诉求表达。

其次,舆情概念的内涵有待扩展。舆情不仅涵盖宏观的社会政治态度,还应涵盖中观、微观的文化政治表达。伴随"两微一端"的崛起,社交媒体与现实生活的深度融合,舆情表达已成为民众日常生活的重要组成部分,舆情生态的文化政治表现日益突出,"微传播凝聚嵌合在人们日常生活中话语实践的力量,形成推动社会变革的新动力;网民借助新媒体平台打破了单一的传播格局,依靠微话语聚合的力量重构了新的文化权力关系;大量在传统媒体时代被压抑、被忽略、被边缘化的话语在微传播中得到释放并形成话语权力"②。与突发舆情事件中显著表达的社会政治态度不同,文化政治是一种中观、微观政治,关注的是日常生活实践中权力关系的建构、冲突关系,其影响具有深远性、细微性、浸润性和建设性。舆情生态的文化政治,极大拓展了舆情主体的表达空间,丰富了舆情表达的内容,也应成为舆情概念内涵的重要部分。

再次,舆情概念定义要弥合"狭义舆情"与"广义舆情"之间的张力。当下,行为主义取向的舆情概念定义已面临着两难问题。一方面,"狭义舆情"在内涵上突出了舆情的自身属性,但其在外延上难以涵盖日益增多的舆情事件;另一方面,"广义舆情"在外延上囊括了层出不穷的舆情事件,但在内涵上淡化了舆情的属性、分割了舆情的完整性。而要弥合"狭义舆情"与"广义舆情"概念之间的张力,最迫切的便是转换舆情概念定义的视角,由行为主义转向人本主义,突出舆情中主体态度、意愿、情绪背后的社会心理结构,使得舆情研究突破"刺激—反应""认知—行为"的固有藩篱。

最后,舆情概念应具有穿透性,深入社会心理层次。舆情按其存在形式,可分为显性舆情与隐性舆情。显性舆情指的是公开表达的民众意愿,潜

---

① 近来,围绕舆情与协商民主已有不少研究成果,这在一定程度上反映了舆情已成为民众参与公共事务的重要途径。

② 张爱凤:《网络舆情中的文化政治》,《新闻与传播研究》2017 年第 2 期。

在舆情指尚未显现的社会心理倾向性。① 引用萨提亚的冰山理论,显性舆情更像海面上的冰山一角,而隐性舆情才是冰山的主体。一直以来,舆情研究多关注舆情事件尤其是网络舆情事件等显性舆情,而对显性舆情之下蕴含的隐性舆情则关注较少。舆情概念定义由行为主义向人本主义取向转变,需要在基础理论方面进行突破,提炼、构建涵盖多维度、有穿透性的理论,使其既能描述、预测舆情事件等显性舆情,又能解释显性舆情之下的社会心理、社会思潮、社会价值观等隐性舆情。

综上所述,在提炼"狭义舆情""广义舆情"精华的基础上,我们借用英国文化理论家雷蒙德・威廉斯的"情感结构"②概念,将舆情定义为"嵌入在群体'情感结构'中的社会政治态度与文化政治表达"。首先,这一舆情定义突出了舆情中"情"的概念,反映了舆情"情知意"结构中"情"的重要性,同时囊括了"情绪、意愿、态度"。其次,这一定义既包括了社会政治态度,也涵盖了文化政治表达,拓展了舆情的外延。再次,定义中"嵌入"的结构较好地反映了隐性舆情与显性舆情之间的辩证、复杂互动关系。最后,这一定义突出了舆情主体的主动性、本体性,突出了人本主义的取向。

二、传播仪式观的理论基础

探析舆情研究的新范式,既要吸收传播传递观的经典理论,更要借鉴传播仪式观的理论框架。20 世纪 70 年代,美国学者詹姆斯・凯瑞提出了"传播仪式观",把传播不单纯看作分享信息的过程,而是共享信仰的表征。"传播仪式观"对于舆情研究的理论基础具有重要借鉴意义——通过吸收其理论内涵,我们可以把文化的视角引入舆情研究,使得舆情研究不再局限于行为与后果,而是对人类行为本身意义的探究,进而探析舆情研究的新范式。

首先,吸收"传播仪式观"能够拓展舆情概念的深度与广度。在詹姆斯・凯瑞看来,"传播的起源和最高境界,并不是智力信息的传递,而是建构并维系一个有秩序、有意义、能够用来支配和容纳人类行为的文化世界"③。

---

① 　张元龙:《关于"舆情"及相关概念的界定与辨析》,《浙江学刊》2009 年第 3 期。
② 　情感结构指的是特定群体在日常生活中体验意义与价值的意识结构或心理结构。
③ 　[美]詹姆斯・W. 凯瑞:《作为文化的传播》,丁未译,华夏出版社,2005,第 7 页。

舆情离不开信息传播,但这一过程并非是表面的"刺激—反应"过程,其深层次是民众在参与过程中获得了认同,建构了有着秩序、意义的文化世界。因而,就舆情概念的内涵来说,可以引入文化研究概念,深挖社会政治态度、情绪、意愿等背后的深层文化、意义与秩序,拓展舆情研究的内涵与外延。

在上文中,我们将舆情定义为"嵌入在群体'情感结构'中的社会政治态度与文化政治表达"。其中,对于隐性的"情感结构"的分析对于舆情研究具有基础性作用。通过引入传播仪式观,我们可以对不同群体的"情感结构"进行挖掘,探究不同群体日常生活中意义与价值的意识结构与心理结构。在对涉及阶层认同、身份认同、公共事务参与的文化政治现象中,探析不同群体的文化意义世界。在对关系国家认同、民族认同、意识形态等议题中,以更为宏观的视野,勾勒群体"情感结构"与社会政治态度之间的互动关系。

其次,吸收"传播仪式观"能够拓展舆情研究的理论维度。当下的舆情理论集中于信息机制研究,而对舆情的深层机理涉及较少。在传播仪式观看来,传播过程不仅是信息的接收、认知、反应过程,更是一种仪式,人们通过参与这样的仪式完成意义的分享、情感的共鸣和身份的确认,公共空间的秩序也由此得以确立。通过借鉴传播仪式观的基本框架,我们可以将舆情理论转向对意义、情感、身份、公共空间秩序的探讨。譬如,可以运用传播仪式观理论对舆情中的文化政治现象展开研究,探究围绕舆情生成的群体形成机制、舆情对于群体成员身份认同的影响、舆情在公共空间建构与集体记忆形成中的作用。还可以运用传播仪式观理论对舆情中的社会政治态度进行不同视角的探索。不仅将舆情作为冲击、挑战现有政治秩序与格局的危机事件,也将舆情作为维护、巩固国家认同、权力合法性的正向事件,阐释舆情事件在国家形象、民族认同中的秩序建构。

再次,吸收"传播仪式观"有助于更好地把握舆情与新媒体技术的辩证关系。在传播仪式观看来,传播技术改变了我们的时空观,改变了我们日常生活的方式,甚至改变了我们的思考模式和意识形态,是思想、行动和社会关系中矛盾的真实缩影,成为一种文化的阐释。正如约翰·B.汤普森在《意识形态与现代文化》中所述,现代社会的意识形态已由政治意识形态向文化意识形态转变,而传播在现代文化的塑造中起着决定作用。

当下的舆情研究中,对"两微一端"等新媒体技术的关注度不断提升。而这些关注更多集中于新媒体技术的传播特质、传播特性,较少关注传播技术自身的意识形态特性。事实上,不断更新迭代的传播技术在更深层次潜移默化地影响着人们的思考、行为结构,重构着社会关系乃至意识形态。譬如,知乎、悟空问答等知识问答社区正在重构公共知识的生产过程;抖音、快手、西瓜、火山等视频直播软件对新一代年轻人"内容赋能",以趣味化、互动化的方式消解着公共空间;人工智能技术深入介入媒体,强化"信息茧房"效应,使得舆论生态的后真相特征日益明显;区块链技术的去中心化、不可删改性正对媒体和舆论管制提出新的挑战……新传播技术改变的,不仅是信息传播机制与流程,更重要的是,通过重构"传播仪式"过程,体现其自身的意识形态属性,并影响每位用户。在传播技术不断更新迭代的条件下,这些都需要我们对技术本身的意识形态属性具有深刻的理解与认知。

三、解释主义的研究方法

近年来,伴随社交媒体、大数据技术的发展,实证主义在舆情研究方法的主导作用日益增强,越来越多自然科学、计算科学背景的舆情研究成果涌现。而政府、企业等机构对舆情监测、舆情预测的需要也极大助推了这一趋势。实证主义方法对舆情研究的发展无疑具有贡献,但是,其过度发展也产生了诸多不利因素。其一,实证主义的研究方法将舆情研究类比为"流感"研究,忽视了舆情主体民众的行动意义。其二,定量、建模方法的过度使用使得舆情研究落入同质化、内卷化"陷阱"。其三,实证主义方法反复强化了舆情研究的行为主义取向,使得舆情研究在范式的突破上面临日益坚固的藩篱。

探析舆情研究的新范式,不仅需要在概念定义、理论基础方面进行突破,还应探求切合这一新范式的研究方法。马克斯·韦伯曾说:"人是悬挂在自己编织的意义之网上的动物。"舆情作为社会心理、社会行动的产物,其本质具有文化和精神的意义,很难照搬自然科学的概念、方法进行阐释和预测。因而,我们主张以解释主义的方法对其进行研究。在解释主义方法方面,社会学、人类学为舆情研究提供了丰富的理论工具,现象学、文化研究、知识社会学等都可以"为我所用",这将极大开辟舆情研究的视野。

首先,我们主张借鉴人类学家格尔茨提出的"深描"方法,对不同群体的"情感结构"进行研究。舆情,其表象是社会政治态度、文化政治表达,同时嵌入在群体的"情感结构"之中,而"情感结构"作为日常生活中体验意义与价值的意识结构,在不同群体中具有较大差别。特别是在互联网圈层化突出的条件下,不同社会群体之间以及群体内部的分化都日益明显,"情感结构"的差别性也与日俱增。因而,对于舆情研究来说,需要以人类学家的"深描"方法来审慎对待千差万别的群体。

深描,即"理解他人的理解",追求"被研究者的观念世界,观察者自身的观念世界以及观察者'告知'的对象——读者的观念世界三者之间的沟通。这犹如在一系列层层叠叠的符号世界里跨时空漫游,其所要阐明的是意义(meaning)的人生与社会中的重要角色"①。通过"深描"的方法,舆情研究将至少在两个方面有所突破。其一,突破自身所属群体、圈层的限制,对不同群体的"情感结构"进行重新认识。其二,放弃对研究对象"想当然"的先入之见,关注不同群体真实的实践逻辑。这些突破既能够拓展舆情研究的领域,也能给研究者带来由不同文化差异所带来的"文化震撼"。

其次,我们主张借鉴现象学社会学(Phenomenological sociology)、常人方法学(Ethnomcthodology),不仅关注舆情事件,更要将舆情研究的触角深入群体的日常生活世界尤其是网络虚拟世界。在常人方法学看来,人们日常生活中的沟通和社会行动具有"索引性",即当事人的实践活动运用共同完成且未经申明的假设和共享知识进行……所以仅从遵守规则的角度来考虑行动问题并不合适……对它们的意义必须诉诸索引及其行动表达的意义才能理解。② 这一论断为我们开展舆情研究提供了重要的理论视角。

当下,舆情研究尤其是网络舆情关注的重点仍是舆情事件,尤其是突发的危机事件。伴随社交媒体、网络直播深度渗透生活,不同群体的社会政治态度、文化政治表达日益走向细微化、隐喻化,这些"幽暗"的日常生活世界尤其是虚拟空间互动构成了舆情事件的背景与底色,也成为舆情事件发端

---

① [美]克利福德·格尔茨:《文化的解释》,韩莉译,上海人民出版社,1999,第244页。
② 沈光辉主编:《社会工作概论》,中国社会出版社,2014,第50~51页。

的基础性动力。运用常人方法学的理论视角与方法,可对舆情事件中不同群体的"主体间性""索引性表达"予以解释,关注群体中个体之间的微观互动,理解行为者的主观意图。通过对舆情事件中行动者策略、意图的解释,我们能够摆脱舆情研究的同质化、内卷化,建立更为合理的模型,进而揭示舆情事件的内在机理、机制。

需要说明的是,舆情研究作为新兴领域,其传统范式与新范式并不存在"泾渭分明"的界限。首先,就传统范式中的舆情概念定义来说,其本身就有着民本、人本的深刻文化基础,其定义的行为主义、人本主义取向只是相对而言,并非绝对。其次,对于舆情中的文化政治表达、泛意识形态现象,已有学者进行了关注与研究。再次,以传播仪式观对舆情事件、传播现象进行研究的成果日益增多。最后,将社会科学的解释主义理论如符号互动论、互动仪式链理论等引入舆情研究的尝试也不断涌现。这些都是舆情研究新范式出现、发展的迹象。提出舆情研究新范式,并非是要将其与传统范式互相对立、否定,而是促使研究者关注舆情出现的重大变化,对舆情理论的完善与拓展形成"理论自觉",突破舆情概念定义等方面存在的制约因素。在此基础上进行突破与尝试,避免舆情研究的内卷化,丰富舆情研究的内容、拓展舆情研究的视野、提升舆情研究的水平。简而言之,舆情研究的新范式既是工具也是理论视角,能够推进舆情研究在理论、现实研究中齐头并进。

舆情研究新范式的探析既要立足于社会主要矛盾转化的判断,也要关注传播形态、传播技术、舆论生态的重大变革。当下,随着人工智能、云计算、大数据、元宇宙、深度伪造等信息技术手段的更新迭代,经典舆情研究的诸多基本假设、理论都需要重新进行思考。首先,就舆情表达主体而言,在智能传播的背景下,网络空间充斥着大量的社交机器人。与"网络水军"相比,社交机器人具有能动性、反思性、协调性、反身性,能够形成大规模的"矩阵"效应,从而制造出难辨真假的舆情。这对民众作为舆情表达的主体地位构成了冲击,也对舆情的真伪、虚实辨析产生了挑战。其次,就舆论生态来说,在社交媒体时代,信息的传播不再只依靠已有的社会关系,如血缘、地缘、工作关系等,而更多依靠价值观传播。依托于社交媒体构成的多形态圈群,具有相同、相似价值观的群体形成了"信息茧房"效应,只接受和选择与自身态度、价值观相似的信息,从而使得已有观念不断强化。这对舆论场作为"公共空间",对公众舆论的公正性、客观性、有效性基础产生了消解作用。再次,元宇宙、深度伪造等技术使得现实与虚拟、线上与线下等界限变得模糊,舆情与现实社会的紧密对应关系出现松动。我们需要思考,在元宇宙空间和深度浸入的体验下,虚拟空间是否也会成为舆情表达的空间,在虚拟空间的社交和社群是否会产生现实社会中不存在的舆情类型等问题。最后,计算宣传、算法传播等新技术具有能动性、智识性,算法已成为个体互动、社会建构的中介物。在算法的支配下,人类的情感、情绪受到操控的可能性极大提升。可以说,算法比人类更理解和善于运用情感和情绪。舆情作为情感色彩和情感特征突出的政治态度,在算法的支配下,其风险性和扩散性都迥异于互联网论坛和网站时代。因而,舆情背后的产生、消长、平息规律与算法的关系成为智能传播时代必须要面对和解决的课题。可以说,新的传播技术、传播形态、传播手段为舆情研究提出了诸多新挑战和新课题,开展舆情研究新范式的探析必须正视和审视上述变化。在舆情研究过程中,智能传播、算法传播、情感操控、深度伪造等技术和现象值得深入的挖掘和剖析,即舆情研究新范式的探析和拓展,既要立足于经典的社会学理论、方法,更要面向信息技术突飞猛进的传播环境。只有将这两个方面有机结合,舆情研究的新范式探索才能不断取得进展和突破。而舆情研究的新范式需要在学科建设方面既吸取政治学、社会学、新闻传播学等基础理论,也需要引入智能传播、算法传播、计算传播等新学科、新领域,从而形成理论深刻、技术先进、预测准确的研究新范式。

第九章　"后真相时代"网络
舆情与舆论转化机制*

　　随着移动互联网的迅猛发展,微博、微信、直播等新媒体兴起,这些极大改变了传播环境,使得"沉默的大多数"的民意诉求、个人表达井喷式出现。与之相应的是,网络舆情与舆论之间的转化日益加速,网络舆论对国家管理者形成的压力也日益增强。因而,探究网络舆情与舆论的转化机制、作用关系对于舆论引导、网络社会治理有着重要的理论与现实意义。当下,已有不少学者对网络舆情与舆论之间的转化机制进行了研究。但伴随社会心理的变化,以及移动互联网、智能终端、社交媒体"三位一体"新媒体的发展,舆论生态进入"后真相时代",社情民意在舆论环境中的表达和呈现方式发生了巨大变化,网络空间中情感、情绪、信念等"情"的作用越来越大,网络舆情与舆论之间的转化出现了诸多新态势,亟须我们从社会心理、社会情感的维度进行深入探析。而柯林斯的"互动仪式链"理论作为经典的情感社会学理论为我们提供了良好的框架,有助于更好地揭示"后真相时代"网络舆情与舆论转化的社会心理及动力机制,为做好舆情应对、舆论引导提供了助力。

---

　　* 注:本文发表于《理论与改革》2019 年第 5 期,《"后真相时代"网络舆情与舆论转化机制探析——互动仪式链理论视角下的研究》,有删改。

第一节　网络舆情与舆论转化机制研究述评

　　网络舆情指的是网民社会政治态度、情绪、意愿的总和,而舆论是社会公众公开发表的言论,两者之间存在着密切的转化、作用机制。揭示这一机制对于舆情应对、舆情监测、舆情预警、舆论引导乃至危机事件管理等都具有基础性、关键性作用,因而也是舆情研究的焦点之一。就网络舆情与舆论转化机制,王来华认为:受各类社会事项刺激产生的网络舆情一旦出现,迅速借助网络传播转化为网络舆论,而在网络舆论的刺激下,网络舆情会不断放大、增强,转化为更大的网络舆论,两者之间的相互转换和反复推动关系可以用"舆情雪球"来比拟①;李超民等将网络舆情与网络舆论的转化概括为"网络舆情形成期、网络舆情演化期和网络舆论作用期"三个阶段②;常启云探析了群体性事件中网络舆情与舆论的转化,认为公共话题聚合、公共舆论场形成、"意见领袖"引领、媒介间议程互动等提供了二者转化的前提、平台、引领者及催化剂③;丁柏铨、李昌祖等从概念辨析的角度来分析舆情与舆论的关系。④ 同时,对于网络舆情与舆论转化机制,还有一些研究从舆情的演变机制角度入手,已有学者总结出"舆情沿若干级差递进或消减规律","舆情的起始、扩散和整合三阶段论","舆情的涨落、序变、冲突和衰变规律","网络舆情与舆论的相互转换原理"等⑤。而伴随新媒体的迅猛发展,网络舆情与舆论的转化关系也发生了显著的变化,呈现出新的特点,"在大众传播和人际传播的交织传播过程中,舆论和舆情在概念厘定、传播过程和发展走

---

　　① 王来华:《"舆情雪球"现象:新媒体对民意诉求的强化》,《理论与现代化》,2013 年第 5 期。

　　② 李超民、何宛怿:《网络舆情与网络舆论的概念区分、转化机制及引导策略》,《思想政治工作研究》2017 年第 12 期。

　　③ 常启云:《群体性事件中网络舆情与舆论的形成与转化》,《重庆工商大学学报(社会科学版)》2014 年第 1 期。

　　④ 李昌祖:《舆论与舆情的关系辨析》,《浙江工业大学学报(社会科学版)》2009 年第 4 期;丁柏铨:《对舆情概念的认知和思考》,《编辑之友》2017 年第 9 期。

　　⑤ 毕宏音:《现代舆情研究十年历程的回顾和反思》,《天津社会科学》2013 年第 4 期。

向等方面,逐步呈现出不同程度的界线模糊、内容粘连状态"①。此外,伴随计算科学、大数据技术的发展,越来越多的研究以模型建构的方式描述舆情与舆论的转化机制。如基于 Deffuant 模型的舆情演化研究②、基于多关系社交网络的舆情传播模型③、基于 SIR 传染病模型的社交网络舆情传播动力学模型④等。

通过文献梳理可发现,网络舆情与舆论转化、作用机制一直是舆情研究的重点和焦点,已有研究对网络舆情与舆论的转换、作用关系做了深入和详细的阐述。但是,已有研究大多从信息传播的视角来剖析网络舆情与舆论转化关系,对作为舆情主体的人的关注不足,对网络舆情与舆论相互转化的内在心理"驱动力"是什么以及人们热衷参与网络舆情事件的内在动力涉及不多。更重要的是,当下的舆论生态已发生重大变化,向着"后真相时代"迈进。所谓"后真相时代"指的是传播主体不再将对新闻事实完整呈现作为优先考虑,而是以煽动情感、强化偏见、迎合情绪的方式传播符合受众主观认知但偏离事件真相的内容,传播者、受众的情绪与信念优先于客观事实和理性思辨。

在"后真相时代",网络舆情与舆论的转化机制、转化逻辑都出现了巨大变化,网络舆情与舆论的重心由"倒逼真相"和"追问真相"朝着"掌握真相的解释权"转移。同时,舆情反转、网络暴力、信任异化、道德相对主义、"塔西佗陷阱"等现象愈演愈烈。因而,网络舆情与舆论转化机制面临着迫切的理论和现实需求。在理论方面,需要将重点从传播机制转向对人和社会情感的关注;在现实方面,需要厘清"后真相时代"网络舆情与舆论转化中情绪、情感的调动与动员机制。简而言之,对网络舆情与舆论转化机制的理论和现实需求都指向了作为舆情主体的人的情感、情绪动力机制。已有研究就"后真相时代"舆情特征、舆论引导作出了回应,但就其深层的情感、情绪

---

① 金旭阳:《全媒体背景下舆论和舆情的关系辨析》,《传媒》2017 年第 19 期。

② 马永军、杜禹阳:《基于复杂网络 Deffuant 模型的舆情演化规律研究》,《情报杂志》2018 年第 6 期。

③ 崔树娟、宾晟、孙更新、高冬梅:《基于大数据分析的多关系社交网络舆情传播模型研究》,《中南民族大学学报(自然科学版)》2018 年第 2 期。

④ 赵剑华、万克文:《基于信息传播模型 – SIR 传染病模型的社交网络舆情传播动力学模型研究》,《情报科学》2017 年第 12 期。

机制方面的研究仍不多见。通过引入"互动仪式链"这一经典的情感社会学理论,我们既能够将网络舆情与舆论转化机制的研究深入至社会心理层面,也能够回应"后真相时代"带来的挑战。

第二节 "互动仪式链"理论下的网络舆情与舆论转化

"互动仪式链"理论由美国社会学家柯林斯提出,由于其理论关注情境、情感,也被贴上"情感社会学"的标签。柯林斯提出"互动仪式链"理论的初衷是弥合微观社会学与宏观社会学之间的"裂痕"与冲突,但由于"互动仪式链"理论对社会情绪、社会情感与群体动力作出的深刻描述与社交媒体网络动力机制高度契合,使这一理论在传播学领域尤其是网络传播研究中日益受到重视。同时,"互动仪式链"理论也为揭示网络舆情与舆论的转化关系提供了良好的解释框架。

一、互动仪式与"互动仪式链"理论

在柯林斯看来,情境是社会学理论研究的起点,而互动仪式是社会情境的核心。"互动仪式最富激情的瞬间不仅是群体的高峰,也是个人生活的高峰。对这些事件我们刻骨铭心,它们赋予了我们个人生命的意义:或参加某次大的集体事件,譬如一次大的政治示威游行;或作为观众参加某一激动人心的流行的娱乐或体育活动。"①柯林斯认为,互动仪式构成了社会和群体的动力来源,这一理论的核心机制是高度的相互关注,即高度的互为主体性,与高度的情感连带结合在一起,形成了与认知符号相关联的成员身份感,同时也为参与者带来了情感能量,使人们感到有信心、热情和意愿去从事他们认为道德上允许的活动。互动仪式核心机制图示见图1。

---

① [美]兰德尔·柯林斯:《互动仪式链》,林聚任、王鹏、宋丽君译,商务印书馆,2016,第73页。

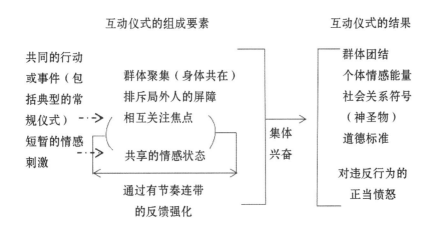

图 1　互动仪式机制

图 1 勾勒了互动仪式的构成要素与结果。互动仪式包括四个要素：一是两个或两个以上的人聚集在同一场所，能够通过身体在场而相互影响；二是对局外人设定了界限，因而参与者知道谁在参加，而谁被排除在外；三是人们将其注意力集中在共同的对象或活动上，并通过相互传达该关注焦点，而彼此知道了关注的焦点；四是人们分享共同的情绪或情感体验。互动仪式产生了四种主要结果。

一是群体团结：一种成员身份的感觉。二是个体的情感能量：一种采取行动时自信、兴高采烈、有力量、满腔热忱与主动进取的感觉。三是代表群体的符号：标志或其他的代表物（形象化图标、文字、姿势），使成员感到自己与集体相关。四是道德感：维护群体中的正义感，尊重群体符号，防止受到违背者的侵害。①

在互动仪式过程中，情感能量与符号资本是两个关键概念。柯林斯在对互动仪式的分析中特别强调了情感能量概念，他认为情感能量是社会行为的重要驱动力，是社会互动和社会现象的根本动力。情感能量是一个连续体，从高端的自信、热情、自我感觉良好，到中间平淡的常态，再到末端的消沉、缺乏

---

① ［美］兰德尔·柯林斯：《互动仪式链》，林聚任、王鹏、宋丽君译，商务印书馆，2016，第 79 ~ 81 页。

主动性与消极的自我感觉。而符号资本是由某一特定群体所共同享有、认知的符号,是象征社会关系的符号,比如体育比赛中的队徽、政治人物的照片、特定宗教的象征物等。当不同的个人在互动仪式中完成了情感能量、符号资本的储备,又根据情感能量最大化的原则开始下一次互动仪式,整个社会便形成了互动仪式构成的链条,这便是互动仪式链理论①(图2)。

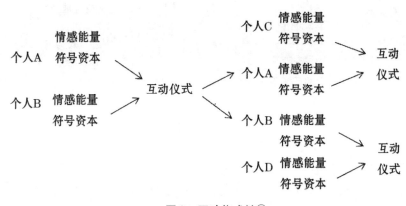

图2 互动仪式链②

二、互动仪式链理论与网络传播研究

互动仪式链理论为揭示社会心理、群体动力机制提供了全新的视角。近年来,国内学者越来越多引用互动仪式链理论来对网络传播、新媒体进行研究。譬如:李霞以互动仪式链理论对微博进行研究,分析了微博互动仪式链对个体自我、社会结构和群体心理的影响。③ 李赫、吴牡丹以互动仪式链理论对微信人际传播做了分析。④ 沈霄、王国华基于互动仪式链的视角对"网络直播＋政务"与用户的互动做了研究,分析出"网络直播＋政务"与用户的情境分层与互动成功的标准。⑤ 杨萍以网易云音乐年度听歌报告为研

①　[美]兰德尔·柯林斯:《互动仪式链》,林聚任、王鹏、宋丽君译,商务印书馆,2016,第79页。
②　[美]兰德尔·柯林斯:《互动仪式链》,林聚任、王鹏、宋丽君译,商务印书馆,2016,第217页。
③　李霞:《微博仪式互动的社会心理学研究》,博士学位论文,南开大学,2013。
④　李赫、吴牡丹:《互动仪式链视角下微信人际传播分析》,《今传媒》2016年第11期。
⑤　沈霄、王国华:《网络直播＋政务与用户的互动研究——基于互动仪式链的视角》,《情报杂志》2018年第5期。

究对象,以互动仪式链视角对网络社交中的自我呈现与身份认同进行研究。① 秦艺轩从互动仪式链的视角出发,分析了网络电台 App(应用软件)所成功建构的仪式平台,探讨了用户使用网络电台 App 的动机和心理特征。② 邓昕以互动仪式链视角下对"弹幕"视频进行解析,认为弹幕视频观看模式是一种以互联网为依托,自我认同为 ACG(动画、漫画、游戏的总称)文化族群成员身份的网众,以身体的非物理在场为空间站位所开展的虚拟互动仪式。③ 廖克凯以互动仪式链理论对网络游戏进行研究。④ 此外,袁光锋将互动仪式链理论引入对公共舆论中"情感"政治的分析,认为互联网的连接使得网民不必亲身在场就能参与到"互动仪式"中来,在仪式中,个体的情感被公共化,使得情感呈现出激进化的形态。⑤

由文献梳理可发现,互动仪式链理论在网络传播尤其是新媒体研究中越来越受到重视。产生上述现象的根本原因在于,互动仪式链理论分析了人际传播、群体传播乃至大众传播基于互动仪式的链式结构,进而挖掘了人类传播行为在社会心理学层面上的动因——获取情感能量⑥。需要指出的是,柯林斯在提出互动仪式链理论时明确指出,身体在场是互动仪式的关键,广播、电视等大众媒介并不十分符合互动仪式的条件。但他也同时做出了具有远见性的预见:将来的电子媒体被设计成可以模拟人们的生理方面,以实现互动仪式链的运转。互动仪式链可建立起高水平的关注焦点和情感连带,也可以想象将来的通信设备能够尝试着通过神经系统之间收发信号,而这些信号能够增强共享的体验。⑦ 高水平的关注焦点和情感连带成为电子媒体产生互动仪式链的关键,而在今天,伴随社交媒体、视听新媒体的迅

---

① 杨萍:《互动仪式链视角下网络社交中的自我呈现与身份认同——从网易云音乐年度听歌报告说起》,《新媒体研究》2018 年第 5 期。
② 秦艺轩:《互动仪式链视域下的网络电台 APP》,《青年记者》2017 年第 4 期。
③ 邓昕:《互动仪式链视角下的弹幕视频解析——以 Bilibili 网为例》,《新闻界》2015 年第 13 期。
④ 廖克凯:《互动仪式链理论视角下的网络游戏研究》,硕士学位论文,重庆大学,2017。
⑤ 袁光锋:《公共舆论中的"情感"政治:一个分析框架》,《南京社会科学》2018 年第 3 期。
⑥ 陈权:《互动仪式链理论在传播研究中的应用》,《新闻世界》2012 年第 10 期。
⑦ [美]兰德尔·柯林斯:《互动仪式链》,林聚任、王鹏、宋丽君译,商务印书馆,2016,第 99 ~ 100 页。

猛发展,网络世界与现实世界高度融合,使得虚拟在场与身体在场创造出了几乎相同的在场效果,在虚拟空间中生产了高水平的关注焦点和情感连带——互动仪式链。同时,互动仪式链理论对互联网虚拟空间传播动力机制的揭示也为网络舆情与舆论的转化提供了新的解释框架和视角。

三、互动仪式链理论下的网络舆情与舆论

网络舆情与舆论的转化与新媒体的发展紧密相关,在互动仪式链理论对新媒体、社交媒体动力机制做出深刻描述的同时,也为认识网络舆情与舆论的转化机制带来了新的理论视角。互动仪式链理论框架下网络舆情与舆论的转化机制与过程如图 3 所示。

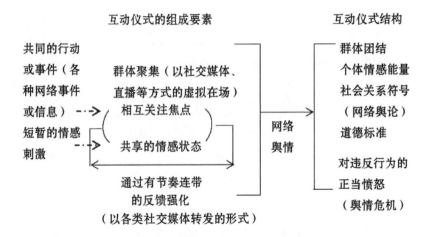

图 3　网络舆情与舆论转化的互动仪式机制

通过将互动仪式链理论引入网络舆情与舆论转化机制可发现,网络舆情与舆论的转化过程构成了互动仪式的完整过程。

首先,互动仪式的构成要素完整地勾勒出网络舆情的生成初始阶段:第一,社交媒体、直播等创造出高水平的关注焦点和情感连带,使得人们以虚拟在场的形式产生群体聚集效应;第二,社交媒体、直播等以粉丝、关注的形式设定了界限,参与者清晰了解谁在参加;第三,网络事件、网络信息成为人们关注的焦点,并通过社交媒体转发的形式而彼此知道关注的焦点;第四,

在关注、转发网络事件、信息时，人们分享着共同的情绪或情感体验。

其次，互动仪式的结果反映了网络舆情向舆论转化、作用的阶段。在网络空间的互动仪式中，产生了四种主要结果：一是群体团结，拥有共同关注焦点的网民有了成员身份的感觉；二是个体的情感能量，在传播、评论网络事件、信息时，参与者产生了强烈的情感体验，包括兴奋、自信、愤怒、沮丧等；三是符号资本（网络舆论）的出现，能够解释、概括网络舆情事件的图片、文字、符号等；四是道德感，参与者在转发、评论舆情事件中产生了强烈的道德感、正义感，对不同态度和言行会有愤怒情绪，这一过程一般发生在次生舆情灾害和互联网集体记忆的唤起中。

最后，在网络空间的互动仪式中，参与者获得了情感能量，同时形成了以网络舆论形式存在的符号资本，并通过评论、转发等形式最大化其情感能量，吸收更多的参与者，从而形成不断扩展的互动仪式链条，形成更大范围、更强有力的网络舆论。互动仪式链的不断扩展类似于一种"核裂变"，以链式的结构在网络空间中扩展。而扩展的强度、广度取决于情感能量的强度、符号资本的凝聚力。这种链式结构传播与互联网尤其是社交媒体的连接形式十分吻合。因而，这也可以在某种程度上解释互动仪式链理论为何在网络传播尤其是新媒体传播中备受青睐。这一过程如图4所示。

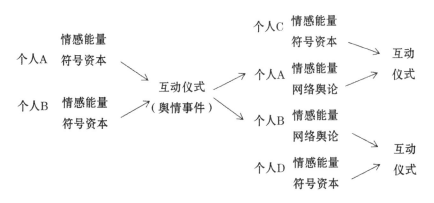

图4　网络传播的互动仪式链过程

通过引入互动仪式链理论，我们对网络舆情与舆论转化机制有了几点新的认知：首先，网络舆情与舆论的转化机制和互动仪式链理论十分契合，这一转化过程类似于"核裂变"中的链式结构;其次,情感能量是人们参与互动仪式的内在驱动力,这为我们认知网络舆情中的"情"提供了新的视角;最后,互动仪式中生产的符号资本对应着网络舆情事件中生成的网络舆论,作为群体的社会关系符号,网络舆论本身就蕴含着道德标准和对违反这一符号的愤怒,也就能够很好地解释舆情危机、次生舆情灾害的形成机制。尤其是就舆情危机这一机制,互动仪式链理论为我们提供了很好的理论视角。更重要的是,互动仪式链理论对情感、情绪等"情"的动力机制给出了恰当、富有洞察力的描述,这为解释以情感与信念优先为特征的后真相时代的网络舆情与舆论转化提供了全新的理论视角。

第三节　后真相时代的网络舆情与舆论转化

当下,舆论生态已呈现出明显的后真相时代特征,即公众对情感与信念的诉求优先于理性和事实。在后真相时代,网络舆情的演变出现新的变化:舆情生成难预测、舆情演变速度快、情感宣泄压倒理性商谈、舆情背后力量错综复杂。[①] 同时,网络舆情呈现出舆论场域上的反相共生性、内容上的真假同构性、评判上的情理倒序性等新的特点。[②] 简而言之,后真相时代的到来使得舆论反转、情感宣泄、舆情危机、信任异化等成为常态,这对于网络舆情与舆论转化机制研究提出了新的问题,而互动仪式链这一经典的"情感社会学"理论为我们提供了新的视角。通过引入互动仪式链理论,我们不仅能够勾勒出网络舆情与舆论的转化机制,也能够对后真相时代的网络舆情与舆论转化机制给出相应的解释。

首先,后真相时代的"情感优先"是互动仪式链理论情感能量最大化的

[①] 宋湘琴:《后真相时代网络舆情演变特点及其引导策略研究》,《重庆理工大学学报(社会科学)》2018 年第 8 期。

[②] 程仕波:《论"后真相"时代网络舆论的特点及其引导对策》,《思想理论教育》2018 年第 9 期。

逻辑产物,为把握网络舆情新特点的心理基础提供了全新的视角。柯林斯认为,情感是互动仪式链理论的核心,也是社会动员、群体团结、社会冲突的主要因素,是"合法性""价值"等宏大概念的现实和生活基础。① 简而言之,人类作为社会性动物,在社会互动中追求情感能量的最大化是本能。正如勒庞在《乌合之众》中所说:"在与理性永恒的冲突中,感情从未失过手。"而互动仪式是情感的变压器,通过互动仪式,人的短暂的情感(喜悦、悲伤、愤怒、恐惧)建立起了情感协调,形成了持续、长期的结果,称之为情感能量。情感能量类似心理学中"驱力"的概念,但具有特殊的社会取向。高度的情感能量是一种对社会互动充满自信与热情的感受,而较低的情感能量是对社会互动疲惫、逃避的感受。在任一时刻,一组个体会拥有不同程度的情感能量和不同存量的情感符号,同时人们会趋向于获得相对于当前资源的最高的情感能量回报。②

将情感能量作为理解社会互动、群体行动的心理驱动力,这为我们认识后真相时代的网络舆情新特点提供了全新的视角。每个时代、时期的社会心态、社会心理构成了其情感能量的基调和底色。把视线拉回到今天,从世界范围来看,贫富差距不断拉大、媒体的垄断都加大了不同群体之间的信任对立,成为后真相时代的现实基础。③ 而就中国而言,伴随新时代社会主要矛盾的转化,人民在民主、法治、公平、正义、安全、环境等方面的要求日益增长,民众对更加美好生活的需要在社会心态方面有了四个显著转变:一是从实现基本物质文化需要向同步追求高品位物质文化生活转变;二是从实现外在物质文化需要向同步追求精神心理满足转变;三是从注重现实安全向同步追求长远安宁转变;四是从单纯个体受益向同步追求参与社会事务转变。舆情作为政治指向性很强的心理活动,其表达、诉求与民众的社会心理、社会心态紧密相关。在民众社会心态出现显著变化下,追求公平感、正义感、安全感、个体自我实现感成为我们所处时代最显

---

① ［美］兰德尔·柯林斯:《互动仪式链》,林聚任、王鹏、宋丽君译,商务印书馆,2016,第152～153页。

② ［美］兰德尔·柯林斯:《互动仪式链》,林聚任、王鹏、宋丽君译,商务印书馆,2016,第214～215页。

③ 庞金友:《网络时代"后真相"政治的动因、逻辑与应对》,《探索》2018年第3期。

著的情感能量。与之对应的是,不公平感、不正义感、不安全感、个体自我实现挫败感则会引发"正当愤怒"感。因而,遵照互动仪式链情感能量最大化的逻辑,在网络舆情事件中,最值得关注和最容易引发舆情危机的是与公平感、正义感、安全感、个体自我实现感相关的事件,而非传统的维权事件、利益诉求事件、群体性事件等。这为我们理解后真相时代的网络舆情事件起因提供了新的角度。

其次,社交媒体发展使得网络空间产生了高度的互相关注和情感连带,降低了互动仪式的成本,使得后真相时代的网络舆情事件具有脱域特性和拟态、难以预测的特征。在互动仪式链理论中,关注焦点和情感连带是形成互动仪式的关键,而这一关键建立在人类神经系统相互协调的基础上。柯林斯认为,只要媒体能够远程建立起关注焦点和情感连带,互动仪式便可以以身体不在场的方式发生。"如果神经系统能够直接远程产生连带作用,那么其效果与亲身在场将会是一样的。"①事实上,今天的社交媒体不仅建立起了与身体在场相"媲美"的关注焦点和情感连带关系,更大大降低了互动仪式的门槛和成本。在前互联网时代,互动仪式往往与政治活动、宗教仪式、大型集会紧密相连,而这些互动仪式掌握在极少数人手中。而在当下,社交媒体以互相关注的设置将人们聚拢在虚拟空间,同时以信息转发、直播等方式使人们的情感连带高速运转,互动仪式的成本和门槛大大降低。与之相应的是,网络舆情事件的产生脱离了现实社会时空的束缚、社会关系的"制约",具有了吉登斯所言的"脱域"的特征。而在后真相时代,一方面,情感与情绪优先的逻辑使得媒体尤其是自媒体主动迎合受众的认知模式、心理特征,"以情绪带节奏""以情绪带流量";另一方面,受众以情感与信念去有选择地信任信息。这两方面极大加剧了网络舆情事件的脱域性,使得网络舆情事件具有难以预测、拟态化的特征。难以预测性指的是网络舆情事件的产生,不仅基于现实社会的运行逻辑,更基于虚拟空间中的运行逻辑。"任何一个能够与网民认知和思维模式有联

---

① [美]兰德尔·柯林斯:《互动仪式链》,林聚任、王鹏、宋丽君译,商务印书馆,2016,第100~101页。

系的事件,只要遭遇网络炒作,就有可能引发一场无法预测的网络舆情事件"①。同时,网络舆情事件的脱域性也使得其具有拟态化的特征,即由媒体所创造的信息也能够引发舆情事件。

最后,在后真相时代,互联网传播形态的视听化使得网络舆情事件中的符号资本"升维",强化了网络舆情与舆论转化的速度,增强了情感、情绪的能量,提升了网络舆论的力量。当下,互联网传播形态走过了文字、图片阶段,正向着视听化的方向发展。这一传播形态的变化对于网络舆情与舆论关系有着深刻影响。在互动仪式链视角下,网络舆论是经由互动仪式生产出来的符号资本,承载着网络舆情的群体共识和情感。柯林斯认为,符号资本对于生产高水平的互动仪式链至关重要。而判断符号资本成功与否的标准有三个层次:一是符号资本的可接近性,是否被赋予一个在空间上隔离的地带,是否受到情感的、强烈的和自我正当性的维护;二是符号标志的扩展性,是否能将符号应用在超出互动仪式参与者群体的实际聚集之外的其他互动仪式情境中;三是符号的内化性,即个体单独时如何利用符号,能否存在于构成思维的内心会话和自我想象中。② 从符号资本的可接近性、扩展性、内化性三个维度来考量,网络传播形态的演变对于网络舆情事件的影响十分深刻。网络传播形态由文字到图片再到视频,这一"升维"过程也是符号资本的"进化"过程,极大提升了符号资本的扩展性和内化性。第一,就扩展性来说,图片比之文字、视频比之图片都更具扩展性,能够在不同的互动仪式情境中进行符号资本的传播。第二,就内化性而言,图片比之文字、视频比之图片在情境的完整性、沉浸性等方面都大为提升,能够让人"感同身受""身临其境"式思考,使得符号资本成为内心对话和思维现象的一部分。简而言之,互联网传播形态的"升维"提升了符号资本的扩展性、内化性,这带来的直接影响就是,在网络舆情与舆论转化的互动仪式链过程中,网络舆论(符号资本)能够以最快的速度调动起参与者的情感能量,动员更大范围

---

① 宋湘琴:《后真相时代网络舆情演变特点及其引导策略研究》,《重庆理工大学学报(社会科学)》2018年第8期。

② [美]兰德尔·柯林斯:《互动仪式链》,林聚任、王鹏、宋丽君译,商务印书馆,2016,第146～147页。

的人参与到互动仪式过程中来,同时强化了网络舆论的动员力、感染力及其作用。

通过将互动仪式链理论引入网络舆情与舆论转化的研究中,我们能够对网络舆情与舆论转化的机制、结构、作用方式、心理动力做出新的、更深入的阐释。同时,互动仪式链理论被称之为"情感社会学",这一理论十分契合"情感与信念优先"的后真相时代,为更好地解释后真相时代网络舆情事件的起因、特性,以及网络舆情与舆论转化的速度、强度提出了可行性路径。在互动仪式链理论基础上,我们可以为政府在后真相时代的舆情应对、舆论引导提供不同视角的对策、建议,譬如:从阻断互动仪式链的角度进行舆情支持,从塑造成功、高水平互动仪式的角度进行舆情应对与舆论引导等。

第十章　网络舆情的情感动员逻辑

——以"非虚构写作"为例*

"非虚构写作"作为将纪实报道与文学创作结合起来的写作手法,产生于 20 世纪五六十年代的美国。而在中国,近年伴随社交媒体的迅速崛起,"非虚构写作"日益成为各种类型新媒体平台青睐的叙事手法。因其强烈的情感倾向、代入感和人文关怀、社会责任意识,"非虚构写作"正在网络舆情事件、网络维权、网络抗争、社会公共事件中发挥愈发重要的作用。当下,舆论生态的"后真相时代"特征日益鲜明,情感与信念成为网络舆情事件的主要动力。带有深刻情感色彩的"非虚构写作"的情感动员功能日益显著,同时也蕴含着网络暴力等诸多风险因素,对舆情应对、网络社会治理乃至意识形态安全提出挑战,值得我们关注和研究。

第一节　"非虚构写作"的本土化历程及新特点

"非虚构写作"的概念于 20 世纪五六十年代在美国文学领域正式被提出。1966 年,美国作家卡波特(Truman Capote)基于一起发生于 1959 年的真实凶杀案,创作了小说作品《冷血》(*In Cold Blood*),并正式使用了"非虚构小说"(non - fiction novel)这一概念,可谓是"非虚构写作"的正式开端。20 世

＊　注:本文发表于《理论与改革》2021 年第 2 期,《"非虚构写作"在网络舆情事件中的情感动员与表达逻辑》,有删改。

纪六七十年代,被誉为"新新闻主义之父"的美国记者汤姆·沃尔夫主张将文学写作手法引入新闻报道,并重视场景、细节、人物心理的刻画。受"新新闻主义"影响,"非虚构写作"由文学领域向新闻领域扩展,越来越多的报道采用"非虚构写作"的叙事方式。1978 年,为顺应新闻领域"非虚构写作"的流派趋势,普利策新闻奖设立特稿写作奖(feature writing),其旨趣在于向读者传达伦理情感,激起人们的人道主义的同情。① 1979 年,《巴尔的摩太阳报》记者约翰·富兰克林的《凯利太太的妖怪》获得首届普利策特稿写作奖。

普利策特稿写作奖奠定了"非虚构写作"在新闻领域的文体地位。作为诞生于西方的写作手法,"非虚构写作"在中国的探索中经历了本土化历程。20 世纪 90 年代起,中国的传统媒体(以报纸和杂志为主)开始了对"非虚构写作"的探索,其发展过程可分为 1995—2003 年的探索期、2003—2009 年的黄金时代、2009 年之后的创新期三个阶段,并呈现出内容题材广泛、作者多元化、叙事多媒体化等特征。② 而在文学领域,中国"文史合一"的历史传统与社会转型、社会急剧变迁的时代背景为"非虚构写作"注入了更多的中国元素。2010 年,《人民文学》开辟"非虚构写作"专栏,刊载《中国在梁庄》《中国,少了一味药》等一系列"非虚构写作"作品,表达了"吾土吾民"的责任意识和深沉的情感,使得中国本土的"非虚构写作"呈现鲜明的忧患意识与社会学意义。③

总体来看,"非虚构写作"在中国的本土化历程有两条线索:在新闻领域,传统媒体的特稿完善并让公众接受了"非虚构写作"的写作手法、文体形式;在文学领域,《人民文学》专栏刊载的作品为"非虚构写作"注入了文史合一、忧患意识的中国元素。经历了本土化的"非虚构写作"具有叙事完整、情感深沉、社会责任意识强烈等特点,更多关注时代变迁、社会转型与个人之间的互动关系,并表达对族群和个体的人文关怀。在"非虚构写作"本土化的同时,互联网在中国得到普及,社交媒体、网络直播等新媒体迅猛发展,这

---

① 文先军:《从普利策奖获奖作品看人物特稿写作》,《中国记者》2006 年第 10 期。

② 曾润喜、王倩:《从传统特稿到非虚构写作:新媒体时代特稿的发展现状与未来》,《新闻界》2017 年第 2 期。

③ 王雷雷:《非虚构写作的社会学意义——以〈人民文学〉为样本》,《小说评论》2015 年第 6 期。

为其创造了新的发展条件,提供了新的发展机会。一方面,"非虚构写作"叙事完整、情感深沉,比较适合在互联网中传播,也符合碎片化阅读环境下的读者需求。另一方面,伴随社交媒体迅猛发展,中国民众自我表达、维权维安的热情和意愿得到极大释放,各种自媒体平台青睐"非虚构写作"的叙事方式。更重要的是,社会转型、时代巨变为"非虚构写作"提供了丰富的素材和议题。

在上述几方面的合力下,"非虚构写作"呈现了几个新的特点:创作主体多元化、平民化,除了新闻记者、作家之外,众多"草根"作者涌现;关注社会转型、社会矛盾,个人情感、社会批判色彩较强,有着明显的社会学意义;影响力超出新闻、文学领域,在诸多的网络舆情事件、网络抗争事件中扮演着情感动员、议程设置的角色;影响范围扩大,对社会公共事件、社会共识、意识形态建构等发挥日益重要影响。其中,"非虚构写作"的新特点尤其是在网络舆情事件中的情感动员功能、策略尤其值得进行学理上的探究。

第二节　"非虚构写作"在网络舆情中的情感动员

一、网络舆情事件的情感动员研究回顾

20 世纪以来,中国进入急剧的社会转型期和社会矛盾多发期。受舆论生态、意见表达渠道的影响,互联网成为民意表达与民众维权的重要出口,各类网络舆情事件高发。作为集群行为的一种形式,西方的社会动员理论为网络舆情事件研究提供了解释框架,使得这一领域形成了四种基本学术范式:以勒庞的心智归一法则、布鲁默循环反应理论为代表的社会心理学研究范式;以资源动员理论和政治过程理论为代表的政治社会学研究范式;以韦伯解释社会学为代表的文化研究范式;以查尔斯·蒂利、麦克亚当和塔罗为代表人物的抗争政治研究范式。上述四种研究范式为网络舆情事件研究

提供了宏观的框架,但随着研究的推进,学者发现由于中国特定的社会生态和舆论环境,网络舆情事件并非遵循着发起人理性缜密的策划逻辑,而是情感动员的逻辑,这构成了"转型中国的互联网特色景观"①。情感动员在网络舆情事件中的功用日益受到重视。谢金林认为,在网络舆情事件尤其是带有抗争色彩的事件中,情感动员而非理性思考发挥着关键和决定性的作用。② 杨国斌提出,网络不仅是信息的集散地,更是情感交流与共鸣的场域,情感不仅是舆情事件的资源或工具,还是斗争的动力。③

　　在情感动员成为网络舆情事件关注焦点时,西方的情感社会学理论为其提供了较好的解释视角,即将情感动员不简单地描述为非理性的情绪宣泄,而是看作具有深层结构与文化意义的社会行为。白淑英较早引用了阿莉·卢塞尔·霍赫希尔德(Arlie Russell Hochschild)的"情感整饬"理论,将网络舆情事件的情感动员定义为"在互动中个体或群体通过情感运作,以唤起、激发或者改变人们对事物的认知、态度和评价的过程"④。近年来,伴随社交媒体、自媒体的迅猛发展,以情感带流量、以情感带节奏现象日益突出,舆论生态的"后真相时代"特征日益明显,网络舆情事件中情感动员的研究不断深入,情感动员的策略、逻辑得到学者关注。吴果中将情感动员过程归纳为:网民大多采取愤怒、同情与戏谑等情感交织的表达逻辑进行情景、身份和目标话语意义建构,引爆舆论话题,形成集体行动。⑤ 总结来看,网络舆情事件中的情感动员已成为中国互联网的重要特色,学者对情感动员的理论框架选择已从宏大的社会心理、资源动员向着中观的情感社会学框架转向;研究的关注点趋向微观和具体,网络舆情事件情感动员的逻辑、叙事、文本、话语日益成为焦点,自媒体叙事结构与手段也受到重视。

　　① 任孟山:《转型中国的互联网特色景观:网络动员与利益诉求》,《现代传播》2013 年第 7 期。
　　② 谢金林:《情感与网络抗争动员——基于湖北"石首事件"的个案分析》,《公共管理学报》2012 年第 1 期。
　　③ 杨国斌:《悲情与戏谑:网络事件中的情感动员》,香港《传播与社会学刊》2009 年第 9 期。
　　④ 白淑英、肖本立:《新浪微博中网民的情感动员》,《兰州大学学报(社会科学版)》2011 年第 5 期。
　　⑤ 吴果中、李菲:《网络事件中网民的情感抗争:表达逻辑与意义建构》,《湖湘论坛》2016 年第 3 期。

二、"非虚构写作"的情感动员功能

1. 网络行动话语情感动员的三个阶段

情感动员作为网络舆情事件的核心机制,已得到学界的重视和广泛研究。目前,学者多将情感动员的功效归因于社交媒体,认为社交媒体不仅是信息传播的工具,也是情感交流、情感建立、情感互动的场域[①],具有强大的情感聚合能力,且在一定程度上改变了社会动员的方式[②]。在关注社交媒体情感动员功能的同时,还应注意到,由于情感资源、注意力资源的稀缺,社交媒体只是情感动员的必要条件。在互联网的不同发展阶段,情感动员所依赖和青睐的话语方式不尽相同,而能否选择契合互联网特质和特征的话语直接决定了其效果。正如汤景泰提出:网络行动的核心是话语,不研究网络行动话语的表达逻辑,就无法全面理解新媒体事件的过程逻辑。[③]

回顾互联网的不同发展阶段,网络行动话语与情感动员的效果有着密切关系,可以将其归纳为三个阶段。网络话语首个阶段为 2008 年之前的"标题党"阶段。在"标题党"阶段,搜狐、网易等门户网站,天涯、猫扑等网络论坛成为主要的网络平台,网络帖子标题的震撼性成为决定情感动员效果的主要因素。因而,这一阶段的网络话语表达逻辑倾向追求网贴标题的刺激性、夸张性、轰动性,以此来吸引网民的注意力,得到公众和主流媒体的关注、报道,"标题党"现象泛滥。同时,为了追求情感动员效果的最大化,网络谣言在"标题党"阶段也是比较常见的网络话语。郭小安认为,在网络抗争事件中,网络谣言发挥着强大的情感动员作用,通过虚构情景、建构身份,以唤醒公众的悲情和愤怒。[④]

网络行动话语的第二阶段为 2009 年至 2016 年之际的"网络热词"阶段。这一时期,由于微博等社交媒体的迅猛发展,如何将网络舆情事件浓缩

---

①　李畅、陈华明:《社交媒体在社会突发暴力事件风险传播中的情感动员研究》,《新闻界》2016 年第 16 期。

②　魏靖涵:《社交媒体时代公共事件中的情感动员》,《青年记者》2018 年第 33 期。

③　汤景泰:《情感动员与话语协同:新媒体事件中的行动逻辑》,《探索与争鸣》2016 年第 11 期。

④　郭小安:《网络抗争中谣言的情感动员:策略与剧目》,《国际新闻界》2013 年第 12 期。

为易于传播的网络热词成为情感动员效果的关键。需要说明的是,由于社会转型期的矛盾多发与社会公众的焦虑心理,"网络热词"往往有着鲜明的身份指向,网民更倾向以"官民""贫富""贵贱""城乡""强弱"等身份标签来生产网络热词。网络热词多通过身份标签将舆情事件建构为官民、贫富对立,以转发、围观、起哄、戏谑等形式激发公众的愤怒和悲情,起到情感动员的功能和效果。

自 2017 年以来,"标题党""网络热词"作为情感动员的网络行动话语效果日益降低,其原因主要有两个方面。一方面,随着近几年国家对网络空间立法、网络谣言整治力度的加大,无论是传统媒体还是自媒体,在网络谣言的审核、网络言论的真实性方面都有了很大进展。在互联网法治化、自律化的环境和趋势下,以"标题党"及网络谣言等进行情感动员的可能性已日益降低。另一方面,当下的网络传播形态日益呈现视听化特征,网络生态的圈层化特征比较显著,公众的注意力资源很大程度上被稀释,对生产速度越来越快、碎片化的网络热词已处于"审美疲劳"状态,而对真实性、叙事完整性、情感性的需求日益提高。在上述两个方面的共同作用下,网络行动话语进入新的阶段,可称之为"非虚构写作"阶段。

2. 作为情感动员网络话语的"非虚构写作"

近几年来,"非虚构写作"作为将新闻报道与纪实文学结合起来的叙事手法,成为继"标题党""网络热词"之后,在网络情感动员中日益发挥重要作用的话语方式,这有其必然性。正如前文所述,自《人民文学》在 2010 年开辟专栏以来,"非虚构写作"作为一种文体和叙事手法在中国的本土化过程中日渐成熟,既有着浓厚的忧患意识和社会责任意识,也有着鲜明的道义和伦理关怀。与此同时,中国急剧的社会转型与社会矛盾又为"非虚构写作"创作提供了丰富的题材。此外,网络尤其是社交媒体平台的碎片化传播使得网民对叙事完整性、内容深刻性的要求与日俱增。上述多方面因素的合力使得"非虚构写作"拥有着广阔的发展空间。而推动"非虚构写作"走出文学领域、新闻领域,进入网络舆情事件、网络公共事件的则是新媒体和自媒体平台的"野蛮生长"。2013 年以来,伴随移动互联网的迅猛发展,依托微信公众号等平台的新媒体、自媒体创业蔚然成风。根据腾讯旗下企鹅智酷的统计,2014 年微信公众号的数量为 580 万个,2017 年则迅速增长至 1000 万个。在激烈竞争中,"非虚构写作"因其成熟而良好的受众基础,成为众多新媒体、自媒体平台青睐的叙事手法。同时,"非虚构写作"也成为民众参与社会公共事件、表达意见诉求的重要网络话语方式,深度参与到网络舆情事件的动员中来。

回溯"非虚构写作"在网络舆情事件中的情感动员功能,可将其归纳为三个阶段:2016 年之前的发端期,2017 年的起始期,2018 年及之后的成熟期。伴随舆论生态的"后真相"特征日益明显,有着强烈情感色彩的"非虚构写作"在网络舆情事件中的情感动员功能在不断凸显。而与网络谣言、网络造句、网络表情符号等较为常见的网络情感动员方式相比,非虚构写作在情感动员的表达逻辑出现了明显变化,即由标新立异、煽动情绪向着意识形态建构转向。这一情感动员表达逻辑的转变,一方面使得"非虚构写作"体现出更多的社会责任感、忧患意识;另一方面也蕴含着诸多风险,值得深入探讨。

第三节　"非虚构写作"的情感动员策略与表达逻辑

情感动员作为中国互联网尤其是网络舆情事件的特征与特色,已受到学者的重视并对其进行了深入研究。随着近年来舆论生态的"后真相"特征日益明显,以情感带节奏、以情感带流量的网络行为越来越多,学者对网络舆情尤其是网络抗争事件中情感动员的策略、表达逻辑的研究也不断推进。郭小安将网络民粹主义的叙事归纳为底层叙事、哄客叙事、对抗叙事。[1] 陈相雨将网络舆情事件的情感动员策略总结为悲情叙事、身份展示、戏谑表达三种。[2] 同时,由"非虚构写作"引发的网络舆情事件中的情感动员策略与逻辑也得到关注。需要指出的是,上述研究对情感动员策略、表达逻辑的研究

---

[1]　郭小安:《网络民粹主义三种叙事方式及其反思》,《理论探索》2015 年第 5 期。
[2]　陈相雨、丁柏铨:《抗争性网络集群行为的情感逻辑及其治理》,《中州学刊》2018 年第 2 期。

多数是基于"标题党"、网络热词、网络谣言等话语方式,而对"非虚构写作"作为独特的网络话语方式的情感动员策略与表达逻辑则涉及较少。

在情感动员的策略方面,"非虚构写作"基本沿用了网络热词、网络谣言等网络话语方式的策略,即悲情、愤怒、戏谑三种。但是,在情感动员的表达逻辑方面,"非虚构写作"将"文史合一"、忧患意识、社会学的想象力与身份展示、底层叙事、戏谑表达等惯用的表达逻辑有效而巧妙地嫁接起来,形成了独具特色的网络话语表达逻辑。"非虚构写作"的表达逻辑可以概括为社会学观察、原型叙事、文化冲突三种。

一、社会学观察

社会学观察是"非虚构写作"迥异于网络热词、网络谣言等话语方式的逻辑表达特征。所谓社会学观察,指的是创作者以"社会学的想象力"来观察和思考个体际遇、社会现象,将个体困扰放在社会结构、社会制度、历史塑造的视角来予以解读和评判。事实上,"非虚构写作"自其诞生之初,便有着浓厚的社会学观察色彩。而"非虚构写作"在中国的本土化过程中,其社会学观察的色彩更加浓厚。社会学观察表达逻辑的引入,既是"非虚构写作"与以往网络情感动员的差异,也是其不同于网络民粹主义、煽情主义,具有建设性的一个表征。

二、原型叙事

原型即原始意象,作为长期沉淀下来的集体记忆和情感体验交织起来的类型化符号,蕴含着特定社会结构和文化下某些群体固有的认知方式和情感体验。在当下社会急剧变迁的中国,贫富差距、官商勾结、恃强凌弱等原型叙事成为各种文学影视作品、新闻报道的惯用叙事框架。而在"非虚构写作"中,原型叙事成为常用的表达逻辑,为公众理解、解释事实与调动情感提供了底色与框架。这一现象已得到学者的关注。近来,原型叙事作为"非虚构写作"情感动员表达逻辑的特征日益明显。简而言之,"非虚构写作"有效使用了原型叙事,在情感上使得网民产生代入感、共振感、愤怒感,有效进行了情感动员并引发带有抗争色彩的网络舆情事件。

三、文化冲突

文化冲突,也叫文化震撼,指的是个体在面对文化差异时产生的精神压力。

当互联网不仅是获取信息的重要渠道,更是观察、体验他人、他群生活的方式时,文化冲突往往附带着好奇、猎奇的心理,成为网民深度融入网络社会的一种驱动力量。而在"非虚构写作"中,这种驱动力使得文化冲突作为情感动员表达逻辑的现象日益增多,这在涉及农村、底层、苦难题材时表现得尤为突出。将社会中的某个特殊群体的命运展示给基数庞大的互联网用户,这对于网民尤其是习惯了城市生活的群体带来的文化冲突可想而知。而这种强烈反差产生的文化冲突,则会激发同情、怜悯、人文关怀等情感,使得"非虚构写作"以情感动员的形式对社会问题代入公众视野,实现议程设置的功能。

在情感与信念优先的"后真相时代",网络舆情事件的情感动员机制是学界关注的焦点,而对情感动员策略和表达逻辑的认知是评判和评价情感动员的重要标准。就"非虚构写作"来说,其在网络舆情事件中发挥着强大的情感动员功能。在情感动员策略方面,"非虚构写作"延续了悲情、愤怒、戏谑三种。而在情感动员表达逻辑方面,"非虚构写作"较网络热词等话语具有了质性提升。通过将底层叙事、悲情叙事、身份标签、戏谑表达等传统的网络情感动员表达逻辑,与"文史合一"、忧患意识等"非虚构写作"本土概念巧妙嫁接,呈现出社会学观察、原型叙事、文化冲突三种表达逻辑,使得网络情感动员摆脱了只破不立、只"喷"不建,实现了批判与建设、解构与建构、破与立等方面的平衡。在一系列事关公平正义、民主法治、民生健康的重要领域,"非虚构写作"以社会学观察的方式发挥着情感动员与议程设置功能,与传统媒体共同发挥舆论监督作用,推动社会"病灶"的根治和解决,将网络民粹主义导向理性化、建设性的方向。

在充分肯定"非虚构写作"推动社会问题解决的同时,也需要关注其存在的诸多风险与问题。首先,社会学观察在"非虚构写作"中的恰当应用有助于推动社会"沉疴""病灶"的解决,但其过度使用也易导致社会学想象力的滥用,导致个体、个案事件的泛政治化、泛意识形态化,极大增加了网络社会风险的交叉感染、传递。其次,"非虚构写作"的情感动员功能易被滥用。部分自媒体平台以情感带流量、以情感带节奏,过度消费公众情感的现象时有发生。最后,"非虚构写作"中加入了诸多的文学元素,如何确保内容的真实性关系到其未来生存的问题。此外,不少自媒体平台大量转引、二次加工传统媒体的新闻报道,"洗稿"的现象也屡见不鲜,知识产权争端屡见不鲜。上述问题都是"非虚构写作"需要正视和予以规范的,这对于自媒体平台的良性发展与清朗网络空间的建设至关重要。

第十一章　舆情支持与风险沟通*

　　进入 21 世纪以来,现代世界的风险社会特征愈发凸显。就中国而言,社会转型期的矛盾多发且叠加于现代化进程,各种不确定性、不可预见性的风险屡见不鲜,已进入社会转型与现代性本身所带来的"双重风险社会"的挑战。① 与风险社会特征明显同步的是,互联网、新媒体迅速普及和发展,公众对风险管理参与权、知情权的必要性日益提高。基于上述背景,保持政府、专家、媒体与公众之间的风险沟通成为必然趋势。根据美国国家研究理事会的定义,风险沟通指的是个体、团体和机构就信息和意见进行交换的相互作用过程。② 当下,风险沟通的理念与实践已成为世界、中国突发公共卫生事件应急管理的重要原则、内容。同时,学者也在研究中不断完善突发公共卫生事件风险沟通的框架。值得关注的是,突发公共卫生事件的风险,既包括疫情现实风险、公众感知风险,还包括舆情风险。已有研究主要集中在前两个维度下建构风险沟通框架。而伴随社会主要矛盾的转化带来的社会心态变迁,后真相时代舆论生态带来的情感冲突,叙事重构带来的泛意识形态争论,突发公共卫生事件的舆情风险如舆情危机、次生舆情灾害、社会信任异化等已成为风险沟通框架必须重视的维度。因而,基于舆情视角来建构突发公共卫生事件风险沟通框架有着重要理论和现实价值。

---

　　* 注:本文已发表于《理论与改革》2020 年第 4 期,《舆情视角下的突发公共卫生事件风险沟通框架建构》,有删改。
　　① 张晨、何华玲:《"双重风险社会"中公共治理的困境与重塑》,《长白学刊》2010 年第 2 期。
　　② 柳恒超:《风险沟通与危机沟通:两者的异同及其整合模式》,《中国行政管理》2018 年第 10 期。

第一节　风险社会下的突发公共卫生事件风险沟通

　　1986 年,德国学者乌尔里希·贝克在《风险社会》一书中将西方后工业社会描述和界定为"风险社会"。此后,伴随核泄漏、传染疾病、恐怖主义等一系列事件的发生,"风险社会"理论被赋予了强大的生命力。围绕着"风险社会",西方学者形成了三个视角:以劳(Lau)的"新风险"理论为代表的现实主义视角,认为风险社会的出现是由于核危机、金融危机等新的、更大的风险的出现;以道格拉斯和拉什为代表的文化主义视角,认为风险社会的出现本质在于人类对风险的文化和认知建构;以贝克和吉登斯为代表的制度主义视角,强调风险社会是后工业社会制度设计自身蕴含的要素和特性。①

　　西方"风险社会"理论的现实主义、文化主义、制度主义视角为研究中国社会提供了参考框架。就中国社会而言,既面临由传统农业社会向工业社会转型的风险,也存在着现代社会的风险,学者将其定义为"双重风险社会"②或"转型风险社会"③。而近年来伴随互联网的普及和新媒体的崛起,网络的风险放大效应急剧凸显,个案事件、区域事件发酵为全国性乃至全球性舆情事件的案例屡见不鲜。"网络成了一个风险集聚、传播和放大的平台,在这个平台上酝酿了网络突发事件,而网络突发事件的爆发则是线上和线下同时的。网络突发事件的爆发规模往往远远超过其最初初始事件的规模。"④因而,当下中国社会的风险存在着多重性,即社会转型风险、现代性风险、网络放大风险的"三位一体"。

　　现代世界风险社会的特征日益明显,伴之互联网信息技术的普及,公众

---

① 杨雪冬:《风险社会理论述评》,《国家行政学院学报》2005 年第 1 期。

② 张晨、何华玲:《"双重风险社会"中公共治理的困境与重塑》,《长白学刊》2010 年第 2 期。

③ 张云昊:《转型风险社会的特点及风险控制》,《武汉理工大学学报(社会科学版)》2009 年第 3 期。

④ 张侃:《网络突发事件的生成与治理:基于风险的社会放大框架的分析》,《重庆工商大学学报(社会科学版)》2016 年第 1 期。

对风险管理参与权、知情权的要求也相应提高。基于上述背景,保持政府、专业机构、媒体与公众之间的风险沟通成为必然选择。风险沟通(Risk communication)在 20 世纪 70 年代由美国环保署首任署长威廉·卢克西斯提出。1989 年,美国风险认知与沟通委员会等机构将风险沟通定义为"个人、团体、机构间交换信息和意见的互动过程",而非"从专家到非专家的单向信息传递"。①

进入 21 世纪以来,一系列突发公共卫生事件的爆发使风险沟通的理念和实践日益受到重视,并被世界卫生组织(WHO)确定为指导公共卫生应对传染病威胁的一项核心能力。② 2008 年,世界卫生组织(WHO)在疾病暴发沟通指南中将风险沟通的原则界定为建立信任、及时公布信息、保持透明、关注公众和提前预案。③ 就中国而言,在应对突发公共卫生事件中,风险沟通也成了公共卫生应急管理的重要原则。2011 年,卫生部卫生应急办公室与中国健康教育中心共同编写、发布《突发公卫事件应急风险沟通手册》,将风险沟通作为危机管理的重要内容和"建立在政府部门、专业机构、公众和媒体之间理性的沟通桥梁"。2015 年,WHO 风险沟通原则在中国首例输入性中东呼吸综合征(MERS)防控中成功应用,为风险沟通在公共卫生应急风险管理中发挥作用提供了依据。④

在突发公共卫生事件的风险沟通成为各界共识的前提下,学者也从不同角度提出完善风险沟通框架的观点。许静认为,在社会化媒体时代,风险沟通作为政府部门、专业机构、公众和媒体之间的沟通桥梁,其组织架构、沟通机制、信息支持、沟通保障等均需系统构建,以实现个体、社会和管理层面的良性互动。⑤ 徐王权等主张以议题管理的模式建构风险沟通框架,"采用

---

① 林爱珺、吴转转:《风险沟通研究述评》,《现代传播》2011 年第 3 期。

② Shrivastava SR,Shrivastava PS,Ramasamy J. "Risk communication:An integral Element in Public Health Emergencies". *International Journal of Preventive Medicine*,2016,7:12 – 12.

③ World Health Organization. *World Health Organization Outbreak Communication Planning Guide 2008 Edition*. Geneva:World Health Organization,2008.

④ 邱五七等:《WHO 风险沟通原则在中国首例输入性中东呼吸综合征防控中运用》,《中国公共卫生》2017 年第 2 期。

⑤ 许静:《社会化媒体对政府危机传播与风险沟通的机遇与挑战》,《南京社会科学》2013 年第 5 期。

互联网议题管理模式实施突发公共卫生事件的互联网媒介的风险沟通,是一个流程科学合理,符合互联网信息传播规律的有效管理模式"①。姚春凤等认为,风险沟通框架体系主要包括目标和任务、沟通主体、支持系统、保障系统四个主要组成部分。② 已有研究围绕着突发公共卫生事件的疫情现实风险、公众感知风险,在风险沟通框架等方面提出了诸多启发性对策建议。在充分肯定现有研究的同时还应看到,除了疫情现实风险、公众感知风险之外,突发公共卫生事件的第三种风险——舆情风险愈发突出。由于突发公共卫生事件作为与每个个体生命与健康安全息息相关的重大事件,在人人都有"麦克风"的全媒体时代,舆情风险已不仅是突发公共卫生事件的衍生品和附加品,而是内生于突发公共卫生事件之中的风险要素。因而,将舆情作为突发公共卫生事件的风险沟通要素,建构更为完善的风险沟通框架成为必然要求。

第二节　突发公共卫生事件的风险特性与舆情要素

在我国突发公共卫生事件的风险沟通理论与实践中,疫情现实风险、公众感知风险是主要关注点,舆情风险则往往被视为突发公共卫生事件的偶发现象。可以说,作为与全民健康息息相关的公共事件,在全媒体的传播环境下,突发公共卫生事件自身便蕴含着舆情风险的要素。与自然灾害、恐怖主义、金融风暴等突发公共事件不同,突发公共卫生事件有着全球性、全域性、全民性和全媒性的风险特性。

---

① 徐王权等:《基于互联网议题管理的突发公共卫生事件风险沟通框架的研究》,《现代预防医学》2014 年第 8 期。

② 姚春凤、谭兆营、沈雅:《探讨设计突发事件公共卫生风险沟通的框架体系及其核心要素诠释》,《中国健康教育》2014 年第 9 期。

一、突发公共卫生事件的风险特性

1. 全球性风险

当今世界的经济、贸易、人口流动、迁徙呈现鲜明的全球化特征。因而,突发公共卫生事件的风险已超越某个国家、地区,而有着全球性的特点。在应对突发公共卫生事件尤其是重大疫情的全球风险扩散过程中,世界卫生组织于 2005 年设立"国际关注的突发公共卫生事件"机制(PHEIC),迄今已宣布了六次。可见,突发公共卫生事件的全球性风险呈现与日俱增的态势,这一风险是十分现实且客观的。

2. 全域性风险

突发公共卫生事件的全域性风险指的是突发公共卫生事件不是只影响公共卫生、医疗健康领域,而是影响社会的各个领域、行业。在重大突发公共卫生事件中,为阻断疫情传播,各个领域和行业都要做出让步。可以说,突发公共卫生事件事关整体经济发展与社会秩序稳定。

3. 全民性风险

突发公共卫生事件对于每个个体都有潜在和现实的风险性。而在"人人都有麦克风"的新媒体时代,突发公共卫生事件的关注、信息传播、舆情表达呈现鲜明的全民参与特征。这种全民参与对于提高公众的关注度和重视度有有利的一面,但同时也极易引发社会恐慌、焦虑的情绪和心理。此外,全民高度关注的突发公共卫生事件也易引发挤兑医疗资源等现象。

4. 全媒性风险

伴随移动互联网、社交媒体、智能终端的普及,当今社会的媒体与信息呈现无处不在、无所不及、无人不用的全媒体特征。根据中国互联网信息中心(CNNIC)发布的第 44 次《中国互联网络发展状况统计报告》数据,截至 2019 年 6 月,我国网民规模达 8.54 亿人,手机网民规模达 8.47 亿人,网民使用手机上网的比例达 99.1%。在全媒体格局下,突发公共卫生事件的传播具有全媒体特性。一方面,人人都是记录者、处处都有摄像头,突发公共卫生事件信息得以"全息"传播;另一方面,突发公共卫生事件的信息通过文字、图片、音视频等形态传播。突发公共卫生事件的全媒性极大增加、放大了舆情危机和次生舆情灾害的风险。

二、突发公共卫生事件风险沟通的舆情要素

由于突发公共卫生事件有着全球性、全域性和全民性和全媒性风险,在时间、空间、领域、人群和媒介中有着"横向到边、纵向到底"的特点,与民众的生命与健康安全密切相关,因而,从风险沟通作为"个人、团体、机构间交换信息和意见的互动过程"的角度来看,突发公共卫生事件本身便蕴含着舆情要素。

首先,突发公共卫生事件的风险特性与舆情的关切指向高度一致。突发公共卫生事件有着全球性、全域性、全民性、全媒性的风险特性,时时刻刻与公众息息相关,这是保持政府、专业机构、媒体和公众之间风险沟通的前提条件。而舆情指的是社会民众在一定的历史阶段和社会空间内,对关乎自己切身利益的公共事务(事项)或自己关心的特定事件所持有的群体性情绪、意愿、态度、意见和要求的总和及其表现。[1] 突发公共卫生事件作为事关公众生命与健康安全的重大公共事项,其风险特性与舆情的关切指向统一于公众的切身利益和公共事项。尤其是伴随社会主要矛盾的转化,民众对更加美好生活需要的显著变化使得公共卫生议题的重要性与日俱增,"维安"超越"维权"成为公众的重要关切指向。

其次,突发公共卫生事件风险沟通与舆情表达共享相同的现代社会治理理念。无论是参与突发公共卫生事件的风险沟通,还是对突发公共卫生事件进行情绪、意见的表达,其价值内涵都是体现公民主体性,实现关系切身利益事件的参与权和知情权。"风险沟通的要求体现了公众参与社会决策的民主意愿,风险沟通的过程是对大众需求的政治回应。"[2]而舆情作为民众的社会政治态度,天然便是公民参与社会决策和民主协商的方式和途径。因而,无论是风险沟通还是舆情表达,其共同体现的是现代社会应对突发公共卫生事件等重大风险共同遵循的多元主体、信息公开、决策透明的现

---

① 张元龙:《关于"舆情"及相关概念的界定与辨析》,《浙江学刊》2009 年第 3 期。

② 强月新、余建清:《风险沟通:研究谱系与模型重构》,《武汉大学学报(人文科学版)》2008 年第 4 期。

代社会治理理念。

再次,突发公共卫生事件风险沟通和舆情的核心命题高度吻合。风险沟通的传统概念认为"风险＝事件发生的概率×特定后果的规模大小",而这无法解释一些风险感知很小但公众狂暴不安的案例。鉴于此,研究者提出了"风险＝危害×愤怒"这一核心命题,即一些特定的"风险因子"或"愤怒因素"也在不同程度上影响着人们的风险感知。[①]"风险＝危害×愤怒"的命题与舆情的情绪导向特性高度契合,"舆情作为一种政治指向性很强的心理活动,在种种应用中具有情绪表达更为突出的特点"[②]。因而,"危害×愤怒"的核心命题既是突发公共卫生事件的核心命题,也是舆情事件的核心命题,两者高度吻合,并在突发公共卫生舆情事件中相互印证。

最后,突发公共卫生事件与舆情事件共同受互联网的风险放大效应支配。由互联网风险放大效应产生的舆情事件已屡见不鲜。而突发公共卫生事件受网络风险放大效应的支配也尤为突出。有研究指出,突发事件与互联网存在着叠加共振效应,包括网络传播的即时性与突发事件的突发性契合;网络传播的交互性与突发事件的公共性契合;网络信息的海量性与突发事件的复杂性契合;网络谣言与非常规突发事件不确定性契合。[③] 而除了互联网之外,社交媒体对突发公共卫生事件的风险放大效应也十分突出。汤景泰等在风险的社会放大框架(SARF)下对健康风险的放大效应进行考察,认为在社交媒体语境下,健康风险议题更易模糊,健康风险谣言更加频发,健康风险体验更为逼真,健康风险扩散涟漪效应大大增强。[④] 可以说,无论是突发公共卫生事件还是舆情事件,其风险的表现、扩散都在很大程度上受互联网、社交媒体的放大效应支配。

简而言之,突发公共卫生事件的风险沟通天然就蕴含着舆情要素。从

①　张洁、张涛甫:《美国风险沟通研究:学术沿革、核心命题及其关键因素》,《国际新闻界》2009 年第 9 期。

②　王来华:《如何应对网络舆情过度情绪化表达》,《光明日报》2015 年 7 月 16 日,第 16 版。

③　严利华、宋英华:《非常规突发事件网络舆情的关键要素和发生逻辑》,《中国应急管理》2015 年第 4 期。

④　汤景泰、巫惠娟:《风险表征与放大路径:论社交媒体语境中健康风险的社会放大》,《现代传播》2016 年第 12 期。

理论维度来看,突发公共卫生事件的风险特性与舆情的关切指向高度一致;突发公共卫生事件风险沟通和舆情的核心命题高度吻合;突发公共卫生事件风险沟通与舆情表达共享相同的价值内涵;突发公共卫生事件与舆情事件共同受互联网的风险放大效应支配。而从实践维度来讲,突发公共卫生事件几乎都成为舆情热点和焦点,这已经成为近年来的常态现象。因而,在对突发公共卫生事件的风险沟通过程,既需要风险的视角,也需要舆情的视角;既需要重视突发公共卫生事件的现实风险、感知风险,更需要重视相应的舆情风险。这就需要我们在突发公共卫生事件的风险沟通框架中充分重视、发挥舆情的视角和效能。

第三节　舆情视域下突发公共卫生事件风险沟通框架

在风险沟通过程中,突发公共卫生事件的舆情要素已成为客观现实,这要求研究者在突发公共卫生事件的风险沟通框架中加入舆情的元素和视角。近年来,在传播形态、舆论生态、社会心态急剧变迁的条件下,突发公共卫生事件的舆情风险表现愈加突出。譬如,对突发公共卫生事件应急管理不当引发的信任危机、"塔西佗陷阱",突发公共卫生事件舆论引导失利引发的舆情灾害、次生舆情灾害,围绕突发公共卫生事件的评价和叙事引发的社会制度、泛意识形态争论等。而将舆情视角纳入风险沟通框架中,则需要对突发公共卫生事件中的舆情机制和规律予以勾勒和揭示。

一、风险沟通中的舆情机制

近年来,突发公卫事件引发的舆情事件不断增多,突发公共卫生事件舆情研究也逐渐受到学界重视。梳理"突发公共卫生事件与舆情"已有的研究成果,其主线是通过分析突发公共卫生事件中舆情信息的传播机制、传播特点来提出舆论引导、政务舆情应对策略。尤其是在一些重大的突发公共卫生事件发生后,相关的研究则显著增多。该类研究侧重于突发公共卫生事件的舆情机制与机理,更多将舆情作为突发公共卫生事件的应急产物、衍生物来提出舆论引导对策建议。而将突发公共卫生事件舆情要素置于风险沟通的框架下,其舆情机制可归纳为舆情支持与舆情危机两个方面。

1. 舆情支持

如前所述,突发公共卫生事件风险沟通与舆情表达共享相同的价值内涵,即多元主体的现代社会治理理念。而在实践中,两者虽有统一性,也有差异性。突发公共卫生事件风险沟通侧重的是信息透明,其落脚点体现于传播参与。舆情表达侧重的是意见诉求,其落脚点体现在传播治理。事实上,在全媒体格局下,通过社交媒体、音视频媒体进行传播参与既是公众与政府、专业机构、媒体的风险沟通过程,也是获取信息、舆情诉求、传播治理的过程。因而,政府、专业机构、媒体与公众风险沟通的过程,也是舆情支持的过程。

舆情支持指的是民众对国家管理者所产生的积极、健康和理性的社会态度。在社会主义制度下,由于民众与国家在维护国家安全,推动社会发展,满足人民物质和精神需要,保障社会长治久安等根本利益的一致性,舆情天然就存在着舆情支持的要素。① 而在突发公共卫生事件中,政府、专业机构、媒体与公众在预防和控制疫情也存在着利益的统一性。舆情支持作为建设性的社会态度,能够在多个维度和环节推动风险沟通的效率和效能。譬如,政府、专业机构和媒体能够将公众分散、无序的情绪和意见引导为合理建议,将公众的呼求、求助、对策建议转化为应急管理行动、政策法规,做到"民有所呼,我有所应"。可以说,只有建立在舆情支持基础上的风险沟通才能够迅速实现其建立信任、凝聚共识的目标,这一点已得到了实证研究的证明。

2. 舆情危机

突发公共卫生事件风险沟通和舆情的核心命题高度吻合,即公众的情感和情绪发挥着至关重要的作用。"情绪和情感不仅扭曲了人们对风险实

---

① 毕宏音:《舆情支持的概念、特点与现实功能》,《社科纵横》2012 年第 7 期。

际危害的感知,它本身也独立地成为风险的一个重要组成部分,有效处理公众的情绪问题与准确科学地处理风险数据同样重要。"①近年来,伴随舆论生态的"后真相"特征日益明显,即公众对情感与信念诉求优先于事实。同时,传播社群圈层化助长了群体极化、信息茧房等"立场站队"现象。舆论生态与传播社群的作用使得突发公共卫生事件风险沟通情感风险凸显,也成为舆情危机的重要诱因。舆情危机指面对突发事件,特别是负面事件,作为主体的民众对作为客观存在的事件或现象表达自己的信念、态度、意见和情绪等,这些信念、态度、意见和情绪集聚汇总,导致舆情影响范围空前扩大,给当事者造成危机感。②

舆情危机是风险沟通核心命题"风险 = 危险 × 愤怒"的集中表现,情感与情绪矛盾是根本所在。突发公共卫生事件的舆情危机既发生于政府、专业机构、媒体与公众之间,也出现于公众的内部。其最直接和最主要的引发原因是情感和情绪的冲突。譬如,围绕对突发公共卫生事件的评价与报道,官方情感立场与公众的情感立场往往发生冲突。前者多主张宏大叙事和理性平和的情感立场,后者更主张个体叙事和爱憎分明的情感立场。围绕突发公共卫生事件的报道基调,媒体更多采取正面报道、正能量的情感基调,而公众更主张悲情叙事、"草根"叙事的情感基调。而这些情感冲突既是风险沟通所要应对的首要风险,也是舆情事件、舆情危机、次生舆情灾害的诱因和起源。可以说,突发公共卫生事件中,"风险 = 危险 × 愤怒"是风险沟通和舆情治理共同面对的核心命题,并通过情感和情绪矛盾得到体现和发挥作用。

二、舆情视角下风险沟通框架的再建构

在突发公共卫生事件的风险沟通过程中,舆情支持与舆情危机有着不同的作用。舆情支持是突发公共卫生事件风险沟通的积极和建设性要素,在提升公众的传播参与、传播治理意愿与效能,建立和巩固政府、专业机构、

---

① 张洁、张涛甫:《美国风险沟通研究:学术沿革、核心命题及其关键因素》,《国际新闻界》2009 年第 9 期。

② 金苗:《南海国际舆情态势呈现与舆情支持路径思考》,《学术前沿》2018 年 10 月(上)。

媒体与公众之间的信任关系上发挥着不可替代的作用。而舆情危机是突发公共卫生事件风险沟通的消极和紧迫性要素,也是尤其需要值得警惕和重视的要素。近年来,由于舆论生态的"后真相"时代特征、社群传播圈层化,舆情危机在突发公共卫生事件中的影响力和破坏性愈发明显,由突发公共卫生事件舆情危机引发舆情灾害、意识形态论争的影响早已超越了公共卫生和应急管理领域。在极端的情况下,甚至连风险沟通本身也成为引发舆情灾害的风险源。因此,将舆情视角、舆情要素融入突发公共卫生事件的风险沟通过程已是必要,这就需要建立更高层级和更广领域的框架体系。基于舆情的视角,突发公共卫生事件的风险沟通框架需要从以下方面进行再建构。

首先,风险沟通的风险维度需要再丰富。已有的突发公共卫生事件风险沟通主要包含了疫情现实风险、公众感知风险两个维度,尚未将舆情风险明确纳入框架中。事实上,由于全球性、全域性、全民性和全媒性的风险特征,舆情要素与舆情风险已成为突发公共卫生事件的自身属性,而非衍生物、附属物。同时,风险沟通本身也有着较高的舆情风险。譬如,在突发公共卫生事件一些煽情、违反新闻伦理的舆论引导也会引发广泛的舆情危机。因而,突发公共卫生事件的风险沟通框架应加入舆情风险的维度,增强对风险沟通的反身性思考,将疫情现实风险、公众感知风险和舆情风险共同纳入风险沟通框架的全过程、全流程。

其次,风险沟通的目标任务有待再定位。现有突发公共卫生事件风险沟通的目标任务主要包括四个方面:一是增进公众及媒体对疫情的了解;二是增进卫生部门与公众和媒体的信任;三是要提升公众对疫情的认知;四是要降低公众恐慌与焦虑。[①] 从心理学的"知情意"结构来看,上述风险沟通目标主要属于"知"与"意"的内容,而较少涉及"情"的内容。在舆论生态"后真相"时代特征日益明显的条件下,突发公共卫生事件风险沟通所面临的"风险＝危险×愤怒"等情感、情绪因素愈发重要。鉴于此,突发卫生事件风险沟通的目标任务还应增加"情"的内容,即将公众的情感体验、情感认同、

---

① 《专家详解"风险沟通"有四大目标》,http://www. ce. cn/xwzx/gnsz/zg/200905/08/t20090508_19023099. shtml,访问时间:2020 年 2 月 10 日。

情感共鸣作为重要目标,充分发挥舆情支持的积极作用,使得风险沟通的目标框架包含"知情意"三个部分,共同形成完整的结构体系。

最后,风险沟通的领导和保障机制需要再设计。在现有制度设计中,突发公共卫生事件的风险沟通主要由公共卫生系统来承担主要功能,而舆情支持、舆情应对主要由媒体机构来履职。伴随突发公共卫生事件舆情风险、舆情危机的常态化,以及随之产生的信任危机、意识形态争论,目前的突发公共卫生事件风险沟通框架已难以协调和适应。"新媒体时代,突发公共事件引发的网络舆情带给政府极大的挑战⋯⋯进行有效沟通,要对网民进行适度的心理干预,合理开关'政治安全阀',重视网络意见领袖的作用,建立网络舆论的'大调解体系'。"①鉴于此,突发公共风险沟通的领导和保障机制需要跳出公共卫生系统的局限,充分发挥党的领导纵览全局、协调八方的制度优势,通过领导和保障机制的再设计,将突发公共卫生事件的风险沟通、舆情应对、意识形态安全纳入一体。

进入 21 世纪以来,我国构建了以"一案三制"为基础和骨架的国家应急管理体系,在应对突发公共卫生事件中发挥了良好效用。风险沟通也成为公共卫生等领域应急管理的重要原则,并体现在《突发公共卫生事件应急条例》等法律法规中。同时,政府在政务舆情应对、舆情事件处理等方面取得了显著的成效,并体现在制度和机制设计中。2016 年,《国务院办公厅关于在政务公开工作中进一步做好政务舆情回应的通知》指出:"各级政府及其部门要高度重视政务舆情回应工作,切实增强舆情意识,建立健全政务舆情的监测、研判、回应机制,落实回应责任,避免反应迟缓、被动应对现象。"

在充分肯定突发公共卫生事件风险沟通、政务舆情应对等制度建设成就的同时还应看到,伴随社会主要矛盾转化、舆论生态"后真相"特征日益明显、互联网传播圈层化等条件变化,突发公共卫生事件的舆情要素、舆情危机乃至意识形态争论已成为客观现实。因而,这需要对突发公共卫生事件风险沟通框架的重新设计,将舆情风险、舆情支持、舆情应对等舆情要素纳入其中。尤其在我国处于"现代化社会转型与后现代风险管控'两步并

---

① 朱颖:《突发公共事件中的网民心理与风险沟通》,《暨南学报(哲学社会科学版)》2016 年第 9 期。

一步'"的"双重风险社会"阶段,可以将舆情应对作为突发公共卫生事件应急体制激活、治理理念转变的重要突破点。① 党的十九届四中全会审议通过的《中共中央关于坚持和完善中国特色社会主义制度、推进国家治理体系和治理能力现代化若干重大问题的决定》明确指出:"健全重大舆情和突发事件舆论引导机制。"在中国特色社会主义制度不断完善和发展过程中,通过制度设计和法律法规完善,将舆情要素纳入突发公共卫生事件的风险沟通框架中,在应急管理中实现风险沟通与舆情支持的良性互动,这毫无疑问是坚持和完善中国特色社会主义制度,体现中国力量、中国精神、中国效率的有益和必要举措。而这需要对以"一案三制"为基础和骨架国家应急管理体系堵漏洞、补短板、强弱项,更需要对《中华人民共和国传染病防治法》《中华人民共和国突发事件应对法》《突发公共卫生事件应急条例》等法律法规的完善,共同构建具有中国特色的应急管理体系,维护国家的长治久安和国泰民安。

---

① 何华玲、张晨:《突发公共卫生事件应对中的国家治理:问题与启示——以 2013 年 H7N9 禽流感疫情防控为例》,《长白学刊》2015 年第 1 期。

第十二章　青年群体网络抗争治理

新媒体时代,智能媒体、网络直播、短视频、知识问答社区等新媒体技术迅速更新迭代、扩展下沉,互联网与现实生活深度融合、嵌入,网络空间成为社会主要的舆论场。青年群体作为互联网的主导者和新媒体技术优势的掌握者,在网络空间的话语权、影响力与舆论引导能力也与日俱增。自 2016 年以来,青年群体通过微博、知乎、网络直播等新媒体进行了一系列的网络抗争行为。与传统的维权型网络抗争事件不同,青年群体在新媒体中的网络抗争有着鲜明的特性。一方面,青年群体网络抗争的烈度在降低,抗争方式由传统的以势抗争、以死抗争①向着解构式、自嘲式抗争转变;另一方面,青年群体网络抗争的批判性在增强,建构出"打工人"等有着意识形态内涵的话语。在肯定青年群体网络抗争作为一种舆情表达和意见表达渠道的同时还应看到,新媒体时代,青年群体的网络抗争与青年网络亚文化互相借力、融合,形成了多变、复杂而又矛盾的社会心态,蕴含着自我矮化、网络暴力等消极或激进的社会心理乃至意识形态风险,直接关系着青年群体政治社会化的效果与其对国家、社会制度的合法性认知,尤其值得深入剖析和研究。

---

① 郭小安:《网络抗争中谣言的情感动员:策略与剧目》,《国际新闻界》2013 年第 12 期。

第一节　网络抗争的文献回顾

网络抗争指的是依托网络空间开展的抗争行动,也有学者将其称为网络政治抗争①、网络抗争动员②等。作为社会抗争的一种形态,西方丰富的社会抗争理论为网络抗争研究提供了参照框架:以勒庞的心智归一法则、布鲁默循环反应理论为代表的社会心理学研究范式;以资源动员理论和政治过程理论为代表的政治社会学研究范式;以韦伯解释社会学为代表的文化研究范式;以查尔斯·蒂利、麦克亚当和塔罗为代表人物的抗争政治研究范式。③ 这四种范式为国内外网络抗争研究提供了基本的学术视角与理论框架,而在中国由于利益诉求表达渠道的不足,基于互联网的抗争行动俨然成了中国网络文化的重要特色。杨国斌关注并梳理了早期中国网络抗争的本土特色与特点,提出导致网络抗争的三个条件:互联网的网络结构,人们对互联网的信念,两极分化的社会里宏观的民众抗争。④ 总体看来,国内网络抗争研究可概括为结构、情感、话语、工具和治理五种典型范式。⑤ 而从网络抗争研究的理论框架看,可分为宏观、中观、微观三种。宏观框架多选取"国家—社会"视角,中观框架多选取"文化政治"视角,微观框架多选取"话语分析"视角。

梳理近十年来网络抗争的研究来看,有着三个较为明显的特征与趋势。首先,从国外研究趋势来看,社交媒体在网络抗争中的动员、组织功能成为

---

① 谢金林:《网络政治抗争类型学研究——以 2008—2010 年为例》,《社会科学》2012 年第 12 期。

② 倪明胜:《网络抗争动员研究的五种范式与反思——基于 2004—2015 年中国知网(CNKI)期刊数据库的文献分析》,《南京师范大学报(社会科学版)》2017 年第 4 期。

③ 董向慧:《"非虚构写作"在网络舆情事件中的情感动员与表达逻辑》,《理论与改革》2021 年第 2 期。

④ 杨国斌:《网络空间的抗争》,《复旦政治学评论》(集体行动的中国逻辑辑刊)2012 年。

⑤ 倪明胜:《网络抗争动员研究的五种范式与反思——基于 2004—2015 年中国知网(CNKI)期刊数据库的文献分析》,《南京师范大学报(社会科学版)》2017 年第 4 期。

学者近年来研究的焦点与重点。譬如,Merlyna Lim 认为社会性媒体推动群体运动的主因在于其能够突破地域和阶级限制,激活由联结结构组成的混合网络来促进集体行动。[1] Aaron S Veenstra 等认为,推特等社交媒体能够为社会动员提供信息平台,从而能够及时进行群体动员和政治变革。[2] 其次,网络抗争中情感动员的重要性日益受到学者的重视。再次,话语、符号成为网络抗争研究的重心。迥异于线下的社会抗争,话语与符号建构成为理解网络抗争的核心。彭华新对网络影响反讽与网络抗争现象进行了研究,从意识形态、身份和修辞探析了网络影像阶层反讽的话语特征。[3] 汤景泰探讨了将恶搞、网络造句等结合在一起的网络"娱乐式抗争"的集体行动机制及其治理。[4] 简而言之,新媒体技术、情感动员、话语符号成为国内外网络抗争研究的焦点。

在网络抗争的研究中还尤其需要关注抗争主体的转变。当下,作为互联网主力军的青年群体掌握着新媒体技术的优势,在网络空间意见表达中的话语权也不断增强,日渐成为网络抗争的主要群体。孟利艳基于扎根理论对青年网络混合型抗争的特殊运作逻辑进行了分析,提出其具有运动偏好性、隐政治性和多匹配性。[5] 黄鸿业以网络抗争为切入点,分析了社交媒体对青年价值观的解构与重构,提出社交媒体上青年群体话语抗争的感知、认同、行为,对其价值观的应然影响不大,但对价值观的实然则影响显著。[6] 程军等剖析了青年群体的"逆向泛标签化"现象,认为逆向泛标签化形成使

① Merlyna, Lim, "Framing Bouazizi: 'White Lies', hybrid network, and collective/connective Action in the 2010 – 11 Tunisian Uprising," *Journalism*, 2013(7):921 ~ 941.

② Aaron S Veenstra, Narayanan Iyer, Chang Sup Park and Fawaz Alajmi, "Twitter as 'a journalistic substitute'? Examining #wiunion tweeters´behavior and self – perception," *Journalism*, 2014, pp. 1 ~ 18.

③ 彭华新:《作为社会阶层抗争的网络影像反讽研究》,《新闻与传播研究》2018 年第 3 期。

④ 汤景泰:《话语竞争与集体协同——论网络娱乐式抗争行动机制》,《西北师范大学学报(社会科学版)》2020 年第 1 期。

⑤ 孟利艳:《青年网络混合型抗争的运作逻辑——一项基于 NVivo11.0 的扎根理论研究》,《中国青年研究》2017 年第 4 期。

⑥ 黄鸿业:《社交媒体对青年价值观的解构与重构——以网络话语抗争为视角》,《当代传播》2017 年第 2 期。

得弱势青年群体的情感极易被激发,进而转化为网络抗争行动。① 倪建均使用价值累加理论体系框架,分析了青年学生网络集群行为形成过程中的群体心理和社会心理作用机制。② 可见,青年群体在新媒体的赋能条件下,其网络抗争既有继承性,也有其鲜明的意识形态特性,蕴含着网络暴力、群体极化等风险要素,关系着青年政治社会化的效果与国家合法性的认同,值得深入探究。

第二节　新媒体时代青年群体网络抗争的类型

正如麦克卢汉所言,媒介即信息。人类只有在拥有了某种特定媒体技术之后才能从事相应的传播与社会活动。而掌握先进的媒体技术往往是特定人群成为意见领袖群体的条件。伴随着移动互联网、社交媒体的普及,青年群体的话语权不断提升,开展了一系列的网络抗争行动。青年群体通过新媒体开展的网络抗争展现了年轻一代的爱国热情,同时,也通过网络抗争进行着"文化反哺"和文化资本的生产。此外,伴随着越来越多的青年群体走入职场、面临社会矛盾纠纷,发起了诸多以维权、维安为诉求的网络抗争行动。

青年群体的网络抗争有着多样性、多变性、多维性、多面性等复杂特征,不同于传统的社会运动、集群行动,有其自身独特性。而为了更深入地从本质来把握青年网络抗争,需要引入韦伯所倡导的"理想类型"概念工具。"理想类型"是一种社会科学研究的概念建构方法,即单方面强调一个或几个观点,并将与这些单方面强调的观点相匹配的现象,亦即许多弥漫的、无联系

---

① 程军、陈绍军:《逆向泛标签化现象何以形成——基于弱势群体情感的视角》,《学术界》2015 年第 12 期。

② 倪建均:《青年学生参与网络集群行为的社会心理机制和风险管控》,《当代青年研究》2018年第 5 期。

的、或多或少存在和偶尔又不存在的个别现象,综合成为一个具有内在一致性的思维图像。① 在青年群体网络抗争类型分析中,集体运动、社会运动的理论框架值得借鉴。如雷开春提出,情绪表达、工具理性、身份认同和道德信念是推动我国青年网民参与网络集体行动的重要原因。② 这一框架包含了青年群体网络抗争的四个要素,即情感、工具、身份和信念。梳理近年来重大的青年群体网络抗争事件,参考网络集体行动的理论框架,基于网络抗争社会心理机制及目的,可将其归纳为四种"理想类型",即身份认同、情感共意、权益诉求、文化冲突。其中,情感共意与权益诉求概括了网络抗争的"目的"维度,而身份认同与文化冲突则涵盖了网络抗争的"手段"维度。

一、身份认同型

认同是网络社会群体动员和群体行动的心理基础。正如曼纽尔·卡斯特在《认同的力量》中所指出的:"网络社会意义是围绕一种跨越时间和空间而自我维系的原初认同建构起来的,而这种原初认同,就是构造了他者的认同。"③青年群体作为互联网的主力军,围绕着民族、国家、阶层等进行着多个维度的身份认同。近年来,青年群体在民族认同和阶层认同两个维度的身份认同型网络抗争最为激烈。

首先,网络民族主义是青年群体身份认同型抗争的主要内容。在互联网空间,青年一代从网络论坛中"非主流"的"愤青",社交媒体中被人戏称的"自干五",逐渐发展为获得一定社会反响而被人称作"小粉红"的群体。

其次,阶层概念是青年群体身份认同型网络抗争的新兴领域。近年来,一些网络热词的流行反映了青年群体的阶层认同和建构。而伴随着阶层固化、贫富差距的讨论,青年群体在身份认同方面并不同于传统的"白领""蓝领"概念,而是建构出"打工人"等身份标签。与之相应的是,围绕着"打工

---

① Max Webber, *The Methodology of the Socia Sciences*. New York: Free Press, 1949. pp. 90 ~ 103.
② 雷开春:《青年网络集体行动的社会心理机制研究》,上海社会科学院出版社,2018。
③ [美]曼纽尔·卡斯特:《认同的力量》,夏铸九、黄丽玲等译,社会科学文献出版社,2003,第6页。

人"青年群体又建构了"996"等网络词汇。近年来,在涉及青年群体阶层差距、劳资矛盾的抗争事件中,阶层认同在身份认同型网络抗争的作用也更加明显。

二、情感共意型

情感是网络抗争的核心要素,而社交媒体是情感交流、情感建立、情感互动的时代。[①] 情感共意型网络抗争特指因同情心、同理心、同感心而引发的抗争事件。在新媒体时代的网络抗争中,情感及情感共意是普遍和常见的因素。伴随着舆论生态的"后真相时代"特征愈加凸显,青年群体因情感共意而引发的网络抗争也层出不穷。

三、权益诉求型

权益诉求是网络抗争的原始类型。伴随社会转型与社会矛盾的多发和互联网的普及,各个阶层和群体都在运用网络进行权益诉求。21世纪初,权益诉求性网络抗争多发。而就青年群体而言,伴随着其身份由学生向"单位人""社会人"转变,以利益纠纷、权利维护为目标的网络抗争事件也呈现多发趋势。需要说明的是,与传统的维权型网络抗争相比,青年群体的权益诉求型网络抗争在话语方式、抗争对象、抗争范围发生着显著的变化。最为明显的特征在于,青年群体权益诉求善于将个体诉求与社会公平、正义紧密联系,在抗争过程中呈现出更多的"利他性"和社会责任案。作为青年维权者,其利益诉求并非是简单的个人利益,而是将个体的利益置于社会公平正义的框架下予以表达,从而引发网络抗争事件。这可谓是青年群体权益诉求型网络抗争不同于传统维权型网络抗争的时代特征与特点。

四、亚文化冲突型

在互联网与新媒体的赋权下,青年群体生产了网络圈群、网络标签、网络流行语等形态多样的亚文化,形成了二次元等各种类型的群体。"青年通过一

---

① 李畅、陈华明:《社交媒体在社会突发暴力事件风险传播中的情感动员研究》,《新闻界》2016年第16期。

系列新媒体形式,以共同的兴趣爱好、审美标准和价值取向为纽带,自发地形成了由青年群体组建的,信奉和推行群体间特有的文化价值体系、思维方式和生活模式的青年亚文化群体。"①青年亚文化群体中,每个群体都有着独特的符号、话语、身份标识以及规则。在互联网空间中,当不同的青年亚文化群体因立场、价值观不同而产生争议、对峙时,亚文化冲突型的网络抗争便由此产生。

第三节　青年群体网络抗争的政治社会化治理

政治社会化,指"社会个体在社会政治互动中接受社会政治文化教化,学习政治知识、掌握政治技能、内化政治规范、形成政治态度、完善政治人格的辩证过程;是社会政治体系的自我延续机制和功能运行机制"②。青年时期是学习政治技能,形成政治心理、政治态度、政治价值观的政治社会化关键时期,而新媒体对青年的政治社会化过程带来了全方位冲击。"碎片化""去中心化"导致青年群体政治选择困难,"指尖决策"加剧了青年群体政治参与的"非理性","手机依赖"导致青年群体政治角色认知失调,"把关人"角色弱化加剧了青年群体政治行为失范。③ 在新媒体时代,网络空间成为意见表达最为集中、意识形态斗争最为激烈的"竞技场"。青年群体的政治态度和政治价值观潜移默化地受到网络中各种思想、思潮激荡、冲突的影响。网络抗争事件则成为青年群体政治社会化的"最大变量"。一方面,青年群体在网络民族主义抗争事件中迸发出巨大的爱国热情;另一方面,在劳资矛盾等一系列抗争事件中,青年群体也呈现出激进和多变的政治态度。因而,如何将青年群体的网络抗争纳入政治社会化治理中,使其由"最大变量"转化为"最大增量",有着重要的理论和现实价值。

---

① 邵蕾:《新媒体与青年亚文化的变迁》,《当代青年研究》2012 年第 5 期。
② 李元书:《政治社会化:涵义、特征、功能》,《政治学研究》1998 年第 2 期。
③ 张林:《"微时代"青年政治社会化的嬗变及规制》,《当代青年研究》2016 年第 1 期。

一、青年群体网络抗争与政治社会化的整合模型

新媒体时代中,青年群体的政治社会化和网络抗争事件存在着互相作用。一方面,网络抗争是特定政治价值观在网络空间通过政治表达和意见表达的具体显现,是政治社会化的习得方式。有研究显示,网络抗争行为与政治价值观有着紧密联系。有较高水平的自由民主价值观的网民已经不再满足于仅将网络作为抗争的平台,而是采取政治冷漠或激进线下抗争的方式。[①] 另一方面,网络抗争对网民尤其是青年群体的价值观有着深刻影响。可以说,青年群体在政治价值观的支配下进行网络抗争,同时又在网络抗争中形成、修正、调整甚至颠覆固有的政治价值观。从这个意义来说,网络抗争为管窥和揭示青年群体的政治社会化过程提供了良好的途径和案例。

青年群体的网络抗争是政治社会化的"实战场""减压阀"和"麦克风"。在网络抗争中,青年群体对国家和社会制度合法性的接受、认同程度,则成为衡量政治社会化效果的关键。孟利艳以青年抗争对国家的态度,将其划分为弥散式抗争、维护式抗争、改良式抗争和改革式抗争四种。[②] 基于网络空间的特殊属性,可以借鉴曼纽尔·卡斯特的划分方法。曼纽尔·卡斯特基于群体对社会制度合法性的认同程度,将其划分为合法性、抵制性和计划性认同三种。合法性认同是"由社会的支配性制度所引介,以拓展及合理化它们对社会行动者的支配";抵制性认同为"被排斥者建立抵制性的战壕";计划性认同是群体"建立一个新的认同以重新界定他们的社会位置,并借此而寻求社会结构的全面改造"[③]。网络抗争中身份认同、亚文化冲突的要素关系着事件的持续性,而情感共意、权益诉求要素则决定着事件的强烈度。其原因在于,身份认同、亚文化冲突型网络抗争是基于民族、阶层、性别、兴趣等身份标签,在新媒体空间中具有持久性、

---

①　季程远、王衡、顾昕:《中国网民的政治价值观与网络抗争行为的限度》,《社会》2016 年第 5 期。

②　孟利艳:《青年网络混合型抗争的运作逻辑———一项基于 NVivo11.0 的扎根理论研究》,《中国青年研究》2017 年第 4 期。

③　[美]曼纽尔·卡斯特:《认同的力量》,夏铸九、黄丽玲等译,社会科学文献出版社,2003。

群体性,有着较为稳定和坚固的"基本盘"。而情感公益、权益诉求型网络抗争往往是由事件驱动,多数以网络舆情事件或突发事件的形态得以展现,遵循着酝酿、发生、顶峰、衰退的消退规律。因而,网络民族主义等身份认同、亚文化冲突型网络抗争事件并不会因时间维度而消退,而是有着长期性、持久性。

同时,网络抗争的持续性和强烈度存在着负相关关系。这揭示了网络抗争事件中不同类型、要素的相互作用与转化关系。在现实社会中,很难找到纯粹、单一型的网络抗争事件,多数案例是以某一种类型为主导。而当某一网络抗争事件中在持续性和强烈度两个维度同时出现不同类型的抗争特性时,便会产生此消彼长和相继交替的作用。此时,网络抗争的情感共意要素便超过了"亚文化冲突"的要素。而随着事件的解决和时间的推进,情感共意的要素便渐消退,亚文化冲突特性又得以凸显。

基于曼纽尔·卡斯特的网络认同的划分,可以将网络抗争的政治社会化效果由高到低划分为认同性、计划性和抵御性三种类型。认同性网络抗争指的是认可和接受国家与社会制度合法性的抗争行动;计划性网络抗争指的是亚文化群体内部或亚文化群体之间的抗争,在国家和社会制度的指向上呈现暂时的"价值中立";抵御性网络抗争则指部分或全部不认可国家和社会制度合法性的抗争行动。通过将网络抗争的类型划分与政治社会化效果整合,能够将复杂、多变、多样的混合型青年群体网络抗争纳入系统的分析框架。同时,这也为更加精准和有效地进行青年网络抗争的政治社会化治理提供了参照框架。要对青年网络抗争进行分类治理。政治社会化治理的核心是引导青年群体树立爱国、爱党、爱社会主义制度的政治价值观。因而,可以将青年网络抗争划分为"三色地带"。合法性认同型网络抗争是正向政治社会化的"红色地带";抵制型认同型网络抗争是负向政治社会化的"黑色地带";计划性认同网络抗争则是中性政治社会化的"灰色地带"。基于上述划分,在应对青年群体网络抗争的对策上要采取巩固"红色地带",制度性解决和纳入"黑色地带",引导和转化"灰色地带"。也就是说,要巩固网络爱国行为中青年群体的爱国热情,及时解决青年群体涉利益诉求、意见表达的抗争事件,吸引和转化青年亚文化群体纳入主流价值观的视域和话语。

二、青年网络抗争的政治社会化治理路径

网络抗争是青年群体意见表达和政治参与的重要途径和渠道,在政治社会化中发挥着"麦克风""减压阀"和"晴雨表"的功能。有研究提出,若不能通过网络抗争成功进行政治社会化,则容易产生较为消极的结果。一方面,会出现政治淡漠感、冷漠感,成为犬儒主义者;另一方面,则会组织更为激进的线下抗争运动。① 在当下的青年群体中,上述政治社会化的两个消极影响都不同程度存在着。此外,由青年群体组织的激进线下抗争如劳工运动等也时有出现。因而,将青年群体的网络抗争纳入政治社会化的治理路径,为国家培养具有责任感、使命感的未来接班人,有着重要的现实意义和价值。基于网络抗争和政治社会化的整合模型,可以从以下三个方面进行青年政治社会化的精准治理。

首先,从社会心态、意识形态建设的高度开展身份认同型网络抗争的长期治理。青年尤其是大学生群体是社会主义事业的建设者和接班人,其政治价值观正确与否与国家意识形态安全有着紧密的联系。② 当代青年在网络民族主义事件中表现出了高度的爱国热情。但是,身份认同型网络抗争事件在青年群体中依然酝酿、产生较多偏消极的心态。一方面,网络爱国主义、网络民族主义易极化为网络民粹主义和盲目排外心理。另一方面,在阶层认同方面,青年群体中流行着的认同感和弱势群体心理,在群体认同中滋生结构性的社会怨恨情绪。③ 青年群体的弱势心理和怨恨情绪在相关话题的诱发下,很容易产生网络抗争事件。青年群体在身份认同上的弱势心态有着深刻的现实基础。因而,对于青年群体的身份认同型网络抗争的治理,既要建设清朗的网络空间,更要从制度和机制去

---

① 季程远、王衡、顾昕:《中国网民的政治价值观与网络抗争行为的限度》,《社会》2016 年第 5 期。

② 李忠军:《国家意识形态安全与大学生政治价值观教育研究》,博士学位论文,东北师范大学,2008。

③ 程军、陈绍军:《逆向泛标签化现象何以形成——基于弱势群体情感的视角》,《学术界》2015 年第 12 期。

消除青年群体不良社会心态的现实基础,从住房、就业等政策上保障其发展权益。

其次,要持久做好青年群体网络亚文化的转化和引导。在网络空间中,网络亚文化作为一种抵御性认同,其追求的是对主流价值观的封闭和排斥。"青年亚文化群体的新媒介赋权行为带来了与主导文化、商业文化之间的对话、互动与交融。他们通过建构技术壁垒主动隔绝主流文化的意识形态与文化控制,转而在自己建构的别样虚拟空间内演绎多样化的人生。"①青年亚文化已成为各种亚文化冲突型网络抗争的土壤和温床,成为新型抗争运动的新形态。新的抗争运动不是从一开始就拥有明晰的治理结构、清楚的运动章程以及固定的基础设施。相反,新的抗争运动以事件为核心,依托网络和新媒体缓慢扩张,形成以"议题"为核心的"轻社区"。② 青年围绕着网络亚文化形成了不同标签、兴趣、圈群的松散组织,对于主流价值观和主流话语发挥着抵御性认同的作用。因而,政治社会化治理要在尊重和认知青年网络亚文化的基础上,有序引导青年网络亚文化的生态建设和"破圈"建设。在生态建设方面,针对青年亚文化冲突,要压实明星群体、互联网企业的主体责任,建立理性、和谐的对话空间,促进不同群体和思想的交流、共享。在"破圈"建设方面,要寻找青年网络亚文化和主流价值观的最大公约数,以青年人的视角、爱好生产文化产品,打造更多青年群体青睐的产品,让主流价值观权以创新的形式、视角融入青年网络亚文化。

最后,要建立和健全高效、快速的青年群体舆情应对、治理机制。青年群体是网络抗争事件的重要群体,在新媒体空间中有着较强的话语权。近年来,青年群体情感共意、权益诉求型网络抗争事件成为全国性、现象级重大舆情事件的案例屡见不鲜。值得注意的是,青年群体更善于将个人诉求置于制度、结构的框架下解读,把个人维权与争取社会权益相结合,出现了具有持续影响力的抗争事件。针对青年群体网络抗争的新态势,应建立和

①　孙黎:《身份、组织、生产:网络青年亚文化群体新媒介赋权实践的三重层面解读》,《中国青年研究》2019 年第 6 期。

②　刘淑华:《大数据时代网络抗争治理——基于江苏启东事件的个案研究》,《中国行政管理》2015 年第 7 期。

健全专门性的舆情处置和引导机制。"做好青年网络舆情引导工作关键是要建立一套反应灵敏、响应快速、运转顺畅、应对有力的网络舆情预警机制。通过经常性、不间断获取网络舆情信息,全面分析、科学甄别、合理研判网络舆情的属性、发展和变动趋势,及时发现和掌握网络舆情中苗头性、倾向性问题。"①情感共意、权益诉求型网络抗争虽然具有短期性和衰退期,但其治理关系着青年群体政治社会化的有效性和坚固性。新媒体环境下,青年群体的政治态度具有复杂、多变特征。

因而,高效的舆情治理机制对于青年群体的政治社会化也尤为重要。针对青年群体的特点,舆情治理既要解决个体、个案的抗争诉求,更要解决机制性和制度性问题,以此巩固、夯实青年政治社会化的根基和基石。

① 龙妮娜:《论青年网络舆情引导的依据和途径》,《中国青年研究》2015 年第 6 期。

参考文献

一、专著类

[1]严复:《政治讲义》,商务印书馆,1906年。

[2]扫叶山房北号编:《政府公报分类汇编》(第15期),1912—1914年。

[3][英]布赖斯:《平民政治》(下),汤恩湛等译,民友社,1913年。

[4]上海知耻社编:《国耻》,1915年。

[5]朱心佛编:《还我青岛·舆情》,大商公司,1919年。

[6]张庆泰编译:《欧洲政府》,商务印书馆,1937年。

[7][美]威尔确斯:《全民政治》,廖仲恺译,江西省三民主义文化运动委员会,1941年。

[8]钱穆:《理学与艺术》,《宋史研究集》(第七辑),台湾书局,1974年。

[9]《毛泽东选集》,人民出版社,1991年。

[10]内藤湖南:《概括的唐宋时代观》,译文载刘俊文主编:《日本学者研究中国史论著选译》,中华书局,1992年。

[11]《陈独秀著作选》(第二卷),上海人民出版社,1993年。

[12]《邓小平文集》,人民出版社,1994年。

[13][美]克利福德·格尔茨:《文化的解释》,韩莉译,上海人民出版社,1999年。

[14]程世寿:《公共舆论学》,华中科技大学出版社,2003年。

[15][美]詹姆斯·W.凯瑞:《作为文化的传播》,丁未译,华夏出版社,2005年。

[16]中宣部舆情信息局:《舆情信息汇集分析机制研究》,学习出版社,2006 年。

[17]《江泽民文选》,人民出版社,2006 年。

[18]李宏、李民:《传媒政治》,中国传媒大学出版社,2006 年。

[19]王来华主编:《舆情研究概论》,天津社会科学院出版社,2006 年。

[20][英]斯金纳:《现代政治思想的基础》,奚瑞森、亚方译,译林出版社,2011 年。

[21]李天纲编,王韬著:《弢园文新编》,中西书局,2012 年。

[22][法]勒庞:《乌合之众:大众心理研究》,波洛译,中国华侨出版社,2013 年。

[23]《习近平谈治国理政》(第一卷),外文出版社,2014 年。

[24]《习近平谈治国理政》(第二卷),外文出版社,2018 年。

[25]《习近平谈治国理政》(第三卷),外文出版社,2020 年。

[26]晁中辰主编:《中国谏议制度史》,中华书局,2015 年。

[27]《毛泽东年谱》,中央文献出版社,2013 年。

[28][美]兰德尔·柯林斯:《互动仪式链》,林聚任、王鹏、宋丽君译,商务印书馆,2016 年。

[29]广东省社会科学院历史研究室、中国社会科学院近代史研究所中华民国史研究室、中山大学历史系孙中山研究室编:《孙中山全集》,中华书局,2017 年。

二、期刊论文

[1]梁启超主编:《新民丛报》第 4 年第 11 号(原第 83 号),新民丛报报社,1906 年 7 月 21 日。

[2]何国桢编辑,梁启超总撰稿:《国风报》第 1 年第 1 期,国风报馆,1910 年 2 月 20 日。

[3]陶希圣:《舆论与舆情》,《中华月报》1936 年第 4 卷第 11 期。

[4]吴观文:《论清代密折制度与专制政治》,《求索》1987 年第 6 期。

[5]陈崇山:《民意调查在中国》,《新闻研究资料》1989 年第 2 期。

[6]杨晧:《春秋战国时代的"舆人"》,《华南师范大学学报(社会科学版)》1995 年第 4 期。

[7]吴复民:《新华社记者怎样写内参?》,《探索与争鸣》1996 年第 10 期。

[8]任剑涛:《政治的认知方式——政治现象描述与政治精神省察》,《东方论坛》1998 年第 2 期。

[9]周苏平:《春秋"舆人"考辨》,《人文杂志》1999 年第 3 期。

[10]陈秋云:《中国古代言谏文化与制度研究》,博士学位论文,中国政法大学,2001 年。

[11]曹成建:《试论 20 世纪 40 年代四川新县制下的基层民意机构》,《四川师范大学学报(社会科学版)》2001 年第 5 期。

[12]张克生:《舆情机制是国家决策的根本机制》,《理论与现代化》2004 年第 4 期。

[13]王来华、林竹、毕宏音:《对舆情、民意和舆论三概念异同的初步辨析》,《新视野》2004 年第 5 期。

[14]李宏图:《语境·概念·修辞——昆廷·斯金纳与思想史研究》,《世界历史》2005 年第 4 期。

[15]杨雪冬:《风险社会理论述评》,《国家行政学院学报》2005 年第 1 期。

[16]郑大华:《论民国思想史的几个特点》,《天津社会科学》2006 年第 3 期。

[17]张元龙:《关于"舆情"及相关概念的界定与辨析》,《浙江学刊》2009 年第 3 期。

[18]张洁、张涛甫:《美国风险沟通研究:学术沿革、核心命题及其关键因素》,《国际新闻界》2009 年第 9 期。

[19]张晨、何华玲:《"双重风险社会"中公共治理的困境与重塑》,《长白学刊》2010 年第 2 期。

[20]王来华:《论舆情研究的两个需要》,《天津社会科学》2010 年第 4 期。

[21]张文英:《康熙时期对"舆情"的使用及其研究》,《理论界》2010 年第 9 期。

[22]林忠军:《论郑玄以〈礼〉注〈易〉方法》,《武汉大学学报》(人文科学版)2011 年第 1 期。

[23]冯希莹、王来华:《舆情概念辨析》,《社会工作》(学术版)2011 年第 5 期。

[24]夏保国:《先秦"舆人"考论——中国"舆论"概念的历史语源学考察》,《学习与探索》2011 年第 6 期。

[25]尹韵公:《论中国独创特色的内部参考信息传播工作及其机制》,《新闻传播研究》2012 年第 1 期。

[26]刘建平:《从一则史料谈〈内部参考〉在国史研究中的利用》,《中共党史研究》2012 年第 2 期。

[27]冯克利:《现代政治思想的基础》,《读书》2012 年第 4 期。

[28]王来华、冯希莹:《舆情概念认识中的两个基本问题》,《天津社会科学》2012 年第 6 期。

[29]尹韵公:《邓小平与"内参"》,《党的文献》2012 年第 6 期。

[30]叶国平:《舆情内涵发展演变探析》,《理论与现代化》2013 年第 4 期。

[31]毕宏音:《近十年现代舆情研究的回顾与反思》,《天津社会科学》2013 年第 4 期。

[32]王来华:《"舆情雪球"现象:新媒体对民意诉求的强化》,《理论与现代化》2013 年第 5 期。

[33]张晒:《从文本中心主义到历史语境主义:语境、概念与修辞》,《哲学论丛》2013 年第 5 期。

[34]尹韵公:《毛泽东与内参——基于〈建国以来毛泽东文稿〉的搜索》,《中州学刊》2013 年第 11 期。

[35]刘宪阁:《毛泽东、内部参考与当代中国的政治传播》,《新闻与传播研究》2013 年第 12 期。

[36]王来华:《中国特色舆情理论研究及学科建设论略》,《南京社会科

学》2014 年第 1 期。

[37]杨斌艳:《舆情、舆论、民意:词的定义与变迁》,《新闻与传播研究》2014 年第 12 期。

[38]王震中:《陶寺与尧都:中国早期国家的典型》,《南方文物》2015 年第 3 期。

[39]李伯谦:《略论陶寺遗址在中国古代文明演进中的地位》,《华夏考古》2015 年第 4 期。

[40]李湘宁:《朝鲜战争期间民众意见的轨迹——以〈内部参考〉为例,1950~1951》,《文化纵横》2016 年第 4 期。

[41]邓凯文:《情感何以影响社会稳定——玛莎·纳斯鲍姆政治情感论》,《理论与现代化》2016 年第 6 期。

[42]赵梦溪:《舆情:概念的转型及其话语》,《新闻记者》2016 年第 8 期。

[43]荆学民、段锐:《政治传播的基本形态及运行模式》,《现代传播(中国传媒大学学报)》2016 年第 11 期。

[44]汤景泰、巫惠娟:《风险表征与放大路径:论社交媒体语境中健康风险的社会放大》,《现代传播》2016 年第 12 期。

[45]胡泳、陈秋心:《舆情:本土概念与本土实践》,香港《传播与社会学刊》2017 年第 40 期。

[46]张爱凤:《网络舆情中的文化政治》,《新闻与传播研究》2017 年第 2 期。

[47]曾润喜、王倩:《从传统特稿到非虚构写作:新媒体时代特稿的发展现状与未来》,《新闻界》2017 年第 2 期。

[48]左蒙、李昌祖:《网络舆情研究综述:从理论研究到实践应用》,《情报杂志》2017 年第 10 期。

[49]庞金友:《网络时代"后真相"政治的动因、逻辑与应对》,《探索》2018 年第 3 期。

[50]袁光锋:《公共舆论中的"情感"政治:一个分析框架》,《南京社会科学》2018 年第 3 期。

［51］朱振明：《福柯的"话语与权力"及其传播学意义》，《现代传播》2018 年第 9 期。

［52］林荧章：《清末及民国期间舆情观念的变迁初探——以〈大公报〉为例》，《编辑之友》2018 年第 10 期。

［53］王建明：《我国近代舆情概念的使用及其思想内涵的历史嬗变》，《天津师范大学学报》(社会科学版)2019 年第 6 期。

［54］林荧章：《清末民国时期关于舆论和舆情认知的分野与演变》，《新闻界》2019 年第 7 期。

［55］段然：《"舆论 ／ public opinion?"：一个概念的历史溯源》，《新闻与传播研究》2019 年第 11 期。

后　记

　　自动笔至完成,本书前后经历了三年多的时间,是我对舆情思想、舆情制度、舆论理论思考的总结和提炼。2017 年 7 月,我由新闻传媒机构调任天津社会科学院舆情研究所工作,舆情研究所的首任所长、首席专家王来华老师语重心长地嘱咐:舆情研究是一个大有可为的空间,希望你把社会学博士的理论训练、新闻传播学的理论和实践经验与舆情研究结合起来,在舆情理论和舆情咨政两个方面都有收获。作为舆情研究领域的初学者,我反复研读王来华老师主编的《舆情研究概论——理论方法和现实热点》,从中汲取理论营养。而这本舆情研究领域的扛鼎之作也是我撰写本书的学术思想之源。《舆情研究概论——理论方法和现实热点》就舆情的概念定义、文化内涵、思想脉络、研究方法、热点话题都进行了富有开拓性和启发性的论述,书中将舆情概念定义为民众的社会政治态度,这一概念定义为学界广泛认可,推动了舆情研究领域的迅速发展;书中对舆情思想史、制度史、理论创新都做了大量的基础性研究,十分值得学习和借鉴。可以说,舆情研究所深厚的舆情理论基础和浓厚的学术研究氛围是本书写作的学术和思想基础。

　　同时,舆情研究所"两条腿走路"的工作模式令我受益良多。一直以来,舆情研究所既重视舆情理论研究,又重视舆情咨政研究,"两条腿"协调迈进,同时以舆情理论研究厚植舆情咨政研究的视野、深度,以舆情咨政研究推动舆情理论研究的创新和突破。舆情研究所作为天津市舆情研究中心、中宣部舆情局信息直报点,为舆情咨政工作提供了广阔的平台和空间。五年来,我通过院、所的平台和渠道,先后报送舆情咨政报告百余篇,十余篇获得国家领导人批示,多篇获得省部级领导批示。其中,有研究报告的对策建议纳入天津市的政策文件,还有一些对策建议直接推动了相关问题的解决。舆情咨政报告获得领导批示,既是对科研工作者的激励,也是对科研工作者的鞭策,督促科研工作者时刻保持求知、求新的精神状态,保持刻苦钻研的工作劲头。而在撰写舆情咨政报告的过程中,很多学术论文的选题和思路也呼之欲出。譬如,一系列关于新冠肺炎疫情主题的咨政报告,催生了本书中"舆情支持与风险沟通"章节;基于对"非虚构写作"引发舆情事件的关注,撰写了"网络舆情中的情感动员逻辑"章节;围绕青年群体网络抗争的一系列思考,形成了"青年群体网络抗争与政治社会化治理"章节。

撰写本书时(2019 年至 2022 年),我在北京师范大学新闻传播学院博士后工作站工作。张洪忠教授作为我的合作导师,对于我的学术成长和本书的写作给予了大量的指导和帮助。张洪忠教授在智能传播、社交机器人、元宇宙等领域的丰硕学术成果开阔了我的学术视野,引发我对智能传播时代舆情研究的持续思考;对国内外新闻传播学界前沿学术成果的介绍令我受益良多;指导参与中央网信办、省市网信办的多项课题,丰富了我的课题申报和实践经验。同时,张洪忠教授严谨治学、精益求精、持之以恒的学术态度深深感染了我,令我每每在懈怠之时振作精神、自我鞭策。2019 年至 2022年,也是智能传播、算法传播、元宇宙等信息技术手段迅速发展和广泛使用的时期。基于舆情研究和北京师范大学新闻传播学院博士后工作站的学习和思考,2022 年我成功申报了国家社科基金"技术现象学视角下智能算法嵌入社会与治理研究",这都离不开张洪忠教授的指导和教诲。

在撰写本书的过程中,我反复思考学科背景和理论框架的问题,即如何深化舆情研究的理论视角,如何与学界同仁更好地沟通对话。在上述背景下,社会学、新闻传播学、情报学等学科的新视角、新理论为我提供了诸多启发。首先,在舆情思想史的研究方面,华夏传播研究是拓展舆情思想研究思路和优化舆情思想理论框架的重要领域。华夏传播是中国本土新闻传播学和理论建构的重要基础和方向,致力于探究中国文化中的传播思想、传播理论。本书将舆情思想的源头溯源至尧舜禹时代的原始民主制,而运用的史料以《尚书》为主。近年来,随着中华文明探源工程和考古学的推进,大量的

舆情思想史与研究范式

考古发现为了解中华文明的精神气质、思维方式提供了良好的基础。因而，我们有必要将舆情思想史的发掘纳入华夏传播的追根溯源、返本创新的过程中。基于上述思考，我已撰写了一批以华夏传播为背景的舆情思想研究论文，包括从情感社会学视角来探析礼乐传播的功能与结构，从古代礼制建筑来发掘古代政治传播思想。而随着研究的推进，越来越多的华夏传播视域中的舆情思想史研究问题开始出现。譬如，玉器在"三皇五帝"时期的传播史上发挥了何种功用；《尚书》中记载的颛顼"绝地天通"是否意味着中华文明政治传播思想的变革；商周之际从帝到天的政治传播模式有何启发；如何从内向传播的角度解读青铜器上的铭文；《诗经》中的社会伦理思想与舆情表达有何关系。对于上述问题的研究，既是推进华夏传播的路径，也是拓展舆情思想史的路径。

舆情思想史研究的目的和指向是当下，了解和研究历史，其功用是如何更好地服务于现实。在推进舆情思想史的研究过程中，更需要关注和重视现今智能传播时代的重大变革。已有的舆情研究、新闻传播学更多依托于大众传播时代的基本理论、假设、方法。而随着人工智能、大数据、云计算、元宇宙等新技术手段的运用，经典的传播学理论范式、舆情研究范式正经受着诸多挑战。首先，民众是舆情表达的主体。而在智能传播背景下，社交机器人、虚拟 IP 也可以作为舆情表达的主体。虽然其背后的操作力量是人，但社交机器人等有着自身的运作规律特征，可以在很大程度上主导、操纵舆论，使得舆论场呈现出迥异以往的态势。其次，当下舆论生态的"后真相时代"特征日益明显，依托社交媒体，具有相同、相似价值观的用户"抱团取暖"，情感和立场站队成为常态，舆论场的"信息茧房"效应较为突出。再次，智能传播时代，算法在信息的分发中占据主导地位，计算传播、计算宣传对舆情的表达、舆情事件的动员有着深刻影响。最后，元宇宙已由科幻现象进入现实生活，元宇宙对虚拟与现实社会、真实与想象空间的模糊有着巨大的影响，元宇宙空间是否会成为舆情表达、舆情事件的新空间，其背后的规律和机制都亟须探究。而立足智能传播时代，深入对舆情理论、舆情规律开展研究，则需要广泛学习和借鉴哲学、社会学的理论框架，从现象学、技术现象学、常人方法论等理论中寻求灵感，从智能传播的智识性、反身性、具身性来开展舆情研究的新尝试和新探索。简而言之,舆情研究的深入探索既要立足华夏传播返本溯源,也要关注智能传播求新创新。

本书的选题、写作和出版都离不开院学术委员的指导和帮助,感谢王来华研究员、张宝义研究员、刘志松研究员、王立岩研究员、于家琦研究员五位学术委员。感谢南开大学社会学系王处辉教授、宣朝庆教授和天津师范大学政治与行政学院毕宏音教授在书稿审读过程中给予的建议。

最后,还要感谢我的妻子董亚楠在工作和生活中对我的关心和帮助。

2022 年 11 月 24 日